André Naumann, Volker Dittrich

Private Unfallversicherung

André Naumann, Volker Dittrich

Private Unfallversicherung

Ein Leitfaden für Ärzte

DE GRUYTER

Autoren
Rechtsanwalt Ass. jur. André Naumann
Schonewegstr. 16, 53332 Bornheim
E-Mail: info@kanzlei-naumann.com

Dr. med. Volker Dittrich
Medizinischer Sachverständiger
Europaallee 1, 90763 Fürth
E-Mail: Sekretariat@medizingutachter.Bayern

Auf unser zusätzliches Online-Material können Sie mittels der im Buch gedruckten QR-Codes zugreifen. Nutzen Sie dazu Ihr mobiles Endgerät zum Auslesen der Codes, Sie werden dann auf unsere Plattform weitergeleitet. Wir möchten Sie darauf hinweisen, dass der Zugriff nur unter zeitlichem Vorbehalt gewährleistet werden kann.

ISBN 978-3-11-037690-6
e-ISBN (PDF) 978-3-11-037736-1
e-ISBN (EPUB) 978-3-11-038731-5

Library of Congress Control Number: 2018934493

Bibliografische Information der Deutschen Nationalbibliothek
Die Deutsche Nationalbibliothek verzeichnet diese Publikation in der Deutschen Nationalbibliografie; detaillierte bibliografische Daten sind im Internet über http://dnb.dnb.de abrufbar.

Umschlaggestaltung: Remains/iStock/Thinkstock
Satz: PTP-Berlin, Protago-TEX-Production GmbH, Berlin
Druck und Bindung: CPI books GmbH, Leck
♾ Gedruckt auf säurefreiem Papier
Printed in Germany

www.degruyter.com

Vorwort

Allgemeinmediziner, Orthopäden oder Unfallchirurgen helfen Betroffenen täglich bei der Bewältigung von Unfallfolgen und sind dann im Nachgang die Ansprechpartner für Versicherer und Patienten, wenn es um Auskünfte für die Leistungsprüfung des Versicherers geht. In der Praxis tauchen dabei vielfältige Schwierigkeiten auf; so entstand die Idee zu diesem Buch. Bisher gibt es zwar umfangreiche Werke zur Begutachtung von Unfallfolgen, aber keine Unterstützung für die behandelnden Ärzte bei der Berichterstattung anhand spezifischer Berichte zur privaten Unfallversicherung. Diese Lücke soll mit unserem Buch geschlossen werden.

Wir danken allen an diesem Buch Beteiligten auf Seiten des Verlags, die uns von der Idee bis zum Druck so gut und freundlich unterstützt haben, sowie unseren Familien, die uns die Zeit zum Schreiben ließen.

Bornheim
André Naumann

Fürth
Dr. Volker Dittrich

https://doi.org/10.1515/9783110377361-001

Inhalt

1 Einleitung

Die private Unfallversicherung ist eine eigenständige und mit vielen Facetten ausgestaltete Sparte der privaten Versicherungsbranche. Im Kern geht es darum, dem Versicherten Geld zu zahlen, wenn im Rahmen von versicherten Ereignissen eine Gesundheitsschädigung eingetreten ist. Welche Leistungen dann im Einzelnen zu erbringen sind, hängt von der konkreten Ausgestaltung des Vertrags, der Behandlung, der erlittenen Verletzung und bzw. oder der verbliebenen Schädigung ab.

Daraus ergibt sich eine aufeinander aufbauende medizinische und juristische Prüfung. Mediziner, Juristen und Versicherungskaufleute müssen hier auf einer gemeinsamen Basis agieren. Das Zusammenspiel führt in der Praxis immer wieder zu Verständnisschwierigkeiten.

Die Versicherer verwenden derzeit überwiegend jeweils eigene Berichte mit unterschiedlichen Formulierungen. Zum Teil wird auch ein Berichtssystem des Verbands genutzt. Der vereinheitlichte Fragenkatalog beinhaltet viele Basisthemen, diese Fragen gehen aber vielfach an der fallspezifischen Fragestellung vorbei, sind sehr umfangreich und für den Arzt recht aufwendig zu beantworten.

Mit diesem Buch soll dem Mediziner eine Grundlage an die Hand gegeben werden, die ein rasches und wirtschaftlich effizientes Beantworten von Versicherungsanfragen zur privaten Unfallversicherung ermöglicht. Einführend soll im Kapitel 2 eine Zusammenfassung der relevanten Bedingungen ein Grundverständnis für das Rechtsgebiet vermitteln. Das Kapitel 3 befasst sich mit ausgewählten medizinischen Fragen, reduziert auf die Problemfelder der privaten Unfallversicherung.

Der Schwerpunkt liegt auf Kapitel 4, das für zahlreiche konkrete Fragestellungen der Praxis konkrete Vorlagen für Berichte und Atteste zur Verfügung stellt. Berichte und Atteste besitzen im Buch eine kurze Einleitung. Den pfd-Dateien ist jeweils ein Erläuterungsblatt mit Verständnishilfen für die einzelnen Fragen beigefügt.

Es geht in diesem Buch hauptsächlich um die Erkenntnisse des behandelnden Arztes und die Aufbereitung der aus der Behandlung und Therapie gewonnenen gesundheitlichen Erkenntnisse für die Schadenregulierung des Versicherers. Es bedarf also regelmäßig keiner weiteren Untersuchung und auch keiner medizinisch-wissenschaftlichen Ausarbeitung. Es reicht aus, die eigenen Ergebnisse so zu filtern und vereinzelt auch zu bewerten, dass der Sachbearbeiter bei der Versicherung oder ein Jurist die rechtliche Leistungsprüfung vornehmen kann. Der medizinische Laie muss also nachvollziehen können, ob ein Anspruch des Versicherten besteht oder nicht. Juristische Ausführungen werden vom Arzt nicht verlangt und eine solche Bewertung ist auch nicht seine Aufgabe.

https://doi.org/10.1515/9783110377361-002

Zu unterscheiden sind Atteste und Berichte

Atteste werden üblicherweise vom Versicherten beim behandelnden Arzt angefordert. Die Vordrucke stellen regelmäßig die Versicherungen zur Verfügung. Inhaltlich geht es hier um eine konkrete Leistungsart. Atteste sind kurze Auskünfte für die Leistungsbegründung durch den Versicherten. Die hier dargestellten Atteste sind für die jeweiligen Anspruchsbegründungen der Leistungsarten ausreichend. Die zu erbringende Leistung ergibt sich dann aus den vertraglichen Vereinbarungen.

Berichte werden von den Versicherungen angefordert und dienen der vertiefenden Information für die Leistungsprüfung – manchmal mit sehr oberflächlichem Informationsgehalt, da die Versicherten keine brauchbaren Auskünfte gegeben haben (z. B. Schmerz im Knie), teilweise auch als gezielte und vertiefende Anfragen zur Abgrenzung von versicherten und nicht versicherten Gesundheitsschäden oder zur Anspruchshöhe.

Viele Patienten befragen ihren behandelnden Arzt danach, was sie denn als Leistung bekommen würden. Hier kann sich der Arzt darauf zurückziehen, dass er die vertraglichen Details nicht kenne und daher Fragen zur Versicherung nicht beantworten könne (und brauche). Dies ist insoweit anzuraten, als im Einzelfall der Vertrag Abweichungen von der marktüblichen Norm beinhalten kann, die auch dem Patienten nicht bewusst sind. Trifft also der Versicherer eine abweichende Entscheidung zur Aussage des Arztes, sind Nachfragen oder gar Streit vorprogrammiert.

Gelegentlich erbitten die Versicherer auch aktuelle Befunde, d. h., der Mediziner wird gebeten, den Körper- bzw. den Gesundheitsstatus zu dokumentieren. Hier wird dann eine Untersuchung erforderlich, für die letztlich der Versicherer auch bestimmte Fragestellungen formulieren sollte. Für die Extremitäten und die Wirbelsäule sind entsprechende Befunderhebungsbögen dazu abgedruckt.

2 Rechtlicher Rahmen

2.1 Die private Unfallversicherung

2.1.1 Aufbau und Struktur der privaten Unfallversicherung

Die private Unfallversicherung ist eine so genannte Personenversicherung. Es geht um die Gesundheitsschädigung eines Menschen. Sachschäden sind grundsätzlich nicht erfasst. Betrieben wird die Unfallversicherung als Summenversicherung (abzugrenzen von einer Schadenversicherung). Das bedeutet, es werden konkrete Leistungsbeträge für den Schadenfall vereinbart. Man spricht von einer abstrakten Bedarfsdeckung, also von einer bei Vertragsabschluss gewählten Leistung für einen Schadenfall. So wird z. B. bei einer unfallbedingten stationären Krankenhausbehandlung der vereinbarte Tagessatz als Krankenhaustagegeld gezahlt, unabhängig davon, ob eine Zuzahlung vom Krankenversicherer gefordert wird oder nicht, losgelöst von anderen Kosten im Krankenhaus oder weiteren Leistungen, wie einem Krankenhaustagegeld einer privaten Krankenhaustagegeldversicherung und auch unabhängig von denkbaren Ansprüchen gegenüber einem Schädiger. Der Versicherer trägt die Leistungen. Er kann keinen Regress bei einem Schädiger nehmen; ein Regress wäre nur bei einer Schadenversicherung möglich.

Es geht nicht um einen (wirtschaftlichen) Schadenersatz, sondern um eine abstrakt vorher vereinbarte Leistung im Schadenfall.

Voraussetzung für eine Leistung ist ein Unfall oder ein einem Unfall gleichgestelltes Ereignis, vgl. Kap. 2.2. So wird ein Unfallkrankenhaustagegeld nur bei einer unfallbedingten Krankenhausbehandlung (z. B. Operation eines Knochenbruchs) gezahlt, nicht aber bei einer Krebsbehandlung.

Leistungsbegrenzend sind Ausschlusstatbestände vereinbart, da nicht alle Ereignisse und nicht alle Gesundheitsschäden versichert sein sollen, vgl. Kap. 2.3. Die Leistungshöhe ergibt sich aus der Leistungsart mit der dazu vereinbarten Leistungshöhe, vgl. Kap. 2.4.

Bei einer Leistungsprüfung sind folgende gedanklichen Prüfungsschritte erforderlich:

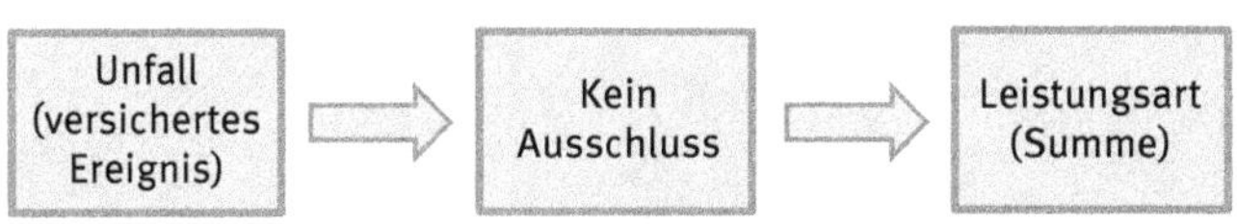

https://doi.org/10.1515/9783110377361-003

Der behandelnde Arzt kann zum Unfall, zum Ausschluss und zur Leistungsart befragt werden und auch wichtige oder entscheidende Auskünfte liefern. In der Vielzahl der unproblematischen Schadenfälle wird dies auf punktuelle medizinische Aspekte der Leistungsvoraussetzungen beschränkt bleiben. Die rechtliche Bewertung und die Leistungsberechnung anhand der versicherten Leistungssummen erfolgen durch den Versicherer.

2.1.2 Abgrenzung zur gesetzlichen Unfallversicherung

Private und gesetzliche Unfallversicherung unterscheiden sich grundlegend und sollten getrennt voneinander betrachtet werden. Die gesetzliche Unfallversicherung ist im 7. Buch des Sozialgesetzbuchs (SGB VII) geregelt. Sie soll Schutz vor den Folgen von Arbeits- bzw. Berufsunfällen und arbeitsbedingten Gesundheitsgefahren bieten. Wesentlicher Bestandteil ist die Rentenleistung, welche sich auf die Minderung der Erwerbsfähigkeit (MdE) richtet. Berücksichtigt wird der Umfang der sich aus der Beeinträchtigung des körperlichen und geistigen Leistungsvermögens ergebenden verminderten Arbeitsmöglichkeiten auf dem gesamten Gebiet des Erwerbslebens. Umfasst sind nicht nur Unfallfolgen, sondern auch Berufskrankheiten, also über lange Zeiträume erworbene Gesundheitsschädigungen. Daneben sind ebenfalls Leistungen etwa zur Rehabilitation oder zur Umschulung möglich. Außerberufliche Unfälle sind nicht versichert.

Die private Unfallversicherung unterliegt hingegen der Vertragsfreiheit. Zwar gibt es auch für Versicherungsverträge gesetzliche Vorschriften, diese beschreiben aber nur den Rahmen für den konkreten zivilrechtlichen Vertrag; hervorzuheben sind das Versicherungsvertragsgesetz (VVG) und das Bürgerliche Gesetzbuch (BGB). Mit anderen Worten kann hier prinzipiell alles frei vereinbart werden. In der Praxis wird dies so gelebt, dass die Versicherer ein Bedingungswerk (Allgemeine Unfallversicherungsbedingungen, AUB) anbieten und der Versicherungsnehmer sich die versicherten Leistungen mit der jeweils gewünschten Leistungshöhe (Versicherungssumme) aussucht und bezahlt. Schwerpunkt ist hier eine Invaliditätsleistung, die aber nicht als Rente, sondern als Einmalzahlung erfolgt. Hier sind private und berufliche Unfälle versichert, aber keine über längere Zeiträume erworbenen Berufserkrankungen.

2.2 Das versicherte Ereignis (Unfall)

2.2.1 Allgemeines

Die private Unfallversicherung setzt für einen möglichen Leistungsanspruch ein versichertes Ereignis voraus. Ausgangspunkt ist hier der Unfall, § 178 Abs. 2 S. 1 VVG und Ziff. 1.3 AUB 2014. Der Unfall ist der Versicherungsfall. Bestimmte „Nichtunfälle" werden einem Unfall gleichgestellt und damit der Versicherungsschutz ausgedehnt, z. B. erhöhte Kraftanstrengungen, Ziff. 1.4 AUB 2014.

Grundsätzlich gilt: Ohne versichertes Ereignis entsteht kein Leistungsanspruch.

2.2.2 Unfallbegriff

2.2.2.1 Allgemeines

Ein Unfall liegt vor, wenn die versicherte Person (VP) **durch** ein **plötzlich von außen auf seinen Körper wirkendes Ereignis** (Unfallereignis) **unfreiwillig** eine **Gesundheitsschädigung** erleidet. Diese Regelung zieht sich durch alle Bedingungsgenerationen.

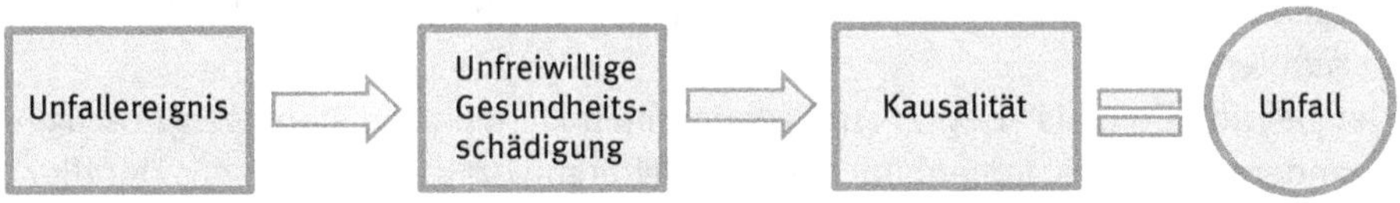

2.2.2.2 Unfallereignis

Das Unfallereignis selber besteht aus den Komponenten

- Plötzlichkeit,
- Einwirkung von außen,
- Ereignis.

Ein Ereignis muss plötzlich eingetreten sein. In Rechtsprechung und Literatur hat sich bisher keine einheitliche Interpretation des Merkmals der Plötzlichkeit durchgesetzt.

Der Begriff „Plötzlichkeit“ enthält zunächst ein objektiv zeitliches Element des Unfallbegriffs; es dient der Abgrenzung zu nur allmählich auf den Körper wirkenden Ereignissen, die nicht versichert sein sollen. Die Plötzlichkeit betrifft das von außen einwirkende Ereignis, nicht die Gesundheitsschädigung. Das Ereignis muss innerhalb einer kurzen Zeit eingetreten sein. Ab welchem Zeitraum ein Ereignis noch „plötzlich“ oder schon „allmählich“ auf den Körper wirkt, lässt sich nur anhand des Einzelfalles entscheiden.

Als Ausnahme gelten unentrinnbare Situationen, z. B. ein Sturz in einen Schacht wird ohne Verletzung überstanden. Da ein Befreien aus dieser Situation misslingt, erfriert der Versicherte. Hierbei ist aber zu beachten, dass keine unentrinnbare Situation vorliegt, sobald man sich selber mit einfachen Handlungen daraus befreien könnte, wie z. B. durch das Wegziehen eines Fußes aus einem zu heißen Wasserbad.

Das Ereignis muss von außen auf den Körper einwirken. Dabei ist es unerheblich, ob der Zusammenstoß mechanischer, chemischer, thermischer oder elektrischer Art ist. Rein innerorganische Vorgänge sind allerdings kein Unfall. Es kommt dabei allein auf das Ereignis an, welches die geltend gemachte Gesundheitsbeschädigung unmittelbar ausgelöst hat.

Eine Einwirkung von außen liegt bei Eigenbewegungen mit regulärem Ablauf nicht vor, d. h. wenn die Eigenbewegung vollständig und in ihrem gesamten Verlauf willensgesteuert und planmäßig abläuft. Keine Einwirkung von außen stellt z. B. das Aufstehen aus der Hocke dar.

Ein von außen auf den Körper wirkendes Ereignis ist auch gegeben, wenn feste, flüssige oder gasförmige Stoffe in den Körper gelangen, jedoch erst dort eine Schädigung innerer Organe hervorrufen. Damit fällt z. B. das Einatmen von giftigem Gas oder sauerstoffreduzierter Luft unter den Tatbestand des Unfalles, obwohl die körperschädigende Wirkung erst nach dem Einatmen einsetzt. Ebenso gelagert ist das Verschlucken von Säuren oder Laugen, die erst im Körperinneren ihre schädliche Wirkung entfalten.

Der Begriff „Ereignis" besitzt strenggenommen keinen eigenständigen Aussagewert, sondern ist im Zusammenhang mit den weiteren Voraussetzungen des Unfallereignisses zu sehen. Auch ein mehraktiger Vorgang kann ein Unfallereignis darstellen.

2.2.2.3 Unfreiwillige Gesundheitsschädigung

Das Unfallereignis muss zu einer Gesundheitsschädigung geführt haben.

Ein Sturz ohne Unfallverletzung (Gesundheitsschädigung) ist **kein** Unfall i. S. d. AUB.

Die Gesundheitsschädigung setzt eine Beeinträchtigung der körperlichen Unversehrtheit voraus, die sich objektiv, ärztlich feststellen lässt. Es muss keine erhebliche Schädigung vorliegen. Rein subjektives Empfinden einer gestörten Gesundheit genügt nicht. Die Feststelllungen des erstbehandelnden Arztes sind dabei besonders wichtig, verbunden mit den unmittelbar darauf beruhenden frühzeitigen apparativen Untersuchungen.

Je später, also zeitlich vom Unfallereignis entfernter, eine Gesundheitsschädigung festgestellt wird, desto ausführlicher sollte eine Begründung ausfallen, warum es eine zu diesem Schadenereignis gehörende Verletzung ist. Das kann auch eher unspektakulär sein, wenn z. B. plausibel dargelegt wird, warum bei einer ersten Röntgenaufnahme eine Fraktur nicht festgestellt wurde.

Der Versicherte muss die Gesundheitsschädigung unfreiwillig erlitten haben. Unfreiwillig bedeutet „nicht vorsätzlich". Es reicht bereits ein bedingter Vorsatz, der die Unfreiwilligkeit entfallen lässt. Die Gesundheitsschädigung ist somit bereits freiwillig und ein Unfall liegt nicht vor, wenn der Versicherte die Gesundheitsschädigung zwar nicht will, jedoch billigend in Kauf nimmt. Abweichungen im Verletzungsbild ändern daran nichts.

Wer bewusst und aus Wut mit der Faust mehrfach gegen eine Wand schlägt und meint, nur Schmerzen oder Prellungen damit erzielen zu können, macht dies freiwillig. Wenn dabei aber ein Knochen bricht, dann ist dies zwar ein nicht gewolltes Ergebnis, die vorsätzliche Gesundheitsschädigung bleibt aber. Der Unterschied in der Gesundheitsschädigung stellt keine rechtlich relevante Abweichung dar.

Ähnliche Fälle sind im Rahmen versuchter Suizide immer wieder zu entscheiden, wo der ursprünglich beabsichtigte Schaden nicht eintritt, dafür aber eine andere Gesundheitsschädigung erfolgt. Die Dokumentation von Motiven und Absichten eines Patienten kann daher sehr wichtig sein.

Durch § 178 Abs. 2 S. 2 VVG wird die Unfreiwilligkeit gesetzlich vermutet. Der Versicherer muss die Freiwilligkeit der Gesundheitsschädigung beweisen.

2.2.2.4 Kausalität

Die Gesundheitsschädigung muss durch das Unfallereignis entstanden sein, Ziff. 1.3 AUB 2014. Es gilt die **Adäquanztheorie**. Danach muss ein Unfallereignis im Allgemeinen und nicht nur unter besonders eigenartigen und ganz unwahrscheinlichen und nach dem regelmäßigen Verlauf der Dinge außer Betracht zu lassenden Umständen geeignet sein, die Gesundheitsschädigung herbeizuführen. Zu entscheiden ist dies anhand einer nachträglichen Prognose, wobei neben dem Wissen des Versicherten auch alle einem optimalen Betrachter zur Zeit des Unfalls erkennbaren Gegebenheiten zu berücksichtigen sind, unter Heranziehung des gesamten zur Zeit der Beurteilung zur Verfügung stehenden Erfahrungswissens. Es reicht bereits eine Teilursächlichkeit aus.

Nach der Rechtsprechung des BGH reicht für die Annahme der Kausalität bereits ein alltäglicher Geschehensablauf aus. So soll es kausal sein und ein Unfall bereits vorliegen, wenn der Verzehr von nusshaltiger Schokolade eine tödlich verlaufende Allergie auslöst oder eine klinisch stumme Arthrose aktiviert wird. Es reicht eine **Auslöseursache**, der sprichwörtliche Tropfen, der das Fass zum Überlaufen bringt.

Damit soll die Beweislast für eine Mitwirkung nicht auf den Versicherungsnehmer verschoben werden, sondern auch bei bagatellhaften Ereignissen soll der Versicherer eine Mitwirkung von Krankheiten und Gebrechen beweisen.

Es geht um ein juristisches Problem der Beweislast. Es ist logisch, dass lediglich ausgelöste, aber vorhandene Gesundheitsschäden nicht zu 100 % auf ein Unfallereignis zurückgeführt werden können. Jedoch ist dies vom Versicherer zu beweisen.

Am Beispiel der klinisch stummen Arthrose bedeutet dies, dass der Versicherte die Aktivierung einer Arthrose beweisen muss, der Versicherer muss beweisen, dass und in welchem Maße die vorher klinisch stumme Arthrose am Gesundheitszustand mitgewirkt hat.

Hier stellen sich viele Fragen auf der juristischen Seite, etwa welche eigenständige Gesundheitsschädigung das Aktivieren einer Arthrose besitzt und ob es eine Typizität einer 100 %igen Mitwirkung von klinisch stummen Krankheiten und Gebrechen geben könnte, wenn im Ergebnis der „unfallbedingte Gesundheitsschaden" lediglich in dem den Gesundheitszustand auslösenden oder offenbarenden Moment lag.

Die Kausalität ist häufig bei Meniskus- oder Achillessehnenrissen sowie so genannten Rotatorenmanschettenrupturen umstritten.

2.2.3 Erhöhte Kraftanstrengung (Unfallfiktion)

Mit Ziff. 1.4 AUB 2014 werden erhöhte Kraftanstrengungen einem Unfall gleichgestellt (so genannte Unfallfiktion), wenn dadurch
- ein Gelenk an Gliedmaßen oder der Wirbelsäule verrenkt wird **oder**
- Muskeln, Sehnen, Bänder oder Kapseln an Gliedmaßen oder der Wirbelsäule gezerrt oder zerrissen werden.

Eine erhöhte Kraftanstrengung ist eine Eigenbewegung. Es fehlt hier gerade die Einwirkung von außen.

Eine erhöhte Kraftanstrengung (Ziff. 1.4 AUB 2014) und ein Unfall (Ziff. 1.3 AUB 2014) schließen sich begrifflich aus.

Versichert sind aber nur bestimmte Gewebestrukturen und festgeschriebene Schädigungen. Diese sind zunächst an den Gliedmaßen und der Wirbelsäule zu lokalisieren. Versichert sind Gelenke, sofern sie verrenkt werden. Dazu kommen Muskeln, Sehnen, Bänder und Kapseln, wenn sie gezerrt oder zerrissen werden.

Menisken und Bandscheiben gehören nicht zu den versicherten Gewebestrukturen.

Schwierig sind Schulterschäden, da Schultern, vom BGH bestätigt, nicht zu den Gliedmaßen zählen. Die Begründung des BGH und die unterschiedlichen Bedingungswerke lassen vermuten, dass hier noch gewisse Klarstellungen von den Gerichten erforderlich sein werden. Deshalb sollte hier vom behandelnden Arzt so genau wie möglich die rein medizinische Tatsachenbasis aufgezeigt werden. Ob dann eine Verletzung im Schultergürtel vom Versicherer als versichert angesehen wird, muss der Versicherer entscheiden.

Wann liegt aber eine erhöhte Kraftanstrengung vor? Dies ist in einigen Aspekten umstritten. Sinnvoll ist es, das Ereignis aus drei Aspekten heraus zu betrachten:

Zunächst ist die situationsbezogene Beurteilungsgrundlage heranzuziehen. Als Anknüpfungspunkt für eine erhöhte Kraftanstrengung gelten Bewegungen, deren

Muskeleinsatz über die normalen Handlungen des täglichen Lebens im Alltag hinausgeht, Vergleichsfaktor ist also eine „normale Handlung".

Dazu ist auf die individuellen körperlichen Verhältnisse der versicherten Person abzustellen, also ein subjektiver Maßstab anzulegen.

Zuletzt ist auch eine verletzungsbezogene Betrachtungsweise erforderlich. Die Belastung muss im Sinne einer punktuellen Spitzenbelastung auf die verletzte Gewebestruktur gewirkt haben.

Dies alles zusammen genommen erfordert stets eine Einzelfallprüfung.

Es gibt eine Vielzahl von Einzelfallentscheidungen der Rechtsprechung. Diesen ist gemeinsam, dass zumindest in den Veröffentlichungen teilweise der genaue Hergang, die individuellen körperlichen Verhältnisse des Verletzten oder die Krafteinwirkung auf die geschädigte Gewebestruktur nicht vollständig nachvollziehbar wiedergegeben wurden.

Die reine Aussage „Sehnenriss beim Sport" reicht nicht aus.

Strittig ist manchmal auch der Versicherungsschutz, wenn nicht eine, sondern eine Vielzahl von einzelnen Kraftentfaltungen in der Summe zur Gesundheitsschädigung geführt haben. Diese Frage ist bisher nur in der Literatur beschrieben, Rechtsprechung liegt dazu noch nicht vor. Sinn der Unfallversicherung ist aber, die Folgen eines Ereignisses abzusichern, nicht die allmählich einwirkende Gesundheitsschädigung zu schützen.

2.2.4 Eigenbewegung

Neuere Bedingungswerke bieten ebenso Versicherungsschutz für so genannte Eigenbewegungen. Damit wird auch ohne besondere Kraftentfaltung – wie bei der erhöhten Kraftanstrengung – eine Leistung für Gesundheitsschäden durch Eigenbewegung erbracht. Wie dies genau zu verstehen sein soll, ist derzeit noch nicht ganz klar, denn letztlich dreht es sich darum, dass bei einer alltäglichen Bewegung irgendetwas im Körper kaputtgeht. Anfragen zu solchen Fällen wird der Versicherer aber genau kennzeichnen müssen. Auch hier sind nur bestimmte Gewebestrukturen versichert.

2.2.5 Sonstige mögliche Ereignisse

In wenigen Einzelfällen muss gar kein Unfall oder eine erhöhte Kraftanstrengung vorliegen. Zu nennen sind da Kosten für Suchaktionen nach Vermissten, ohne dass ein Unfall tatsächlich vorgelegen haben muss. Ähnliche andere Beispiele sind denkbar. Anfragen wird der Versicherer hier individuell erstellen müssen.

2.3 Ausschlusstatbestände

2.3.1 Einleitung

Die AUB nennen als Begrenzung des Versicherungsschutzes bestimmte ausgeschlossene Ereignisse und einige ausgeschlossene Gesundheitsschädigungen. Die einzelnen Ausschlüsse sind über die verschiedenen Bedingungsgenerationen hinweg sehr ähnlich, so dass eine Darstellung der Grundzüge für die medizinische Betrachtung ausreicht.

Manche Versicherer bieten in ihren besonderen Bedingungen Einschränkungen der Ausschlusstatbestände an, vereinzelt sind aber auch zusätzliche Ausschlusstatbestände vereinbart. Diese sehr individuellen Regelungen bedürfen im Zweifel einer konkreten Anfrage durch den Versicherer, bei der die genaue Formulierung in die Fragestellung mit einfließt.

Die Muster-AUB sehen als **ausgeschlossene Ereignisse** vor:
- Unfälle durch Bewusstseinsstörungen,
- Unfälle bei der Ausübung vorsätzlicher Straftaten,
- Unfälle durch Kriegs- oder Bürgerkriegsereignisse,
- Unfälle bei aktiver Luftfahrt (z. B. Piloten, nicht aber Passagiere),
- Unfälle bei Rennveranstaltungen mit Motorfahrzeugen,
- Unfälle durch Kernenergie.

Ausgeschlossen ist die in dem den Unfall auslösenden Ereignis begründete spezifische Gefahrenlage – nachvollziehbar für einen Formel-1-Rennfahrer im Rennen oder Menschen in einem Kriegsgebiet. Diese speziellen Gefahrensituationen sollen nicht über eine Allgemeine Unfallversicherung eingeschlossen sein und auf die Versichertengemeinschaft umgelegt werden. Gemeint sind aber nur die spezifischen Gefahrenlagen. Ein Formel-1-Rennfahrer kann sich für die außerhalb des Rennbetriebs liegenden Gefahren grundsätzlich versichern, und dies gilt dann auch z. B. beim Spaziergang im Wald.

Es reicht, wenn das ausgeschlossene Ereignis der auslösende Moment für den Unfall ist. Die Ausschlusstatbestände Straftat, Kriegs- oder Bürgerkriegsereignisse, Luftfahrzeugrisiko und Rennveranstaltungen sind medizinisch unbedeutend. Es handelt sich hier um rechtliche Problemkreise.

Medizinisch relevante Fragen ergeben sich nur bei Unfällen durch Bewusstseinsstörungen oder bei Unfällen durch Kernenergie.

Die Muster-AUB sehen als **ausgeschlossene Gesundheitsschädigungen** vor:
- Schäden an Bandscheiben,
- Blutungen aus inneren Organen und Gehirnblutungen,
- Strahlen,
- Heilmaßnahmen oder Eingriffe,

- Infektionen,
- Vergiftungen,
- psychische Reaktionen,
- Bauch- oder Unterleibsbrüche.

Diesen Ausschlusstatbeständen ist gleich, dass die eingetretenen Gesundheitsschädigungen grundsätzlich vom Versicherungsschutz ausgeschlossen sind. Nur in bestimmten Ausnahmefällen (Wiedereinschluss) wird für diese Gesundheitsschäden Versicherungsschutz gewährt.

2.3.2 Geistes- und Bewusstseinsstörung, Anfälle

Ausgeschlossen sind Unfälle durch Geistes- oder Bewusstseinsstörungen sowie durch Schlaganfälle, epileptische Anfälle oder andere Krampfanfälle, die den ganzen Körper der versicherten Person ergreifen, Ziff. 5.1.1 AUB 14.

Der Ausschlusstatbestand der Geistes- und Bewusstseinsstörung ist sehr praxisrelevant. Sinn ist es, die Situationen nicht zu versichern, in denen die versicherte Person nicht in der Lage ist, eine drohende Unfallgefahr klar zu erkennen oder überhaupt wahrzunehmen und sich zwecks Vermeidung des Unfalles entsprechend richtig zu verhalten.

Der Begriff „Geistesstörung" ist nicht genau definiert und auch im Hinblick auf die Außendarstellung der Versicherer problematisch. Dieser Aspekt des Ausschlusstatbestandes kam nur selten zum Tragen und wurde in die aktuellen AUB 14 nicht mehr übernommen. Nicht ganz richtig ist es, wenn auf eine Geisteskrankheit abgestellt wird, z. B. Schizophrenie, man kommt dem Sinn der Regelung damit jedoch sehr nah.

Eine Bewusstseinsstörung liegt vor, wenn die versicherte Person in ihrer Aufnahme- und Reaktionsfähigkeit so beeinträchtigt ist, dass sie den Anforderungen der konkreten Gefahrenlage nicht mehr gewachsen ist. Diese in die AUB 14 aufgenommene Definition ist der ständigen Rechtsprechung entnommen und gilt für alle Bedingungsgenerationen. Geprüft wird dies in einer fallbezogenen Betrachtung, da das individuelle Ausmaß der gesundheitlichen Beeinträchtigung der Aufnahme- und Reaktionsfähigkeit mit der konkreten Gefahrenlage in Beziehung zu setzen ist. Als Bewusstseinsstörungen durch Gerichte bejaht wurden z. B. Herzrhythmusstörungen, Ohnmacht, Synkope, schwere Schwindelanfälle, Schlafapnoe (Sekundenschlaf).

Die Begriffe Schlaganfall, epileptischer Anfall und Krampfanfall sind nicht besonders juristisch definiert und daher rein medizinisch zu verstehen.

Die Ursache für die Bewusstseinsstörung ist grundsätzlich unerheblich. Versicherungsschutz besteht jedoch, wenn diese Störungen oder Anfälle durch ein unter diesen Vertrag fallendes Unfallereignis verursacht waren.

Praxisrelevant ist die Frage, ob die Bewusstseinsstörung (bzw. der Schlaganfall, epileptische Anfall oder der andere Krampfanfall) Auslöser oder Folge des Unfallereignisses war.

Relevant werden Bewusstseinsstörungen auch bei Alkoholisierung, hier insbesondere bei Unfällen im Straßenverkehr. Die Feststellungen zur Blutalkoholkonzentration (BAK) stehen hier im Fokus, Entnahmezeitpunkt und Messverfahren sollten genannt werden. Aber auch die Dokumentation von alkoholbedingten Ausfallerscheinungen ist gelegentlich wichtig, nämlich dann, wenn keine so genannte absolute Fahruntüchtigkeit vorlag.

Es gibt so genannte Alkoholklauseln, die Unfälle durch eine alkoholbedingte Bewusstseinsstörung in den Versicherungsschutz einschließen. Diese Frage ist rein rechtlich zu betrachten und für die medizinischen Feststellungen nicht erheblich.

2.3.3 Kernenergie

Ausgeschlossen sind Unfälle, die unmittelbar oder mittelbar durch Kernenergie verursacht sind, Ziff. 5.1.6 AUB 14. Der Ausschluss geht weit über eine reine Verstrahlung hinaus, auch Druckwellen oder Hitze kommen als unmittelbare Folge eines Kernenergieunglücks in Betracht. Als mittelbare Folge sind auch Gesundheitsschädigungen aufgrund von Paniken oder Flächenbränden, die ihrerseits durch das Kernenergieunglück ausgelöst wurden, zu berücksichtigen. Es bedarf aber der Verwirklichung der besonderen Gefahr der Kernenergie.

2.3.4 Bandscheibenschädigungen

Ausgeschlossen sind Schädigungen an den Bandscheiben, Ziff. 5.2.1 AUB 14. Die Regelung umfasst nicht nur Schäden an der Bandscheibe selber, sondern auch die dadurch ausgelösten weiteren Störungen, wie z. B. Lähmungen.

Als Ausnahme ist der Bandscheibenschaden dann versichert, wenn er durch ein Unfallereignis nach Ziff. 1.3 AUB 14 überwiegend (zu mehr als 50 %) verursacht wurde und für das Unfallereignis Versicherungsschutz bestand. Dies gilt aber nicht für eine Verursachung durch eine erhöhte Kraftanstrengung (Ziff. 1.4 AUB 14).

Bei Bandscheibenschäden ist zur Feststellung der überwiegenden Verursachung zu prüfen, ob eine erhebliche Kraftentfaltung auf die betroffene Stelle der Wirbelsäule stattgefunden hat. Fehlt eine solche Gewalteinwirkung mit äußeren Verletzungen oder Frakturen, so liegt erfahrungsgemäß keine überwiegende Ursache für die Bandscheibenschädigung vor. Der unfallfremde degenerative Verursachungsanteil ist hier voll zu berücksichtigen, also auch die altersentsprechende Degeneration. Kann der Bandscheibenschaden bereits aufgrund der degenerativen Veränderungen der Wirbelsäule ohne erhebliche traumatische Einwirkung entstanden sein, dann ist eine überwiegende Verursachung nicht bewiesen. Ein isolierter traumatischer Bandscheibenvorfall gilt als sehr selten und wäre daher mit einer tragfähigen Begründung zu belegen.

Der Ausschluss von Bandscheibenschädigungen führt in der Praxis zu zahlreichen Konflikten. Überwiegend fehlt dem Versicherten das Verständnis dafür, dass z. B. ein Bandscheibenvorfall beim Anheben einer schweren Kiste gar nicht versichert ist. Wichtig erscheint es hier vor allem klarzustellen, dass eine Beeinträchtigung vorliegt und dies für sich genommen ja auch vom Versicherer (grundsätzlich) nicht in Frage gestellt wird.

2.3.5 Hirnblutungen

Ausgeschlossen sind Blutungen aus inneren Organen und Gehirnblutungen, Ziff. 5.2.1 AUB 14. Es geht hier um Blutungen im Körperinneren, die auch spontan entstehen können. Ebenso wie bei Bandscheibenschäden besteht hier Versicherungsschutz dann, wenn die Blutung durch einen Unfall nach Ziff. 1.3 AUB 14 überwiegende Ursache (zu mehr als 50 %) war.

Streitgeneigt sind die Fälle des Auffindens der versicherten Person, die sich an den Hergang nicht erinnern kann oder sogar bereits verstorben ist. War die Blutung Auslöser für den Sturz oder umgekehrt die Blutung erst nach dem Unfallereignis eingetreten?

Wenn z. B. in Todesfällen keine genaue Aufklärung möglich ist, dann ist der Nachweis für die Unfallfolge nicht erbracht und der insoweit beweisbelastete Versicherungsnehmer besitzt keinen Anspruch auf eine Leistung.

2.3.6 Gesundheitsschäden durch Strahlen

Gesundheitsschädigungen durch Strahlen sind nicht versichert, Ziff. 5.2.2 AUB 14. Ausgeschlossen sind alle Arten von Strahlen, also ionisierende Strahlen ebenso wie Laserstrahlen. Hier wird der behandelnde Arzt erklären müssen, ob die Gesundheitsschädigung auf eine Strahlenbelastung zurückzuführen ist oder nicht.

Als Ausnahme sind solche Strahlenschäden versichert, die im Rahmen einer Heilmaßnahme oder eines Eingriffs durch strahlendiagnostische und strahlentherapeutische Maßnahmen eingetreten sind, sofern diese durch ein versichertes Unfallereignis veranlasst waren.

2.3.7 Heilmaßnahmen oder Eingriffe

Gesundheitsschäden durch Heilmaßnahmen oder Eingriffe am Körper des Versicherten sind ausgeschlossen, Ziff. 5.2.3 AUB 14.

Heilmaßnahmen sind alle Maßnahmen bzw. Handlungen des Versicherten oder Dritter mit therapeutischem Hintergrund sowie solche Maßnahmen, die einer Diagnose krankhafter Zustände dienen, einen medizinischen Eingriff vorbereiten bzw. nachbehandeln oder mit dem Einsatz von Medikamenten oder technischen Hilfsmitteln verbunden sind. Einer medizinischen Indikation bedarf es nicht, auch ärztliche Kunstfehler oder Schäden durch technische Mängel am medizinischen Gerät sind ausgeschlossen.

Als **Eingriff** versteht man jede äußere physische Einwirkung auf die Integrität des Körpers, die mit Willen des Versicherten von ihm selbst oder mit seiner Einwilligung von einem Dritten vorgenommen wird. Auch Maßnahmen ohne therapeutischen Zweck sind ausgeschlossen, z. B. Tätowierungen sind Eingriffe im Sinne der AUB.

Eine Ausnahme bilden aber solche Heilmaßnahmen und Eingriffe, die durch ein versichertes Ereignis (Unfall oder erhöhte Kraftanstrengung) veranlasst waren.

Autoerotische Handlungen und Heroininjektionen sind Eingriffe im Sinne der AUB. Regelmäßig sind dadurch verursachte Todesfälle Streitgegenstand.

Nicht vom Ausschluss erfasst sind Unfälle anlässlich einer Heilbehandlung, also der Treppensturz auf dem Weg in die Arztpraxis.

2.3.8 Infektionen

Ausgeschlossen sind Gesundheitsschäden durch Infektionen, Ziff. 5.2.4 AUB 14. Grundsätzlich sind (außer Tollwut und Wundstarrkrampf) alle Infektionen vom Versicherungsschutz ausgeschlossen. Eine Infektion umfasst die Übertragung, das Haftenbleiben und Eindringen von Mikroorganismen (z. B. Viren, Bakterien, Pilzen, Parasiten) in den menschlichen Körper und die Vermehrung in ihm.

Ausnahmen gelten für solche Infektionen, bei denen die Krankheitserreger durch Unfallverletzungen in den Körper gelangten, die nicht geringfügig sind. Geringfügig sind nach Ziff. 5.2.3 AUB 14 Unfallverletzungen, die ohne die Infektion und ihre Folgen keiner ärztlichen Behandlung bedürfen, wie z. B. Nadelstiche, kleinere Kratz- oder Schnittwunden, die bloß mit einem Pflaster versorgt werden können, sowie Insektenstiche und -bisse. Ebenso sind solche Infektionen versichert, die durch unfallbedingte Heilmaßnahmen oder Eingriffe bei einer unter den Vertrag fallenden Unfallverletzung (Ziff. 1.3 und 1.4 AUB 2014) veranlasst waren.

Diese allgemeinen Grundsätze sind regelmäßig durch Sondervereinbarungen abgeändert. Es gibt eine Vielzahl solcher Infektionsklauseln. Dadurch kann die Fragestellung an den Arzt teilweise bis auf die nachgewiesene Infektion und die Zeitabläufe reduziert sein. Eine genaue Prüfung der Fragestellung ist hier wichtig.

Auch Impfschäden werden teilweise versichert. Hier können die Impfung und das verwendete Präparat leicht nachgewiesen werden. Auch bekannte Komplikationsmöglichkeiten sollten von den Unfallversicherern nachvollzogen werden können. Bei nicht bereits bekannten und allgemein dokumentierten Komplikationen muss der Versicherte den Kausalitätsnachweis erbringen.

2.3.9 Vergiftungen

Ausgeschlossen sind Vergiftungen, die infolge Einnahme fester oder flüssiger Stoffe durch den Schlund auftreten, Ziff. 5.2.5 AUB 14. Erfasst sind Giftstoffe jeder Art, auch falsch eingenommene Medikamente oder verdorbene Nahrungsmittel. Es geht dabei um die dem Gift typische Wirkungsweise, also um die Giftigkeit der Substanz. Die Verätzung der Speiseröhre durch eine verschluckte Lauge ist dagegen keine Vergiftung.

Als „Einnahme“ versteht man das willentliche Einverleiben eines Stoffes. Dabei ist auf die freiwillige und zielgerichtete Einnahme bzw. Einführung durch den Schlund abzustellen. Auch versehentliches oder unwissentliches Verschlucken von Gift fällt unter den Ausschluss, soweit das Versehen oder die Unkenntnis die Giftigkeit der Substanz und nicht die Einnahme als solche betrifft. Damit sind auch die so genannten Giftpralinenfälle vom Versicherungsschutz ausgeschlossen.

Vergiftungen, die z. B. durch Wunden an den Extremitäten oder Tierbisse entstehen, sind versichert.

Für Kinder gelten besondere, meist altersabhängige Sonderregelungen.

Einige Sonderbedingungen der Versicherer schließen auch Nahrungs- oder Lebensmittelvergiftungen in den Versicherungsschutz ein.

2.3.10 Psychische Reaktionen

Der Ausschluss von psychischen Reaktionen (Ziff. 5.2.6 AUB 14) ist der wohl umstrittenste Ausschlusstatbestand. Rechtlich sind viele Fragen offen. Sinn der Regelung ist es, die nicht abschätzbaren Risiken einer psychischen Reaktion vom Versicherungsschutz auszunehmen.

Der Versicherungsschutz entfällt bei krankhaften Störungen infolge psychischer Reaktionen, auch dann, wenn diese durch einen Unfall verursacht wurden. Ausgeschlossen sind damit alle Gesundheitsschäden, bei denen ein adäquater Kausalzusammenhang mit körperlichen Traumata nicht nachweisbar ist oder die krankhaften Störungen des Körpers allein mit ihrer psychogenen Natur (= rein seelisch bedingter Ursachenzusammenhang) erklärbar sind.

Der Ausschluss greift nicht ein, wenn die psychische Reaktion auf organischen Schädigungen (z. B. Schädigungen des zentralen Nervensystems) beruht.

Liegt eine psychische Reaktion vor, dann entfällt der Versicherungsschutz nur für diese psychischen Folgen. Stellt sich also nach einer Beinverletzung eine posttraumatische Belastungsstörung ein, dann ist die Funktionsstörung des Beins versichert, die posttraumatische Belastungsstörung hingegen nicht.

Psychische Probleme wie Angstzustände sind keine Seltenheit und belasten den Versicherten, aber auch dessen Umfeld. Das begründet aber keine Leistungen aus der privaten Unfallversicherung. Die von den Versicherern anerkannten Fälle betreffen regelmäßig Menschen mit schwerwiegenden Hirnverletzungen.

Einige Versicherer bieten eine finanzielle Unterstützung für Opfer von bestimmten Gewaltdelikten wie z. B. Geiselnahmen. Die Leistung besteht dann in einer Kostenübernahme von einigen Therapiestunden.

2.3.11 Bauch- und Unterleibsbrüche

Bauch- und Unterleibsbrüche (Hernien) sind grundsätzlich vom Versicherungsschutz ausgeschlossen, Ziff. 5.2.7 AUB 14, da sie meist auf einer anlage- oder krankheitsbedingten Bindegewebsschwäche beruhen und genetische Dispositionen bzw. Erkrankungen in den AUB ausgeschlossen sein sollen.

Ausnahmsweise besteht für Hernien dann Versicherungsschutz, wenn sie durch eine von außen kommende gewaltsame Einwirkung entstanden sind, also durch ein Unfallereignis. Gemeint ist die Bildung der Bruchpforte. Der Austritt innerer Organe durch die Bruchpforte reicht nicht aus.

Daher wird für den Nachweis der unfallbedingten Hernie neben der Feststellung der Bruchpforte auch das Vorliegen objektiver Hinweise auf eine traumatische Einwirkung (z. B. Ödeme, Blutungen, Zerreißungen) auf den Bereich der Bruchpforte nötig.

Vielfach sind entsprechende Tatsachen nicht ärztlich dokumentiert, da die Patienten oftmals nicht zum Zeitpunkt der Bildung der Bruchpforte in Behandlung gehen, sondern erst, wenn das Austreten von inneren Organen durch die Bauchpforte zu Problemen führt. Eine genaue Klärung der Ursache für die Hernie ist dann vielfach nicht mehr möglich.

Diese Ausnahme gilt nicht für erhöhte Kraftanstrengungen. Fälle eines so genannten „Verhebetraumas“ oder eines „Pressbruches“ bleiben daher ausgeschlossen.

2.4 Leistungsarten

2.4.1 Einleitung

Hat der Versicherte einen Unfall erlitten, stellt sich die Frage, welche Leistungen der Versicherer zu erbringen hat. Die Bandbreite ist in den Musterbedingungen noch überschaubar, betrachtet man aber die unterschiedlichen Bedingungswerke der Versicherer, dann zeigt sich eine enorme Vielfalt an Leistungsarten, die bei den diversen Versicherern mit unterschiedlichsten Ausgestaltungen angeboten werden.

Die einzelnen Leistungsarten sind grundsätzlich unabhängig voneinander zu betrachten. Die konkrete Beschreibung der Leistungsarten findet sich in den Vertragsbedingungen (AUB) und die vereinbarte Leistungssumme im Versicherungsschein.

2.4.2 Invaliditätsleistung

Die Invaliditätsleistung ist die wichtigste Leistungsart der AUB. Sie sichert dem Versicherten eine finanzielle Leistung für den Invaliditätsfall zu. Unter Invalidität versteht man eine unfallbedingte, dauerhafte Beeinträchtigung der körperlichen oder geistigen Leistungsfähigkeit, § 180 VVG.

Eine Leistung kann auch in Form einer Invaliditätsrente vereinbart sein. Dies betrifft aber nur die Auszahlungsmodalitäten und ist auch regelmäßig an einen bestimmten Schwellenwert (Invaliditätsgrad z. B. ab 50 %) gekoppelt, was aber für die medizinische Betrachtung der Grundstruktur einer Invalidität nicht relevant ist.

Leistungsvoraussetzung ist eine dauerhafte Beeinträchtigung der körperlichen oder geistigen Leistungs- oder Funktionsfähigkeit. Diese liegt vor, wenn feststeht, dass die Beeinträchtigung länger als drei Jahre andauern wird und eine Änderung nicht zu erwarten ist, Ziff. 2.1.1.1 AUB 2014.

Für Eintritt, Feststellung und Geltendmachung einer Invalidität gelten strenge Fristen:

- **Eintrittsfrist** (bisher Jahresfrist): Die Invalidität muss innerhalb von zwölf Monaten nach dem Unfall eingetreten sein.
- **Ärztliche Feststellung**: Innerhalb von 15 Monaten nach dem Unfall muss ein Arzt die Invalidität festgestellt haben.
- **Geltendmachung des Invaliditätsanspruchs**: Innerhalb von 15 Monaten muss die Invalidität beim Versicherer (VR) geltend gemacht worden sein.

Die hier angegebenen Fristen sind die kürzesten, die am Versicherungsmarkt vertreten sind. Jede einzelne der drei Fristen kann anders vereinbart sein, dies muss der Versicherer mitteilen. Die grundsätzliche Struktur ist aber gleich.

Die Fristen zum Invaliditätseintritt und zur ärztlichen Feststellung sind so genannte objektive Anspruchsvoraussetzungen. Tritt also innerhalb von zwölf Monaten keine Invalidität ein, so besteht kein Anspruch auf eine Invaliditätsleistung, ebenso wenn der Invaliditätseintritt nicht innerhalb von 15 Monaten nach dem Unfall ärztlich festgestellt wurde. Beide Voraussetzungen können nicht nachgeholt werden. Die ärztliche Feststellung muss schriftlich erfolgen, braucht aber nicht richtig zu sein. Sie muss jedoch eine verbindliche Aussage treffen; unzureichend ist es, wenn das Vorliegen eines Dauerschadens als nur „möglicherweise", „eventuell", „zurzeit" oder „erst nach einer Begutachtung zu klären" bescheinigt wird. Einer Aussage zur Höhe des Dauerschadens bedarf es nicht.

Die ärztliche Feststellung muss darlegen:

- einen Dauerschaden (prognostisch),
- die unfallbedingte Gesundheitsschädigung des Versicherten und
- einen Kausalzusammenhang zwischen Unfall und Gesundheitsschädigung.

Nur die ärztlich festgestellten und dem Versicherer gegenüber angezeigten Dauerschäden werden zum Inhalt der Invaliditätsfeststellung.

Innerhalb von 15 Monaten muss die Invalidität beim Versicherer geltend gemacht werden. Es handelt sich bei dieser Frist um eine Ausschlussfrist, bei der grundsätzlich eine Exkulpation möglich ist. Die Geltendmachung ist eine Willenserklärung, die erst mit Zugang beim Versicherer wirksam wird, § 130 BGB. Hierfür trägt der Versicherungsnehmer die Beweislast.

> Viele Ärzte übernehmen den Versand des Invaliditätsnachweises an den Versicherer, weil der eigene Patient die anliegende Kostennote nicht sehen soll. Der Arzt übernimmt damit aber ebenso die Verantwortung für die fristgerechte Übermittlung an den Versicherer und kann sich damit ggf. auch schadenersatzpflichtig machen, wenn er eine Fristversäumung verschuldet.

Die Invalidität muss adäquat kausal auf die unfallbedingte Gesundheitsschädigung zurückzuführen sein, es reicht Mitursächlichkeit aus. Verstirbt die VP innerhalb eines Jahres unfallbedingt, scheidet eine Invaliditätsleistung aus, Ziff. 2.1.1.4 AUB 2014. Die Todesfallleistung und die Invaliditätsleistung schließen sich gegenseitig aus.

Verstirbt die VP vor der Bemessung der Invalidität und hat die Invalidität bereits vorher angemeldet, dann besteht ein Anspruch auf Invaliditätsleistung anhand des sich aus den vorliegenden Befunden ergebenden Invaliditätsgrades, Ziff. 2.1.2.3 AUB 2014.

2.4.3 Stationäre Behandlungen (UKT Reha, Kur, ambulante OP)

2.4.3.1 Krankenhaustagegeld

Das Unfallkrankenhaustagegeld (UKT) wird unabhängig von tatsächlich angefallenen Krankenhauskosten für Tage einer vollstationären Heilbehandlung gezahlt. Die Behandlung muss unfallbedingt, also adäquat kausal auf den Unfall zurückzuführen sein.

Als vollstationär gilt ein Aufenthalt „rund um die Uhr“, also grundsätzlich mindestens 24 Stunden. Aufnahme- und Entlassungstag gelten als ganze Tage. Teil-, tages- oder nachtstationäre Behandlungen sind ebenso wie vor- und nachstationäre Untersuchungen nicht vollstationär und lösen keinen Leistungsanspruch aus.

Kuren oder Aufenthalte in Sanatorien und Erholungsheimen gelten nicht als medizinisch notwendige Heilbehandlung.

2.4.3.2 Kurkosten- und Rehabeihilfe

Abzugrenzen vom Krankenhaustagegeld sind stationäre Behandlungen, die nicht den unmittelbaren Heilmaßnahmencharakter besitzen, sondern im Sinne der klassischen Kur zu einer Wiedererlangung oder Stärkung des Allgemeinzustandes nach dem Unfallereignis führen. Schwierig ist hier eine genaue Abgrenzung, da weder die von den einzelnen Einrichtungen verwendeten Begrifflichkeiten einheitlich sind noch eine eindeutige Subsumtion unter die Bedingungsregelungen möglich ist. Hier sollten die Entlassungsberichte an den Versicherer weitergeleitet werden, da dieser die rechtliche Einordnung vornehmen muss.

2.4.3.3 Ambulante Operation

Die moderne Medizin bietet die Chance zu weniger belastenden Operationsmaßnahmen, die dann nicht mehr stationär, sondern ambulant durchgeführt werden. Dem folgen die Versicherer damit, dass sie das Krankenhaustagegeld auch dann zahlen, wenn eine unfallbedingte Operation ambulant durchgeführt wurde.

Die konkreten Modalitäten sind unterschiedlich und reichen von bestimmten Festschreibungen der Leistungshöhe über Anforderungen an die Behandlung. So werden regelmäßig Auskünfte zu einer an die ambulante Operation anschließenden Arbeitsunfähigkeit oder der Schwere des Eingriffs erforderlich sein.

Mit einer Kopie des OP-Berichts und der Krankschreibung können solche Informationen gut weitergegeben werden.

2.4.4 Genesungsgeld

Genesungsgeld ist eine Leistungsart, die an das Krankenhaustagegeld gekoppelt ist und unabhängig von der tatsächlichen Genesungsdauer erbracht wird.

2.4.5 Tagegeld

Tagegeld ist eine unabhängig von stationären Behandlungen vereinbarte Leistungsart. Sie stellt auf die konkrete, zuletzt ausgeübte berufliche Tätigkeit, den Grad der Beeinträchtigung und deren Umfang sowie die ärztliche Behandlung ab. Die Höhe ergibt sich aus dem vereinbarten Tagessatz und dem Grad der Beeinträchtigung der Arbeitsfähigkeit. Das Tagegeld wird entsprechend abgestuft gezahlt. Nur bei einer vollständigen Beeinträchtigung der Arbeitsfähigkeit werden 100 % der versicherten Summe fällig. Den Grad der Beeinträchtigung stellt der behandelnde Arzt fest.

Für die Bewertung der unfallbedingten Beeinträchtigung der Arbeitsfähigkeit ist die zuletzt ausgeübte berufliche Tätigkeit, nicht der erlernte Beruf oder die Berufsbezeichnung maßgebend.

Das Tagegeld wird unabhängig von tatsächlichen finanziellen Einbußen des Versicherten vereinbart. Ansprüche auf Lohnfortzahlung oder ein Tagegeld der Krankenversicherung sind unbeachtlich und werden nicht angerechnet.

Der Anspruch ist auf den Zeitraum von Beginn bis Ende der ärztlichen Behandlung beschränkt, längstens für ein Jahr ab dem Unfalltag.

2.4.6 Übergangsleistung

Die VP muss unfallbedingt im beruflichen oder außerberuflichen Bereich, ohne Mitwirkung von Krankheiten oder Gebrechen zu mindestens 50 % in ihrer normalen körperlichen oder geistigen Leistungsfähigkeit beeinträchtigt sein und die Beeinträchtigung muss vom Unfalltag an gerechnet ununterbrochen mehr als sechs Monate bestehen.

Ist die berufliche Leistungsfähigkeit beeinträchtigt, ist auf die konkrete Beschäftigung des Versicherten vor dem Unfall abzustellen (wie beim Tagegeld); bei der Beeinträchtigung im außerberuflichen Bereich kommt es auf die allgemeine Leistungsfähigkeit des Versicherten an.

Für die Geltendmachung gelten Fristen, auf die der Versicherer hinweisen muss.

2.4.7 Verletzungsbezogene Leistungsarten

Es gibt unterschiedliche Leistungsarten, die eine schnelle Zahlung einer Leistung ermöglichen sollen. Diese Leistungen werden Sofortleistung, Schmerzensgeld, Verletzungsgeld und ähnlich genannt und bieten eine Bandbreite von schwersten Verletzungsfolgen bis hin zu Bagatellschädigungen als Leistungsvoraussetzung. Ihnen allen gleich ist, dass mit wenigen Voraussetzungen eine Leistungsprüfung möglich wird.

Wichtig ist, hier die nachweisbare Diagnose genau zu bezeichnen.

2.4.8 Gipsgeld

Gipsgeld stellt eine neuere Leistungsart dar. Sie soll frühzeitig eine Zahlung an den Versicherten ermöglichen. Gekoppelt ist dies an die Art der Behandlung und das Erfordernis einer Ruhigstellung eines Körperteils. Die Ausgestaltung selber ist bei den einzelnen Versicherern sehr unterschiedlich. So können die Art der Verletzung, Zeiträume für die Ruhigstellung und auch die Anforderungen an die Art der Ruhigstellung als Kriterien aufgestellt sein. Ebenso sind Kombinationen mit oder ohne eine stationäre Behandlung möglich.

Sinnvoll ist, hier die Angabe von Erfordernis, Art der Ruhigstellung und die Zeiträume genau zu dokumentieren.

2.4.9 Todesfallleistung

Die Todesfallleistung gewährt einen Anspruch, wenn die unfallbedingte Gesundheitsschädigung zum Tod führt. Der Todesfall ist dem VR innerhalb von 48 Stunden zu melden. Diese Verpflichtung soll es dem Versicherer ermöglichen, wegen der bevorstehenden Beerdigung oder Einäscherung eine Beweissicherung, z. B. durch eine Obduktion, vorzunehmen.

Ein unfallbedingter Todesfall sollte schnellstmöglich dem Versicherer gemeldet werden, um ein weiteres Vorgehen (mögliche Obduktion) abzustimmen.

Tritt der Tod ausschließlich wegen einer (unfallunabhängigen) Erkrankung oder wegen einer überholenden Kausalkette (z. B. weiterer Unfall) ein, wird die Todesfallsumme nicht fällig. Bleibt die Todesursache unklar, weil sowohl ein unfallbedingter Tod möglich ist als auch innere Ursachen (Erkrankungen) alleine zum Tod geführt haben können, ist der Kausalitätsnachweis nicht erbracht. Ebenso fehlt der Nachweis bei Unklarheit, ob die Todesursache Unfallursache oder Unfallfolge war.

Der Tod muss innerhalb von zwölf Monaten nach dem Unfallereignis eingetreten sein. Damit schließen sich die Todesfallleistung und die Invaliditätsleistung gegenseitig aus, weil eine Invalidität über die ersten zwölf Monate nach dem Unfall hinausgehend bestehen muss. Die Monatsangaben können bei den Versicherern unterschiedlich ausgestaltet sein.

Bei einem unfallbedingten Tod besteht Anspruch auf die vereinbarte Todesfallsumme. Problematisch ist der Fall, wenn der Tod wegen einer Mitwirkung von Krankheiten und Gebrechen nicht ausschließlich auf den Unfall zurückzuführen ist. Im Ergebnis erfolgt eine Kürzung entsprechend dem jeweiligen Mitwirkungsanteil.

Sofern ein Verdacht auf einen möglichen Suizid vorliegt, sollten die zu dem Verdacht führenden Umstände mitgeteilt werden.

2.5 Mitwirkung

Der Versicherungsschutz erstreckt sich auf die gesundheitlichen Folgen eines konkreten Schadenereignisses. Gesundheitsbeeinträchtigungen durch andere Ursachen sollen nicht entschädigt werden. Dazu beinhalten die AUB eine Regelung, nach der eine Leistung um den Anteil gekürzt werden kann, der auf Krankheiten oder Gebrechen zurückzuführen ist. Es führt also nur der unfallbedingte Anteil zu einem Leistungsanspruch.

Das klinkt mathematisch simpel, ist aber medizinisch und rechtlich mit vielen Fragen und Schwierigkeiten verbunden. Am besten nähert man sich dem Themenkomplex über die Begriffe. Krankheiten und Gebrechen stellen keine sich ausschließenden Begriffe dar, sie sind als eine Einheit zu betrachten. Zu berücksichtigen ist eine Mitwirkung sowohl **bei der Entstehung** als auch **bei den Folgen** der Gesundheitsschädigung.

Eine **Krankheit** ist eine Störung der Lebensvorgänge in Organen oder im gesamten Organismus mit der Folge von subjektiv empfundenen bzw. objektiv feststellbaren körperlichen, geistigen bzw. seelischen Veränderungen. Eine Krankheit ist ein anormaler geistiger oder körperlicher Zustand des Versicherten. Entscheidend ist der objektiv vorhandene und ärztlich festgestellte Körperzustand, egal ob der VN davon Kenntnis besitzt oder die VP sich krank fühlt.

Gebrechen sind nach der Rechtsprechung des BGH dauernde abnorme Gesundheitszustände, die eine einwandfreie Ausübung normaler Körperfunktionen (teilweise) nicht mehr zulassen. Dies gilt auch dann, wenn die VP vorher an keinen Beschwerden litt, also bei klinisch stummem Verlauf.

Abzustellen ist auf den altersentsprechenden Normalzustand. Der **altersentsprechende Verschleiß** ist bei Krankheiten und Gebrechen nicht zu berücksichtigen.

Versicherte tragen manchmal vor, dass ein gewisser Verschleiß klar wäre und vom Bodybuilding oder körperlich anstrengenden Beruf herrühre. Zu unterscheiden ist dann der ***altersentsprechende Verschleiß*** vom ***belastungsentsprechenden Verschleiß***. Gerade die erhöhte Belastung von Gliedmaßen bei bestimmten sich regelmäßig wiederholenden Tätigkeiten kann zu einem über die ***Altersnorm*** hinausgehenden Verschleiß führen, der im Rahmen der Mitwirkungsregelung leistungskürzend zu berücksichtigen ist.

Die Höhe des (unfallfremden) Mitwirkungsanteils wird vom Arzt geschätzt und sollte begründet werden. Die Angabe erfolgt in einer Prozentangabe, wobei nur wesentliche Schritte taxiert werden können, etwa:

- 25 % = relevante Mitwirkung,
- 40 % = entscheidende, aber noch nicht hälftige Mitwirkung,
- 50 % = hälftige Mitwirkung,
- 60 % = überwiegend unfallfremd,
- 90 % = hochgradig unfallfremd,
- 100 % = ausschließlich unfallfremd.

Die AUB sehen auch eine Kappungsgrenze vor. Eine ganz leichte, vielleicht mit 10 % Anteil zu bemessende Mitwirkung bleibt unberücksichtigt, weil eine Berücksichtigung erst ab 25 % möglich ist. Manche Versicherer bieten auch andere Kappungsgrenzen wie z. B. 40 % an.

2.6 Obliegenheiten

Die AUB sehen in allen Bedingungsgenerationen Mitwirkungspflichten des Versicherungsnehmers bzw. der versicherten Person vor. Es wird hier von Obliegenheiten gesprochen. Verstöße gegen diese vertraglichen Verpflichtungen können zu Leistungskürzungen bis hin zum vollständigen Verlust von Ansprüchen führen. Auf die genauen Modalitäten kann an dieser Stelle jedoch verzichtet werden, da diese für den Arzt nicht von Bedeutung sind.

Ziffer 7 der AUB 2014 nennt vier für den Arzt interessante Obliegenheiten. Der Versicherte ist zunächst verpflichtet, *nach einem Unfall unverzüglich einen Arzt hinzuzuziehen*. Der Versicherer fragt auch wegen dieser Obliegenheit nach dem Tag der Erstbehandlung. Der verzögerte Gang zur ärztlichen Behandlung führt in der Schadenpraxis immer wieder zu der Situation, dass die Kausalität zwischen Ereignis und Gesundheitsschädigung nicht nachgewiesen werden kann. Dies wirkt sich dann auf die denkbaren Leistungsansprüche zwar aus, aber regelmäßig bei der Frage einer unfallbedingten Kausalität. Ohne entsprechende Nachweise erhält der Versicherungsnehmer kein Geld.

Weiter sehen die AUB vor, dass der Versicherte die *ärztlichen Anweisungen zu befolgen* hat. Diese Obliegenheit schränkt den Versicherten in seinen Freiheitsrechten ein. Auch stellt sich die generelle Frage, inwieweit man den Versicherten dazu verpflichten kann, bestimmte Behandlungsmaßnahmen durchzuführen oder an sich durchführen zu lassen. Dies ist z. B. nach dem Bundesseuchengesetz möglich, aber nicht bei jeder Unfallverletzung. Man braucht daher auch nur dann von einer Relevanz auszugehen, wenn die fehlende Kooperation im Ergebnis zu einer neuen, eigenständigen Gesundheitsschädigung führt. Dies sollte dem Versicherer dann auch beschrieben werden.

Daneben muss sich der Versicherte *von den durch den Versicherer beauftragten Ärzten untersuchen lassen*. Mit anderen Worten hat der Versicherer das Recht, einen Gutachter zu bestimmen, nicht der Versicherte. Eine Weigerung des Versicherten führt zu der Situation, dass der Versicherer vermeintliche Ansprüche nicht prüfen kann und damit ein erforderlicher Nachweis für einen Anspruch fehlt. Leistungen werden dadurch nicht fällig.

Zuletzt ist noch die Verpflichtung zur *Entbindung der Ärzte von deren Schweigepflicht* zu nennen. Diese vertragliche Obliegenheit ist mit dem Recht auf informationelle Selbstbestimmung nicht vereinbar. Aus einer Weigerung des Versicherten entsteht jedoch keine grundsätzliche Leistungsfreiheit, es kann und braucht der Versicherer aber nicht selber zu ermitteln. Vielmehr steht es dem Versicherungsnehmer frei, die (medizinischen) Nachweise selber zu beschaffen. Für den behandelnden Arzt bedeutet dies, dass er letztlich Fragen von seinem Patienten erhält und nicht vom Versicherer.

2.7 Fragestellungen bei Versicherungsunfähigkeit

Viele Versicherungsbedingungen enthalten eine Klausel, in der ein Zeitpunkt für den Wegfall des Versicherungsschutzes festgeschrieben wird. Man spricht von einer Versicherungsunfähigkeit. Dahinter steckt der Gedanke, dass für einen Menschen irgendwann aus gesundheitlichen Gründen nicht mehr das allgemeine Lebensrisiko besteht, sondern ein eingeschränktes oder besonderes Lebensrisiko entstanden ist. Gegenstand des Vertrags ist aber eine allgemeine Unfallversicherung, also das allgemeine Lebensrisiko.

Als Regelung wird in den AUB festgeschrieben, dass ab einem bestimmten Gesundheitszustand der Vertrag aufgehoben wird und bereits gezahlte Prämien vom Versicherer zurückgezahlt werden. Grundsätzlich sind solche Regelungen zulässig und auch von der Rechtsprechung anerkannt.

In den AUB 88 wurde z. B. auf den Zeitpunkt abgestellt, ab dem der Versicherte für die Bewältigung des täglichen Lebens überwiegend fremder Hilfe bedurfte. Manche Versicherer stellten später auf die Pflegebedürftigkeit ab, gekoppelt an eine Pflegestufe, neuerdings an einen Pflegegrad.

Welche Kriterien im einzelnen Vertrag gelten, weiß der Versicherer.

Mit der Koppelung an die Pflegestufen bzw. Pflegegrade ist zumindest ein Nachweis relativ einfach, da sich von der Antragstellung über die Begutachtung durch die Sozialversicherungsträger bis hin zur Entscheidung über den Pflegegrad oder die Pflegestufe alles mit Datum nachvollziehen lässt. Hier bedarf es regelmäßig nur der Weitergabe der entsprechenden Dokumente.

Bei Altverträgen wird gelegentlich aber die Frage nach der Fähigkeit zur überwiegend selbstständigen Bewältigung des Alltags gestellt. Schwierigkeiten bestehen hier insbesondere bezüglich der genauen Datierung des Zustandes. Diese ist auch dem Hausarzt vielfach nicht oder nur sehr eingeschränkt möglich.

Der Versicherer hat hier zwei Informationsbedürfnisse: Zum einen geht es um den Schadenfall. War der Versicherte am Schadentag noch versicherungsfähig oder nicht?

Der zweite Aspekt ist ein Datum für das Ende des Versicherungsschutzes.

In älteren AUB ist die Versicherungsunfähigkeit auch bei Vorliegen einer Geisteskrankheit gegeben. Dieser Aspekt wird nur selten verfolgt.

3 Medizinische Aspekte

3.1 Arztanfragen/Aufgaben des Arztes/Fragestellungen an den Arzt

3.1.1 Einleitung

Es gibt verschiedene Rollen bzw. Funktionen, die ein Arzt im Rahmen von Unfallschäden einnehmen kann. Zuerst ist die des behandelnden Arztes zu nennen. Diese ist die wichtigste und prinzipiell unabhängig von der privaten Zusatzabsicherung des Patienten zu sehen. Diese therapeutische Tätigkeit bildet aber den Ausgangspunkt für viele Fragen, die dann ein Unfallversicherer bei seiner Leistungsprüfung zu klären hat. Dafür hat der behandelnde Arzt durch seine Behandlungsunterlagen die grundlegende Informationsbasis.

Für die Behandlung seines Patienten benötigt der behandelnde Arzt eine Arbeitsdiagnose, dies kann auch eine Verdachtsdiagnose sein. Häufig wird sie jedoch nicht entsprechend als Verdachtsdiagnose formuliert. Die Stellung einer Diagnose ist erforderlich, um eine entsprechende Therapie zu begründen und die ärztlichen Leistungen auch abzurechnen. Hierbei ist die Entstehung des Krankheitsbildes von nachgeordneter Bedeutung. Ergänzende Angaben, wie z. B. „traumatische“ Achillessehnenruptur, entstehen meist ohne eingehende Prüfung der Kausalität.

Die für Behandlungszwecke erstellten Daten bedürfen aber häufig einer gezielten Reduktion und Darstellungsänderung für die Zwecke der privaten Unfallversicherung. Die Kausalität zwischen Ereignis und Gesundheitsschaden oder die konkreten Voraussetzungen für die einzelnen Leistungsarten muss der Versicherer prüfen, aber auch gezielt beim Arzt abfragen. Dem Mediziner kommt hier die Aufgabe zu, die Gesundheitsinformation entsprechend zu liefern.

Aufgabe des Arztes in seiner Funktion nicht als Therapeut, sondern dann als von der privaten Unfallversicherung beauftragter Sachverständiger ist es, anhand der vorliegenden medizinischen Unterlagen eine Kausalitätsprüfung vorzunehmen. Dabei muss häufig eine therapeutisch gestellte Diagnose hinsichtlich der Kausalität hinterfragt werden. Hier ist eine unkritische Übernahme zu vermeiden.

Eine weitere Funktion kommt dem Arzt zu, wenn er zunächst neutral Befunde erheben soll. Hier geht es dem Versicherer regelmäßig um eine Verlaufskontrolle. Wird von der Versicherung eine neutrale Befunderhebung gewünscht, so handelt es sich letztendlich ausschließlich um die Dokumentation eines z. B. orthopädischen Befundes.

Zuletzt gibt es auch die Aufgabe als Gutachter. Hierfür ist eine Befunderhebung mit anschließender Diskussion und Bewertung erforderlich. Hier müssen eventuelle Vorerkrankungen oder auch unfallunabhängige Krankheiten oder Gebrechen aufgezeigt und deren Bedeutung für die Entstehung der Verletzung, den Verlauf und für

https://doi.org/10.1515/9783110377361-004

den Endzustand diskutiert werden. Diese Diskussion kann durchaus zu dem Ergebnis kommen, dass keine Vorinvalidität und auch keine Mitwirkung bemessen werden können. Fehlen eine derartige Diskussion und Aussage zu diesen beiden Fragestellungen, so kann der Versicherer daraus nicht schließen, dass keine Vorinvalidität und auch keine Mitwirkung vorliegen. Für die Begutachtung soll bei strittigen Fragestellungen auf die Gutachtenliteratur verwiesen werden.

3.1.2 Atteste, Berichte, Gutachten

Man kann die Arztauskunft grob in drei Kategorien unterteilen. Mit Attesten werden einfache Tatsachen abgefragt, mit denen die Voraussetzungen für einzelne Leistungsarten dargelegt werden. Beweispflichtig ist der Versicherungsnehmer/die verletzte Person, weshalb regelmäßig diese ihren behandelnden Arzt mit den Attesten konfrontieren und um Auskunft bitten. Unter Kap. 4.3 (Atteste) werden für die gängigsten Leistungsarten entsprechende Atteste vorgestellt.

Berichte werden grundsätzlich vom Versicherer beim behandelnden Arzt angefordert. Mit den Berichten sollen offene Fragen beantwortet werden, die für die Entscheidung des **Versicherungsschutzes dem Grunde oder der Höhe** nach entscheidend sind. Unter Kap. 4.4 (Berichte Schadenfall) werden spezielle Berichte für Kernfragen der Regulierungspraxis gezeigt.

Nicht in diesem Buch besprochen werden Gutachten, für die auf die existierende Begutachtungsliteratur verwiesen wird.

3.1.3 Kausalität

Der Versicherer leistet nur für die Folgen einer unfallbedingten Gesundheitsschädigung. Zwischen dem Unfallereignis und der Gesundheitsschädigung einerseits sowie der Gesundheitsschädigung und den Unfallfolgen andererseits ist daher als Voraussetzung für einen Leistungsanspruch ein Kausalzusammenhang erforderlich.

Im Zivilrecht ist die Frage der Kausalität nach der **Adäquanztheorie** zu beurteilen. Sie setzt für die Annahme eines Kausalzusammenhangs voraus, dass das schädigende Ereignis conditio sine qua non ist (nicht hinweggedacht werden kann, ohne dass der Erfolg entfällt), gänzlich unwahrscheinliche Kausalverläufe sollen jedoch ausgeschlossen sein. Die Ursache muss also dem Erfolg angemessen, adäquat sein, um rechtlich als kausal zu gelten. Nicht adäquat und somit als nicht ursächlich ist eine Bedingung anzusehen, die ihrer allgemeinen Natur nach für die Entstehung des eingetretenen Erfolgs gleichgültig ist und diesen Erfolg nur wegen einer ganz außergewöhnlichen Verkettung von Umständen mit herbeigeführt hat. Nach der Rechtsprechung liegt ein adäquater Kausalzusammenhang vor, wenn eine Tatsache im Allgemeinen und nicht nur unter besonders eigenartigen, ganz unwahrscheinlichen und nach dem regelmäßigen Verlauf der Dinge außer Betracht zu lassenden Umständen zur Herbeiführung eines Erfolgs geeignet war.

Auf die Klärung des Kausalzusammenhangs zielen viele Arztanfragen ab, ohne die genaue Problematik darzustellen. Manchmal werden auch nur Hilfstatsachen, quasi Indizien, gesammelt, die für die Entscheidung über eine kurzfristig zu erbringende Leistung dann nicht herangezogen werden, bei einer Invaliditätsprüfung dann aber relevant werden.

Als Arzt kann man zur Kausalität nur insoweit eine Auskunft erteilen, ob das angeschuldigte Geschehen geeignet war, die Schädigung ganz oder teilweise hervorzurufen, auch aus biomechanischen Aspekten heraus. Der Versicherer muss hierzu vorgeben, von welchem genauen Hergang der Mediziner ausgehen soll. Fehlt es daran, stellt sich die Frage, ob der in der Anamnese aufgenommene Ablauf eindeutig genug für eine Aussage ist.

Ein häufiger Fehler in medizinischen Gutachten zeigt sich dann, wenn der Gutachter eine Analyse und eigene Interpretation des Unfalls vornimmt. Auch Aussagen des Sachverständigen, dies sei kein Unfall im Sinne der Definition, sind keine Feststellung für einen medizinischen Sachverständigen. Ein Arzt ist kein unfallanalytischer Gutachter. Der Unfallhergang muss dem Sachverständigen von der Versicherung möglichst genau vorgegeben werden. Die Versicherung hat dann zu klären und auch zu entscheiden, ob ein versichertes Ereignis vorliegt. Erst wenn von der Versicherung die Entscheidung getroffen wurde, dass ein versichertes Ereignis vorliegt und aus diesem Ereignis eine Verletzung, möglicherweise ein Dauerschaden, resultiert, besteht medizinischer Klärungsbedarf.

Dies soll nicht bedeuten, dass der medizinische Sachverständige keine Anamnese erheben soll. Hier sind Diskrepanzen zu einer möglichen Angabe durch den Versicherer anzugeben und darauf hinzuweisen. Durchaus ist es auch Aufgabe eines medizinischen Sachverständigen, in seinen Möglichkeiten zu prüfen, ob durch den vorgegebenen Hergang auch tatsächlich eine Kraft auf die Körperstruktur eingewirkt haben kann, die jetzt als verletzt angegeben wird. Häufig wird sich jedoch der genaue Bewegungsablauf bei einem Unfall nicht rekonstruieren lassen, so dass man meist von einem Hergang ausgehen muss, der potenziell zu einer Schädigung und damit Verletzung geführt haben kann.

Liegt ein derartiger Hergang vor und wird von der Versicherung mitgeteilt, dass es sich auch um ein versichertes Ereignis handelt, so ist es die wichtigste Aufgabe des medizinischen Sachverständigen, anhand medizinischer Befunde zu prüfen, ob dieser vorgegebene Hergang auch tatsächlich zu einer Verletzung geführt hat. Diese Prüfung muss unter Auswertung der von der Versicherung vorgelegten medizinischen Unterlagen erfolgen. Liegen dem Sachverständigen nicht alle medizinischen Unterlagen vor, die für diese medizinische Prüfung erforderlich sind, so ist der Versicherer darauf hinzuweisen und diese Unterlagen müssen dann vom Versicherten entweder vorgelegt oder von der Versicherung angefordert und dem Sachverständigen zur Verfügung gestellt werden. Hier ist dann vom medizinischen Sachverständigen der unfallbedingt eingetretene Schaden – Erstkörperschaden – medizinisch im Vollbeweis zu sichern.

Manchmal ereignete sich kein Unfall, das Ereignis ist aber als Kraftanstrengung oder Eigenbewegung dennoch versichert. Deshalb kann man einem behandelnden Arzt nur nahelegen, Tatsachen (Befunde, Diagnosen, Untersuchungsergebnisse und Anamnesen) zu liefern, Bewertungen aber lediglich bei ganz konkreten Nachfragen und dann auch stets mit Begründung vorzunehmen.

3.1.4 Mitwirkung von Krankheiten und Gebrechen

Die Unfallversicherung ist so zu verstehen, dass nur für Unfallfolgen eine Leistung erbracht werden soll. Haben Krankheiten oder Gebrechen bei der durch ein Unfallereignis verursachten Gesundheitsschädigung oder deren Folgen mitgewirkt, dann mindert sich der Invaliditätsgrad bzw. die Leistung, vgl. z. B. Ziff. 3 AUB 2014. Diese Regelung erfordert neben der Feststellung einer Mitwirkung auch die Quantifizierung des Mitwirkungsanteils. Zu berücksichtigen sind nur solche Mitwirkungsanteile, die nicht altersentsprechend sind. Die Regelung beinhaltet auch einen Schwellwert von 25 %. Liegt der Mitwirkungsanteil darunter, erfolgt keine Leistungskürzung.

Hier ist es Aufgabe des medizinischen Sachverständigen, anhand medizinischer Befunde zu prüfen, ob an der Entstehung der Verletzung, z. B. hinsichtlich der Frakturentstehung bei begleitender Osteoporose, oder am Heilungsverlauf, z. B. aufgrund der ungünstigen Beeinflussung durch Diabetes oder Durchblutungsstörungen, oder ob eventuell am Endzustand, z. B. an einem ungünstigen Ausheilungsergebnis aufgrund inzwischen symptomatisch gewordener unfallunabhängiger Veränderungen, eine Mitwirkung besteht. Es handelt sich dabei um einen Abwägungsprozess der Qualität der unfallbedingten Verletzung und der Qualität der unfallunabhängigen Krankheiten oder Gebrechen. Dieser Abwägungsprozess muss begründet werden, damit er für die Versicherung und auch für den Versicherten verständlich ist. Hier ist es Aufgabe des medizinischen Sachverständigen, die Mitwirkung als Prozentzahl anzugeben. Nicht Aufgabe des medizinischen Sachverständigen ist es, in seinem Gutachten auszuführen, ob dies zu einem Abzug führt oder nicht. Bei von den Standardversicherungsbedingungen abweichenden Versicherungsverträgen sind auch durchaus höhere Mitwirkungen noch versichert.

Viele Arztanfragen erfolgen vor dem Hintergrund dieser vertraglichen Regelung. Wieso liegt eine versicherte Person vier Wochen wegen einer Handgelenksfraktur im Krankenhaus? Warum erfolgen vier Operationen kurz hintereinander? Solche Fragen stellen sich den Versicherern immer wieder. Mal liegt es an (nachvollziehbaren) Komplikationen oder einer viel schwerwiegenderen Verletzung, als es dem Versicherer zunächst mitgeteilt wurde. Manchmal sind aber auch Grunderkrankungen wie ein Krebsleiden oder Diabetes dafür verantwortlich, dass die Behandlung der Unfallverletzungen länger dauert oder der Heilungsprozess beeinflusst wird. Eine nüchterne Darstellung der Tatsachen ist hier erforderlich.

3.1.5 Umgang mit bildgebender Diagnostik

3.1.5.1 Allgemeines

Was kann man damit beweisen? Für welche Aussagen sind die unterschiedlichen Verfahren heranziehbar? Hier ist auch die Zeitschiene zu beachten. Bei welcher Verdachtsdiagnose sollte welche Untersuchung angestrebt werden?

Durchaus ist auch unter gutachterlichen Aspekten für die Diagnosestellung die Anamnese von Bedeutung, sie wird allerdings in den meisten Fällen nur ein Indiz geringer Wertigkeit sein. Als gutachterlicher Fehler wird es bezeichnet, wenn aufgrund anamnestischer Angaben eines schweren Unfalls alleine damit die Kausalität begründet wird – ohne eine eigentliche medizinische Prüfung und Feststellung eines Erstkörperschadens. Ein anamnestisch angegebener „schwerer Unfall" kann, muss jedoch nicht zwingend eine Verletzung hervorrufen.

Für die Sicherung des Erstkörperschadens ist ein klinischer Untersuchungsbefund zu fordern. Hier haben medizinische Befunde Bedeutung, wenn diese möglichst zeitnah nach einem Unfall erhoben werden. Durch eine Befunderhebung bereits mehrere Wochen nach einem Unfall wird hinsichtlich der Kausalität letztendlich nur noch spekuliert werden können. Allerdings liefert eine klinische Untersuchung in den wenigsten Fällen eine eindeutige unfallbedingte Diagnose, so z. B. bei offenen Frakturen. In den meisten Fällen wird man durch eine klinische Untersuchung noch keine eindeutige Diagnose stellen können. Auch z. B. bei einer nicht dislozierten Fraktur wird sich durch eine klinische Besserung häufig noch keine exakte Diagnose ergeben. Noch problematischer ist es bei fraglichen Weichteilverletzungen. Hier weiß man z. B., dass sich die klinische Symptomatik eines HWS-Syndroms von der klinischen Symptomatik einer Distorsion der Halswirbelsäule nicht unterscheidet. Auch wird man nach einem Unfallereignis bei angegebenen Beschwerden z. B. an der Schulter durch eine klinische Untersuchung letztendlich nicht sicher unterscheiden können, ob hier eine unfallbedingte Zerrung oder Prellung vorliegt, ob hier möglicherweise auch eine strukturelle Verletzung von Muskeln, Sehnen und Bändern (z. B. Rotatorenmanschette) eingetreten ist oder ob es sich um die Symptomatik einer völlig unfallunabhängigen Erkrankung handelt, so z. B. eine Kalkschulter oder ein Impingement.

Viele Verletzungen und Erkrankungen sind in der Medizin ohne die apparative Verfahren nicht erkennbar oder gar zu belegen, eine Therapie dementsprechend schwierig. Im medizinischen Alltag ist die Feststellung einer Körperschädigung ausreichend, die Behandlung erfolgt dann unter therapeutischen Gesichtspunkten.

Für die Leistungsprüfung im Rahmen der privaten Unfallversicherung reicht dies aber nicht aus. Hier geht es auch darum, ob die Gesundheitsschädigung ganz oder teilweise Unfallfolge ist und ob diese objektiv auch gesichert ist. Für die verwertbare Nutzung von Erkenntnissen aus **bildgebenden Diagnoseverfahren** sollten daher stets **weitere Fakten** herangezogen, aber auch die Aussagekraft der technischen Daten beachtet werden:

> Das Bild einer Zusammenhangsdurchtrennung einer Sehne beweist den Schaden, nicht aber die Ursache.

3.1.5.2 Röntgen

Als nächster Schritt für die Erstellung einer Diagnose und damit der möglichen Sicherung eines Erstkörperschadens ist die konventionelle radiologische Diagnostik zu nennen. Durch Röntgenaufnahmen lassen sich die knöchernen Strukturen gut darstellen. Erkennt man in Röntgenaufnahmen eine Fraktur, so ist dadurch der Erstkörperschaden zunächst gesichert. Hier kann dann an Röntgenaufnahmen jedoch auch bereits geprüft werden, ob eventuell altersnormale Veränderungen vorliegen, die diese Frakturentstehung möglicherweise begünstigen könnten, so z. B. eine Osteolyse oder eine Osteoporose, die zu einer Verminderung der Festigkeit geführt hat. Auch lassen sich indirekte Hinweise auf vorbestehende Schädigungen von Weichteilen finden, so z. B. der Hochstand des Oberarmkopfs als Nachweis der vorbestehenden Schädigung der Supraspinatussehne.

3.1.5.3 Computertomographie (CT)

Bei der Computertomographie (CT) können Hart-und Weichteilgewebe dargestellt werden.

Im Rahmen der unfallchirurgisch orthopädischen Diagnostik lassen sich vor allem knöcherne Strukturen auch dreidimensional sehr gut darstellen. Bei bereits ausgeprägten vorbestehenden Veränderungen ist jedoch eine eindeutige Zuordnung zur Entstehung einer Fraktur gelegentlich nicht sicher möglich. Scharfkantige Knochenanteile sprechen für eine frischere Verletzung, abgerundete und eventuell schon sklerosierte Anteile für bereits ältere Veränderungen. Im Rahmen der orthopädischen Diagnostik ist eine Weichteildarstellung direkt nicht eindeutig möglich, durchaus lassen sich jedoch ebenfalls indirekte Hinweise finden. Die Aussagekraft hinsichtlich gutachterlicher Fragestellung kann als hoch bezeichnet werden, wobei jedoch eine kernspintomographische Untersuchung deutlich überlegen ist. Bezogen auf die Frakturbeurteilung sollte eine derartige computertomographische Diagnostik möglichst zeitnah nach einem Unfall durchgeführt werden. Nach mehr als zwei bis drei Monaten ist eine eindeutige zeitliche Zuordnung bereits problematisch. Therapeutisch hat die Computertomographie vor allem ihren Stellenwert in der exakten Lokalisation der Schädigung und auch der dreidimensionalen Darstellung und damit als Entscheidungshilfe sowie Planung für eine Operation.

3.1.5.4 Magnetresonanztomographie (MRT)

Die Magnetresonanztomographie (MRT) ist wie eine CT ein Schnittbildverfahren und eignet sich zur Darstellung von Organen und anderen Weichteilstrukturen besonders gut. Hinsichtlich der Bedeutung für die Diagnostik einer frischen strukturellen Verletzung, vor allem an Weichteilstrukturen, jedoch auch an knöchernen Strukturen, steht die Kernspintomographie an erster Stelle. Insbesondere bei unklaren Situationen ist eine kernspintomographische Untersuchung das Mittel der Wahl, um eine Aussage zum Erstkörperschaden fundiert treffen zu können.

Der Nachteil der MRT liegt in den Kontraindikationen. Eine MRT wird bei metallischen Implantaten (z. B. künstlichen Gelenken) oder elektrischen Geräten (z. B. Herzschrittmachern) nicht durchgeführt.

Die höchste Aussagekraft hat eine kernspintomographische Untersuchung, wenn diese möglichst zeitnah nach einem Unfall durchgeführt wird. Hier ist es dann durch eine Auswertung unter gutachterlichen Aspekten durchaus möglich, frische strukturelle Verletzungen von bereits vorbestehenden Veränderungen und eventuell auch älteren Rissbildungen zu differenzieren und abzugrenzen. Hier wird eine sinnvolle Beurteilung durchaus über einen Zeitraum von ca. vier bis sechs Wochen möglich sein. Danach nimmt die Aussagekraft hinsichtlich der Kausalitätsbeurteilung zunehmend ab. Durch die Tatsache der Feststellung z. B. einer Kontinuitätsunterbrechung (Ruptur) der Supraspinatussehne mehr als sechs Monate nach einem fraglichen Unfall wird sich anhand kernspintomographischer Aufnahmen keine verlässliche Aussage zur Kausalität mehr treffen lassen. Hier werden zwar häufiger Versuche unternommen, hinsichtlich der Aussagekraft wird man dann jedoch eine Beurteilung als spekulativ bezeichnen müssen.

Eine hohe Wertigkeit in der gutachterlichen Auswertung und Beurteilung von kernspintomographischen Aufnahmen haben zunächst frische feststellbare Signalstörungen, Gewebszerreißungen und auch frischere Einblutungen, die man durchaus gut von vorbestehenden Verschleißerscheinungen differenzieren kann, weiterhin auch das so genannte Knochenmarködem (Bone-bruise) als Zeichen der stattgehabten Krafteinwirkung. Ein in einer Kernspintomographie nachweisbares Knochenmarködem stellt den Beweis dar, dass innerhalb der letzten sechs Monate eine Kraft auf die Struktur eingewirkt haben muss. Erkennt man dann in den Kontrollaufnahmen nach ca. vier bis sechs Monaten eine zunehmende Rückbildung, so ist dies auch retrospektiv ein Indiz hoher Wertigkeit für eine damals eingetretene Verletzung. Abzugrenzen wäre dies von einem so genannten Überlastungsödem, ein derartiges Überlastungsödem würde üblicherweise jedoch persistieren. Durchaus lässt sich auch fachradiologisch anhand der Befunde eine Abgrenzung vornehmen.

3.1.5.5 Sonographie

Die Sonographie stellt bei Verletzungen innerer Organe wie Leber, Nieren, Milz oder Galle, aber teilweise auch bei Thrombosen eine oft genutzte Untersuchungsmethode dar. Denkbar ist sie auch bei Sehnen- oder Bandverletzungen, wird dort in der Unfallbehandlung aber nicht regelmäßig angewandt.

In der Diagnostik von intraabdominellen Verletzungen hat die Sonographie eine Bedeutung, in den letzten Jahren erfolgt die Diagnostik jedoch zunehmend durch eine Computertomographie Polytraumaspirale. Hinsichtlich der Aussagekraft bei intraabdominellen Verletzungen mit frischen Gewebszerreißungen und auch Einblutungen ist die Aussagekraft einer Sonographie durchaus als hoch zu bezeichnen. In der orthopädischen Diagnostik findet sich die Sonographie bei Schädigungen von Muskeln, Sehnen und auch Bändern sowie bei fraglichen Einblutungen oder Raumforderungen. Ein erfahrener Untersucher wird hier durchaus eine Kontinuitätsunterbrechung (Ruptur) z. B. der Rotatorenmanschette gut erkennen können. Hinsichtlich der Kausalität fällt die Wertigkeit jedoch geringer aus. Eine sichere Abgrenzung ist häufig nicht möglich. Hier besteht eine gewisse Aussagekraft allenfalls innerhalb weniger Tage nach einem Unfall. Ein weiteres Problem liegt darin, dass es sich bei einer Sonographie um eine dynamische Untersuchung handelt. Die häufig erstellten Papierausdrucke geben nicht die Aussagekraft der Untersuchung wieder.

Spezielle sonographische Untersuchungsmethoden, so z. B. eine Farbdoppleruntersuchung, bieten eine wichtige und auch aussagekräftige Diagnostik bei der Fragestellung „Beinvenenthrombose" und auch in der Verlaufsbeurteilung sowie im Rahmen der gutachterlichen Untersuchung, ob sich ein Gefäß wieder rekanalisiert hat. Für die Fragestellung der Kausalität, d. h. ob eine derartige Thrombose aufgrund anlagebedingter Veränderungen entstanden ist oder als Folge einer Verletzung, ist jedoch eine sonographische Untersuchung nicht geeignet.

3.2 Medizinische Probleme bei Unfallverletzungen

3.2.1 Einleitung

Dieses Kapitel soll für einige Verletzungen bzw. Körperbereiche auf Problemfelder aufmerksam machen, die sich in der Schadenregulierung ergeben können. Es geht dabei um eine Sensibilisierung für mögliche (Nach-)Fragen. Welche Aspekte sollte man sich als behandelnder Arzt vor Augen führen, wenn man die Gesundheitsschädigung nicht aus therapeutischer, sondern aus versicherungsrechtlicher Sicht hinterfragt?

Liegt ein solcher Fall dann vor, sollte dies bei Anfragen dargestellt und die eigene Auffassung bzw. Überzeugung auch begründet werden. Diese eigene Auffassung sollte in Übereinstimmung mit dem Stand der Wissenschaft und gültiger Lehrmeinung stehen. Nur so kann man zu einer transparenten Lösung gelangen.

Es ist verständlich, wenn die nachfolgenden Aspekte bei kurzen Behandlungen oder fehlenden technischen Untersuchungsbefunden nicht zu beantworten sind. Für eine denkbare spätere Begutachtung ist es aber sinnvoll, von Beginn an die richtigen Fragestellungen zu verfolgen.

Es sind letztendlich nicht Schmerzen und Beschwerden, die eine Unfallverletzung belegen, sondern der Nachweis einer strukturellen Schädigung muss geführt werden.

Was sollte man beachten?
- Welche objektiv festgestellte Verletzung liegt nachweisbar vor?
- Welcher Verletzungsmechanismus wir dafür angeführt?
- Ist der angegebene Mechanismus grundsätzlich zur Verursachung der hier festgestellten Schädigung geeignet? Hat der Hergang die entsprechende Struktur auch tatsächlich erreicht?
- Sind alternative Verursachungsmöglichkeiten denkbar, und wenn ja welche?

Für einige in der Schadenpraxis immer wieder streitgeneigten Schadenbilder sollen Aspekte dargestellt werden.

3.2.2 Meniskusschaden

Zu hinterfragende Aspekte bei fraglichen Meniskusverletzungen:

(a) Wird ein Unfall beziehungsweise Bewegungsablauf vorgegeben, der eine relevante Krafteinwirkung auf Kniebinnenstrukturen und insbesondere auch die Menisken bewirkt haben kann? So ist z. B. bei einem direkten Anprall des Kniegelenks eine relevante Krafteinwirkung auf die Menisken nicht zu erwarten. Häufig wird jedoch retrospektiv der genaue Bewegungsablauf nicht zu rekonstruieren sein, so dass man die potenzielle Möglichkeit einer Kniebinnenschädigung unterstellen muss.

(b) Lässt sich arthroskopisch oder auch bildtechnisch (z. B. Kernspintomographie) eine Verletzung des Meniskus nachweisen? Hierbei ist z. B. die horizontale Rissbildung die typische degenerative Rissbildung, während basisnahe Risse durchaus ein Indiz für eine unfallbedingte Entstehung geben können. Entscheidend ist die Überprüfung, ob sich im Rahmen der unfallindizierten Diagnostik mit Kernspintomographie beziehungsweise auch im Rahmen der Arthroskopie tatsächlich frische Verletzungen mit Gewebszerreißungen, Einblutungen, Kapsel-, Bandverletzungen oder auch einem Knochenmarködem feststellen lassen. Durch Feststellung einer isolierten Rissbildung eines Meniskus ohne Verletzungszeichen in der Umgebung wird man eine relevante Krafteinwirkung auf den Meniskus und damit auch die Kausalität durchaus ausschließen können.

(c) Demhingegen ist die Wertigkeit einer feingeweblichen Untersuchung von eher geringerer Bedeutung. Hier wird sich meist nur in den jeweiligen Extremen eine eindeutige Beurteilung vornehmen lassen, d. h. z. B. der Nachweis einer Einblutung bei einem Ausriss des Meniskus an der Basis oder – als anderes Extrem – eine degenerative Auffaserung und Zerstörung eines mukoid veränderten Meniskus. Problematisch ist, dass es keine verlässlichen Arbeiten gibt, die die genaue Altersnorm von Meniskusgewebe definieren würde.

(d) Entsprach der klinische Erstbefund dem bei einer frischen Verletzung zu erwartenden Funktionsverlust? Diese früher geforderte Prüfung ist für die Beantwortung der Kausalität kaum verwertbar. Auch eine degenerative Rissbildung mit einer Einklemmung des Meniskus führt zu einem erheblichen Funktionsverlust. Hier ist eine Differenzierung zwischen einer frischen Verletzung und einer unfallunabhängigen Entstehung nicht möglich.
(e) Entsprach das Verhalten des Versicherten dem nach einer frischen Kniebinnenverletzung zu erwartenden Funktionsverlust? Auch dieses früher geforderte Prüfkriterium stammt letztendlich aus einer Zeit, als die Kernspintomographie und auch die arthroskopische Diagnostik noch nicht in dem jetzt vorhandenen Ausmaß eingesetzt wurden. Nach einer frischen Kniebinnenverletzung gibt es keinen zu erwartenden Funktionsverlust, aus dem sich eine Abgrenzung zu einer unfallunabhängigen Kniebinnenschädigung eindeutig vornehmen ließe.
(f) Sind vorbestehende Veränderungen/Verletzungen/Funktionseinbußen gesichert? – Vorerkrankungsverzeichnis. Eine derartige Prüfung ist durchaus hinsichtlich einer etwaigen Vorinvalidität, d. h. einer vorbestehenden Funktionsbeeinträchtigung, sinnvoll. Für die Kausalitätsprüfung steht dies jedoch ebenfalls an nachgeordneter Stelle. Auch ein bereits vorgeschädigter Meniskus kann möglicherweise durch ein Unfallereignis weitergehend verletzt werden, jedoch nur in Kombination mit anderen Verletzungen, so z. B. Bandverletzungen.
(g) Führte der angegebene/gesicherte Schadensmechanismus unter Berücksichtigung der Befunde an den Nachbarstrukturen zu einer Beteiligung/Gefährdung der Menisken? Auch dies ist jedoch für die Beurteilung der Kausalität von eher nachgeordneter Bedeutung.

3.2.3 Patellaluxation

Zu hinterfragende Aspekte bei einer Patellaluxation:

Habituelle und rezidivierende Patella

(a) Liegt – klinisch/operativ und/oder bildtechnisch gesichert – eine isolierte Luxation der Patella vor? Sind verletzungsspezifische Befunde – insbesondere an Nachbarstrukturen – zu sichern? Meist entsteht eine Patellaluxation aus dem Zusammenwirken zweier Aspekte: auf der einen Seite durch eine unfallbedingte Krafteinwirkung, auf der anderen Seite aufgrund anlagebedingter Veränderungen, die eine Luxation begünstigen können. Hier ist ein medizinischer Abwägungsprozess gefordert, in dem die jeweiligen Befunde dargestellt werden müssen.
(b) Liegen altersentsprechende/-korrigierte Befunde oder anlagebedingte Veränderungen oder Folgen früherer Luxationen vor? Finden sich Verletzungszeichen? Eine frühere Luxation der Kniescheibe ist durchaus ein prädisponierender Faktor für eine erneute Luxation. Auch eine Patelladysplasie, eine Abflachung der

Trochlea und eine vermehrt valgische Beinachse, häufig in Verbindung mit einer Adipositas, sind Faktoren, die eine Luxation der Kniescheibe begünstigen können.

(c) Entsprach der klinische Erstbefund dem bei einer frischen Verletzung zu erwartenden Funktionsverlust? Auch hier ist bei einer nicht ausschließlich anlagebedingten und spontanen Luxation durchaus bei einem Mischbild ein Funktionsverlust zu erwarten. Lediglich in Extremfällen, in denen die Patienten die Kniescheibe selbst luxieren und wieder reponieren können, resultiert kein Funktionsverlust. Ein kernspintomographischer Befund im Anschluss an eine Luxation der Kniescheibe, bei dem sich deutliche Verrenkungsmarken zeigen, d. h. ein Knochenmarködem an der medialen Patellafacette und am lateralen Femurkondylus sowie auch eine frische Zerreißung des medialen Retinakulums, ist ein Befund, der darauf hinweist, dass doch eine höhere Kraft auf die Kniescheibe eingewirkt haben muss, d. h., es war mehr Kraft erforderlich, als dies bei einer habituellen oder rezidivierenden Luxation der Fall gewesen wäre. Dies wäre ein Indiz, das für eine überwiegend traumatische Entstehung sprechen kann.

(d) Spielen zeitliche Aspekte eine Rolle? Nein. Aus dem zeitlichen Zusammenhang wird man die Kausalität nicht begründen können. Auch bei einer anlagebedingten Patellaluxation wird in direktem zeitlichem Zusammenhang eine Funktionseinbuße zu erwarten sein.

(e) Führte der angegebene/gesicherte Schadensmechanismus unter Berücksichtigung der Befunde an den Nachbarstrukturen zu einer unphysiologischen Beteiligung (Gefährdung) der Patella? Dies wäre durchaus ein Indiz für eine überwiegend traumatisch entstandene Patellaluxation, wobei auch hier jedoch eine Mitwirkung geprüft werden muss.

(f) Sind vorbestehende Veränderungen/Verletzungen/Funktionseinbußen gesichert? Hier wäre zu prüfen, ob bereits Funktionseinbußen bestanden, dies würde eine vorbestehende Funktionsbeeinträchtigung (Vorinvalidität) belegen. Werden nur vorbestehende Veränderungen und frühere Verletzungen gesichert, lässt sich jedoch keine Funktionseinbuße direkt vor dem Unfall nachweisen, so wird man eine Vorinvalidität nicht bemessen können. Durchaus wird jedoch eine Mitwirkung zu prüfen sein.

3.2.4 Schulterluxation

Zu hinterfragende Aspekte bei einer Schulterluxation:

(a) Liegt – klinisch/operativ und/oder bildtechnisch gesichert – eine isolierte Luxation des Schultergelenks vor? Sind verletzungsspezifische Befunde – insbesondere an Nachbarstrukturen – zu sichern? Je leichter sich der Oberarmkopf luxieren lässt, z. B. im Rahmen einer habituellen Luxation, desto weniger Verrenkungsmarken werden sich im Anschluss an diese Luxation feststellen lassen.

(b) Liegen altersentsprechende/-korrigierte oder ein deutlich dem Alter des Betroffenen vorauseilender Befund vor? Finden sich Verletzungszeichen? Bestanden bereits früher Luxationen? Liegt anlagebedingt ein Missverhältnis zwischen Pfannengröße und Oberarmkopf vor? Besteht eine multidirektionale Instabilität?
(c) Entsprach der klinische Erstbefund dem bei einer frischen Verletzung zu erwartenden Funktionsverlust? Diese Fragestellung ist für die Kausalität nicht entscheidend, da auch bei einer Luxation aufgrund einer Krafteinwirkung und anlagebedingter Veränderungen ein Funktionsverlust zu erwarten ist.
(d) Eine erstmalige Luxation führt unabhängig von der Entstehung fast immer zu einem Funktionsverlust. Hier ist ein zeitlicher Zusammenhang für die Beurteilung der Kausalität nicht maßgebend.
(e) Führte der angegebene/gesicherte Schadensmechanismus unter Berücksichtigung der Befunde an den Nachbarstrukturen zu einer unphysiologischen Beteiligung (Gefährdung) des Schultergelenks? Bei einer hohen unfallbedingten Krafteinwirkung ist mit höherer Wahrscheinlichkeit mit so genannten Verrenkungsmarken zu rechnen, d. h. einer Hill-Sachs-Läsion, einer Bankart-Läsion und einer Verletzung der glenohumeralen Bänder und eventuell auch einem Ausriss der Rotatorenmanschette.
(f) Sind vorbestehende Veränderungen/Verletzungen/Funktionseinbußen gesichert? Bei vorbestehenden Funktionseinbußen wäre die Frage einer Vorinvalidität zu prüfen, bei vorbestehenden Veränderungen, früheren Verletzungen oder einer etwaigen anlagebedingten Instabilität die Mitwirkung.

3.2.5 Rotatorenmanschettenverletzungen

Zu hinterfragende Aspekte bei einer so genannten Rotatorenmanschettenruptur:
(a) Liegt – klinisch/operativ und/oder bildtechnisch (z. B. Sonographie) gesichert – ein isolierter Sehnenschaden vor? Sind verletzungsspezifische Befunde – insbesondere an Nachbarstrukturen – zu sichern? Hierbei beweist eine isolierte Ruptur der Supraspinatussehne aber weder eine unfallbedingte Entstehung noch schließt sie diese aus. Entscheidend ist, ob man in einer zeitnah durchgeführten kernspintomographischen Untersuchung oder anlässlich einer zeitnah durchgeführten Operation tatsächlich frische Verletzungszeichen wie Gewebszerreißungen und Einblutungen erkennen kann. Hier lässt sich bei zeitnaher Diagnostik durchaus eine traumatisch bedingte Sehnenruptur von einer vorbestehenden degenerativen Ruptur abgrenzen.
(b) Liegt feingeweblich ein altersentsprechender/-korrigierter oder ein deutlich dem Alter des Betroffenen vorauseilender Befund vor? Finden sich Verletzungszeichen? Hier ist die Aussagekraft durchaus von der Entnahmestelle und dem Zeitpunkt der Entnahme abhängig. Häufig lassen sich durch eine Kernspin-

tomographie keine eindeutigen Aussagen treffen. Insbesondere gibt es keine Arbeiten, in denen eine Altersnorm klar definiert ist.

(c) Entsprach der klinische Erstbefund dem bei einer frischen Verletzung zu erwartenden Funktionsverlust? Bei einer frischen Verletzung der Supraspinatussehne wäre eine so genannte Pseudoparalyse zu erwarten. Dies ist jedoch ein Indiz ohne sehr hohe Wertigkeit, da auch eine erhebliche Kontusion der Schulter eine vergleichbare Symptomatik bedingen kann. Eine fehlende Pseudoparalyse ist jedoch durchaus ein Indiz, das gegen eine frische Verletzung der Supraspinatussehne spricht.

(d) Ist der zeitliche Zusammenhang gesichert, insbesondere war das Verhalten des Versicherten mit dem nach einer frischen Sehnenverletzung zu erwartenden Funktionsverlust vereinbar? Die Entstehung einer degenerativen Ausdünnung und Rissbildung der Rotatorenmanschette verläuft sehr langsam über Wochen und Monate und wird meist nicht bemerkt. Bei einer traumatischen Sehnenverletzung ist durchaus mit einer Symptomatik zu rechnen, die die Patienten zeitnah zum Arzt führt. Weiterhin untypisch für eine traumatische Ruptur wäre eine Crescendosymptomatik.

(e) Führte der angegebene/gesicherte Schadensmechanismus unter Berücksichtigung der Befunde an den Nachbarstrukturen zu einer unphysiologischen Beteiligung (Gefährdung) der Sehne? Lag biomechanisch ein Hergang vor, der eine Zugbelastung der Rotatorenmanschette bedingt haben kann? Nur bei einer Zugbelastung wäre theoretisch auch eine Ruptur möglich. Die Feststellung eines geeigneten Hergangs mit einer Zugbelastung bedeutet jedoch nicht mehr oder weniger, als dass die Möglichkeit einer Verletzung bestand. Ein direkter Rückschluss auf die Kausalität ist dadurch nicht möglich. Hier muss dann medizinisch geprüft werden, ob die unfallbedingte Zugbelastung auch tatsächlich zu einer frischen Verletzung und Ruptur geführt hat.

(f) Sind vorbestehende Veränderungen/Verletzungen/Funktionseinbußen gesichert? Auch bei fortgeschrittenen Verschleißerscheinungen, Ausdünnungen sowie Rissbildungen der Rotatorenmanschette lassen sich häufig vorbestehende Funktionseinbußen nicht nachweisen. Daher wird man eine vorbestehende Funktionsbeeinträchtigung (Vorinvalidität) nicht bemessen, jedoch von einer so genannten Schadensanlage ausgehen können, d. h. von einem körperwidrigen Zustand, der möglicherweise bisher noch keine klinische Symptomatik bedingt hat.

3.2.6 Bizepssehnenruptur

Zu hinterfragende Aspekte bei einer Bizepssehnenruptur:

(a) Liegt – klinisch/operativ und/oder bildtechnisch (z. B. Sonographie) gesichert – ein isolierter Sehnenschaden vor? Sind verletzungsspezifische Befunde – insbesondere an Nachbarstrukturen – zu sichern? Hier weiß man aus Untersuchungen, dass Rupturen der langen Bizepssehne in den meisten Fällen aufgrund von Verschleißerscheinungen und einer verminderten Reißfestigkeit entstehen. Es sind sogar bei Eigenbewegungen Rupturen möglich. Im Bereich der distalen Bizepssehne am Ellenbogen ist für eine Ruptur eine vermehrte Zugbelastung zu fordern, eine ausschließlich unfallunabhängige Spontanruptur ist demhingegen eher selten.

(b) Liegt feingeweblich ein altersentsprechender/-korrigierter oder ein deutlich dem Alter des Betroffenen vorauseilender Befund vor? Finden sich Verletzungszeichen? Auch hier sind nur histologische Befunde von Bedeutung, die zeitnah erhoben wurden.

(c) Entsprach der klinische Erstbefund dem bei einer frischen Verletzung zu erwartenden Funktionsverlust? Aufgrund eines klinischen Erstbefundes kann eine verlässliche Aussage zur Kausalität nicht getroffen werden. Auch eine degenerativ bedingte Ruptur der langen Bizepssehne zeigt klinisch ein identisches Erscheinungsbild zu einer traumatisch bedingten Ruptur.

(d) Ist der zeitliche Zusammenhang gesichert, insbesondere war das Verhalten des Versicherten mit dem nach einer frischen Sehnenverletzung zu erwartenden Funktionsverlust vereinbar? Bei einer traumatisch bedingten Sehnenverletzung ist durchaus eine etwas eindrucksvollere klinische Symptomatik zu erwarten als bei einer degenerativen Auffassung und Ruptur. Ein entscheidendes Kriterium für oder gegen die Kausalität ist dies jedoch nicht.

(e) Führte der angegebene/gesicherte Schadensmechanismus unter Berücksichtigung der Befunde an den Nachbarstrukturen zu einer unphysiologischen Beteiligung (Gefährdung) der Sehne? Voraussetzung für eine Sehnenruptur ist immer eine Zugbelastung.

(f) Sind vorbestehende Veränderungen/Verletzungen/Funktionseinbußen gesichert? Häufig wird man auch hier vorbestehende Veränderungen nicht anamnestisch nachweisen können.

3.2.7 Achillessehnenruptur

Zu hinterfragende Aspekte bei einer Achillessehnenruptur:

(a) Liegt – klinisch/operativ und/oder bildtechnisch (z. B. Sonographie) gesichert – ein isolierter Sehnenschaden vor? Handelt es sich um eine Verletzung mit Gewebszerreißungen? Davon zu unterscheiden sind die degenerative Ausdünnung und Rissbildung der Achillessehne mit teilweise bereits bestehenden Nekrosen.

(b) Liegt feingeweblich ein altersentsprechender/-korrigierter oder ein deutlich dem Alter des Betroffenen vorauseilender Befund vor? Finden sich Verletzungszeichen? Durch eine zeitnah durchgeführte histologische Untersuchung wird man bei einer Befunderhebung mit nekrotischen und fettigen Veränderungen sowie auch Veränderungen der Faserstruktur der Achillessehne in Extremfällen durchaus eine deutlich verminderte Reißfestigkeit beweisen können.

(c) Entsprach der klinische Erstbefund dem bei einer frischen Verletzung zu erwartenden Funktionsverlust? Diese Prüfung ist für die Kausalität nicht von Bedeutung, da sich sowohl bei einer traumatischen Ruptur der Achillessehne als auch bei einer überwiegend degenerativ entstandenen Ruptur durch die Unterbrechung der Kontinuität der Sehne ein sofortiger Funktionsverlust einstellt. Ein fehlender Funktionsverlust mit persistierenden Beschwerden und einer Diagnosestellung einer Ruptur erst nach mehreren Wochen ist untypisch für eine überwiegend traumatisch entstandene Ruptur.

(d) Ist der zeitliche Zusammenhang gesichert, insbesondere war das Verhalten des Versicherten mit dem nach einer frischen Sehnenverletzung zu erwartenden Funktionsverlust vereinbar? Liegt kein zeitlicher Zusammenhang vor und wird die Diagnose erst nach mehreren Wochen gestellt, so muss die Kausalität hinterfragt werden.

(e) Führte der angegebene/gesicherte Schadensmechanismus unter Berücksichtigung der Befunde an den Nachbarstrukturen zu einer unphysiologischen Beteiligung (Gefährdung) der Sehne? Auch hier ist durch das Ereignis eine Krafteinwirkung in Form einer Zugbelastung zu fordern.

(f) Sind vorbestehende Veränderungen/Verletzungen/Funktionseinbußen gesichert? Das Typische bei Rupturen der Achillessehne besteht darin, dass diese Rupturen meist aus „völliger Gesundheit" auftreten. Selbst bei deutlich vermehrten Verschleißerscheinungen und erheblich reduzierter Reißfestigkeit muss nicht zwingend eine klinische Symptomatik bestanden haben. Hier weiß man sogar, dass Patienten mit chronischen Achillessehnenbeschwerden (Achillodynie) eher unwahrscheinlich eine Ruptur erleiden, da aufgrund der Beschwerden eine höhere Belastung der Achillessehne überhaupt nicht durchgeführt wird. Das heißt, belastungsintensive Aktivitäten, so z. B. Squash, werden bei einer Achillodynie meist nicht durchgeführt.

3.3 Medizinische Fragen bei Ausschlusstatbeständen

3.3.1 Einleitung

Nicht alle Ereignisse und nicht alle Gesundheitsschäden sind durch eine private Unfallversicherung abgesichert. Hier kommt regelmäßig der erstbehandelnde Arzt als Informationsquelle in Betracht, denn aus den ersten Befunden oder den ersten Angaben des Patienten oder Aussagen der unmittelbar beteiligten Personen lassen sich Fragen zum Versicherungsschutz beantworten.

Aber auch hier gilt: Was ist objektiv belegt und was ist nur eine Vermutung oder Verdachtsdiagnose? Für die in der Praxis wichtigsten Ausschlusstatbestände sollen einige Merkposten und Hinweise gegeben werden.

Dargestellt werden hier die grundsätzlichen Ausschlusstatbestände. Ob durch Sondervereinbarungen Ausnahmen von diesen Regeln gelten, muss der Versicherer prüfen. Es ist ratsam, sich als behandelnder Arzt insoweit nicht gegenüber dem Patienten zu äußern.

3.3.2 Geistes- und Bewusstseinsstörungen, Anfälle

Unfälle die durch Geistes- und Bewusstseinsstörungen oder Anfälle (z. B. Krampfanfälle) ausgelöst wurden, sind grundsätzlich nicht versichert. Es geht also konkret darum, ob z. B. eine Synkope eintrat und es dann zum Sturz kam oder ob ein Sturz mit einem schmerzhaften Knochenbruch zu einer anschließenden Ohnmacht führte. Da sind die ersten, nur vom Eindruck des Ereignisses geprägten Aussagen wichtig. Für den Ausschlusstatbestand (z. B. Synkope) steht die Versicherung in der Beweispflicht. Eine Vermutung oder auch eine Verdachtsdiagnose ist für den Nachweis ungeeignet.
- Wer hat die Angaben gemacht?
- Wie schnell nach dem Ereignis erfolgte die erste ärztliche Behandlung?
- Welche Grunderkrankungen waren bereits vorher bekannt oder wurden nun neu festgestellt?
- Sind alternative Verursachungsgründe denkbar, und wenn ja welche?
- Entscheidend ist die Frage, ob sich im Anschluss an das Unfallereignis medizinisch Befunde aufzeigen lassen, die z. B. eine derartige Synkope oder Bewusstseinstrübung auch tatsächlich beweisen. Hier wäre der Nachweis einer ausgeprägten Hypoglykämie mit entsprechenden klinischen Befunden durch den Notarzt durchaus aufschlussreich. Ähnlich verhält es sich mit eindeutig nachgewiesenen Veränderungen, wie z. B. einem Schlaganfall oder z. B. einer gesicherten hypertonen Krise mit Bewusstseinstrübung.

3.3.3 Hirnblutung und Blutungen aus inneren Organen

Hirnblutung und Blutungen aus inneren Organen sind nur dann vom Versicherungsschutz erfasst, wenn sie überwiegend durch ein Unfallereignis verursacht wurden. Überwiegend heißt zu mehr als 50 %. Hier sind Aspekte wie Anprallverletzungen und die genaue Lage der Blutung zu beschreiben. Zu beachten sind auch unfallunabhängige Faktoren wie eine dauerhafte blutverdünnende Medikamenteneinnahme oder ein Aneurysma.

Auch hier wird über die Reihenfolge häufig gestritten. Führte eine Blutung zu einem anschließenden Sturz oder war der Sturz Auslöser der Blutung? War der Sturz der Auslöser, dann ist zu klären, ob unfallunabhängige Faktoren das Ob und Wie der Blutung beeinflusst haben. Zu klären bleibt dabei, was überwiegende Ursache war.

- Wie schnell nach dem Ereignis erfolgte die erste ärztliche Behandlung?
- Welche Grunderkrankungen waren bereits vorher bekannt oder wurden nun neu festgestellt?
- Welche Medikamente wurden vor dem Ereignis eingenommen?
- Entscheidend ist auch hier die Auswertung der im Anschluss an das fragliche Unfallereignis erhobenen Befunde. Spontane intrakranielle Blutungen stellen sich in der Computertomographie unterschiedlich dar, wie z. B. typische unfallbedingte epidurale Blutungen. In Einzelfällen ist jedoch hier eine Differenzierung schwer möglich. Hier wird man dann eine gutachterliche Auswertung dieser radiologischen Diagnostik von einem Neuroradiologen vornehmen lassen müssen.
- Wird als Teilursache der Entstehung der Blutung die Tatsache einer Medikation mit blutverdünnenden Medikamenten (z. B. Acetylsalicylsäure, Marcumar oder modernen Antikoagulanzien, z. B. Xarelto) diskutiert, so muss der Gerinnungsstatus direkt nach dem Unfall ausgewertet werden. Im Rahmen der Diagnostik bei einer fraglichen Schädel-Hirn-Verletzung wird eine derartige Analyse der Blutgerinnung stets durchgeführt. Zur Beurteilung einer eventuell unfallbedingten Partialkausalität oder auch einer Mitwirkung (z. B. Marcumarisierung) sind dann die Höhe der Krafteinwirkung mit dem schädigenden Potenzial und das Ausmaß der Gerinnungsstörung abzuwägen.

3.3.4 Vergiftung

Vergiftungen sind vom Versicherungsschutz dann ausgeschlossen, wenn der Giftstoff durch den Schlund in den Körper gelangt ist. Für eine Abgrenzung ist die Art der Vergiftung wichtig. Vielfach lässt sich auch genau feststellen, wie der Giftstoff in den Körper gelangt ist.

- Wie schnell nach dem Ereignis erfolgte die erste ärztliche Behandlung?
- Wurde der Giftstoff genau festgestellt? (bezeichnen)

3.3.5 Infektionen – Borreliose

Infektionen sind grundsätzlich nicht versichert, wenn sie durch eine geringfügige Haut- und Schleimhautverletzungen in den Körper gelangt sind. Als geringfügig gelten Verletzungen, wenn sie ohne Berücksichtigung der durch die Infektion hervorgerufenen Folgen für sich betrachtet keinen Krankheitswert haben und keine ärztliche Behandlung erfordern. Damit sollen durch Insekten, kleine Hautrisse oder Nadelstiche übertragene Infektionen ausgeschlossen werden.

Infektionen sind durch unterschiedlichste Sondervereinbarungen vielfach doch versichert.

Deshalb ist es insgesamt wichtig, was von ärztlicher Seite zur Infektion und was zum Infektionsweg gesagt werden kann. Dabei ist zu unterscheiden zwischen gesicherter und belegter Erkenntnis, medizinischen Erfahrungswerten und Vermutungen.

Problematisch sind in der Praxis vermeintliche Borreliose-Schäden. Borreliose kann serologisch belegt und mit Antibiotikatherapie behandelt werden. Gemeldet werden Versicherern aber auch „chronische" Borreliosen. Als Nachweis werden Bluttestergebnisse genannt, die Testmethode ist aber unklar.

Daher sind neben den Testergebnissen bei Infektionsschäden auch stets die Testmethode und das ausführende Labor zu benennen.

- Wie schnell nach dem Ereignis erfolgte die erste ärztliche Behandlung?
- Welcher Infektionsweg liegt vor?
- Welche Testergebnisse und welche Testverfahren liegen vor?

3.3.6 Bauch- und Unterleibsbrüche

Bauch- und Unterleibsbrüche sind grundsätzlich vom Versicherungsschutz ausgeschlossen. Als Ausnahme sind solche Hernien versichert, die durch eine gewaltsame, von außen kommende Einwirkung unmittelbar auf den Unterleib des Versicherten hervorgerufen wurden. Solche Einwirkungen sind regelmäßig durch äußerlich erkennbare Verletzungszeichen, z. B. in Blutungen, Hämatomen oder Gewebszerreißungen, dokumentiert. Üblicherweise ist mit diesen Verletzungen z. B. die Einstellung der durchgeführten Tätigkeit verbunden und eine sofortige ärztliche Hilfe, meist operative Behandlung, erforderlich. Wird erst später ein Arzt aufgesucht und erfolgt die Aufnahme in stationäre Behandlung erst Tage oder Wochen nach dem Ereignis, liegt meist keine traumatische Entstehung des Bruches vor.

Wichtig ist die Unterscheidung zwischen der Entstehung des Bruchs und dem Austritt von Organen durch eine (vorhandene) Bruchstelle.

- Wie schnell nach dem Ereignis erfolgte die erste ärztliche Behandlung?
- Welche äußeren Verletzungszeichen sind belegt?

3.3.7 Bandscheibenvorfall

Bandscheibenschäden sind nur dann vom Versicherungsschutzerfasst, wenn sie überwiegend durch ein Unfallereignis verursacht wurden. Überwiegend heißt zu mehr als 50 %. Sind zusätzliche Wirbelsäulenverletzungen, wie Brüche, im betroffenen Bewegungssegment belegt, dann ist von einer überwiegenden Entstehungsursache und damit von Versicherungsschutz auszugehen.

Findet sich im Rahmen der unfallindizierten Diagnostik ein isolierter Bandscheibenvorfall oder liegen sogar multisegmentale Bandscheibenveränderungen vor, so wird man die Kausalität meist nicht bestätigen können. Die Belastbarkeit einer Bandscheibe ist höher als die des umgebenden Gewebes und auch des Knochens. Durch eine relevante Krafteinwirkung wären dann zunächst andere Verletzungen zu erwarten, erst sekundär eine Verletzung der Bandscheibe. Auch durch eine extreme Belastung und Krafteinwirkung wird man einen isolierten Bandscheibenvorfall nicht überwiegend unfallbedingt begründen können. Auch die nach einem Unfall eingetretene Behandlungsbedürftigkeit belegt keine Kausalität. Die häufig in Gutachten zu findende Argumentation, dass die Versicherten vor dem Ereignis keine Beschwerden hatten und dass die Symptomatik des Bandscheibenvorfalls nach dem Ereignis eingetreten ist, belegt jedoch weder medizinisch noch juristisch die Kausalität. Die entscheidende Frage lautet, ob sich im Rahmen der unfallindizierten Diagnostik – wichtigste diagnostische Maßnahme ist die Kernspintomographie – Zeichen einer Krafteinwirkung und auch eine Verletzung von Gewebestrukturen erkennen lässt. Die alleinige Feststellung eines Bandscheibenvorfalls ist kein Nachweis einer Verletzung.

Aus Untersuchungen weiß man, dass selbst ausgeprägte Bandscheibenvorfälle häufig symptomarm oder sogar symptomlos sein können. Bei einem isolierten Bandscheibenvorfall ist die Feststellung eines derartigen Bandscheibenvorfalls nach einem Unfallereignis häufig dann sozusagen ein Zufallsbefund im Rahmen der unfallindizierten Diagnostik. Durchaus wäre in Einzelfällen zu prüfen, ob der Unfallhergang möglicherweise die auslösende Ursache für den Bandscheibenvorfall dargestellt hat. Unter Berücksichtigung der Definition einer auslösenden Ursache wäre dies jedoch in der privaten Unfallversicherung nicht vom Versicherungsschutz erfasst, da dort eine überwiegende Ursache gefordert wird.

Zu hinterfragende Aspekte bei einem Bandscheibenvorfall:

- Liegt – bildtechnisch (z. B. Kernspintomographie) gesichert – eine isolierte Bandscheibenveränderung vor oder sind verletzungsspezifische Befunde an Nachbarstrukturen zu sichern? Dies hat eine herausragende und entscheidende Aussagekraft!
- Liegt feingeweblich ein altersentsprechender/-korrigierter oder ein deutlich dem Alter des Betroffenen vorauseilender Befund vor? Allerdings lassen sich auch Bandscheibenvorfälle aufzeigen, bei denen sich an den sonstigen Strukturen über die Altersnorm hinausgehende Verschleißerscheinungen nicht aufzeigen lassen. Eine derartige Feststellung würde dann die Kausalität nicht bestätigen.
- Entsprach der klinische Erstbefund dem bei einer frischen Verletzung zu erwartenden Funktionsverlust? Diese Prüfung hat kaum eine Wertigkeit, auch ein unfallunabhängig plötzlich eingetretener Bandscheibenvorfall kann einen erheblichen Funktionsverlust bedingen.
- Entsprach das Verhalten des Versicherten dem nach einem akuten Bandscheibenvorfall/einer akuten -vorwölbung zu erwartenden Funktionsverlust? Auch diese

früher empfohlene Prüfung hat gutachterlich keine verwertbare Aussagekraft. Sie liefert keinen Hinweis auf eine überwiegende Entstehung.

- Sind vorbestehende Veränderungen/Verletzungen/Funktionseinbußen gesichert? Eine derartige Prüfung lässt durchaus Vorerkrankungen und eventuell schon vorbestehende Bandscheibenschäden nachweisen. Für die Fragestellung der überwiegenden Entstehungsursache des aktuellen Bandscheibenvorfalls hat diese Prüfung jedoch ebenfalls keine Aussagekraft.
- Führte der angegebene/gesicherte Schadensmechanismus unter Berücksichtigung der Befunde an den Nachbarstrukturen zu einer Beteiligung/Gefährdung der veränderten Bandscheibe? Auch dies hat eine geringe Indizwirkung. Entscheidend ist die Fragestellung, ob sich neben dem festgestellten Bandscheibenvorfall Zeichen einer frischen strukturellen Verletzung aufweisen lassen.

3.3.8 Heilmaßnahmen und Eingriffe

Der Versicherungsschutz soll das allgemeine Risiko von Behandlungen und Eingriffen ausschließen. Nur wenn die Behandlung bzw. der Eingriff durch ein versichertes Unfallereignis erforderlich wurde, greift der Ausschluss nicht.

Der behandelnde Arzt muss hier also nur klären, welche Heilmaßnahme oder welcher Eingriff vorgenommen wurde und was der Grund dafür war. Welcher Gesundheitsschaden wurde dadurch verursacht?

3.3.9 Krankhafte Störungen infolge psychischer Reaktionen

Schwierig sind die so genannten krankhaften Störungen infolge psychischer Reaktion. Hier ist rechtlich vieles strittig und es geht kurz gesagt darum, ob eine psychische Schädigung vorliegt, die auf einer unfallbedingten organischen Hirnschädigung basiert.

Hier handelt es sich regelmäßig nicht um Fragen an den Allgemeinmediziner. Der Versicherer wird in solchen Fällen auch eine individuelle Anfrage vornehmen, daher wird an dieser Stelle nur auf den Ausschluss hingewiesen.

In speziellen Versicherungsbedingungen können derartige psychische Reaktionen auch im Versicherungsschutz mit eingeschlossen sein. Sollte dies der Fall sein, so muss von der Versicherung der medizinische Sachverständige darauf hingewiesen werden, dass hier ebenso eine Beurteilung erfolgen muss.

4 Atteste und Berichte

4.1 Hinweise für die Berichterstattung

Warum brauchen Unfallversicherer eigene Berichte? Steht nicht schon alles in den Entlassungsberichten oder besagt die Diagnose für sich genommen nicht bereits alles?

Der Arzt wird mit Gesundheitsbeschwerden konfrontiert und zielgerichtet mit der Hilfe für den Patienten. Der Unfallversicherer zahlt Geld für bestimmte, mehr oder weniger eng umfasste Fälle. Was der Arzt aus dem Blickwinkel der Therapie sieht, beantwortet nicht immer die für den Leistungsanspruch entscheidenden Fragen. Bei der Therapie muss der ganze Körper gesehen werden, bei der Leistungsprüfung der Unfallversicherung nur der zum Unfallereignis gehörende Gesundheitsschaden.

Damit dem Versicherer die im Einzelfall erforderlichen medizinischen Informationen für seine rechtliche Fragestellung zur Verfügung stehen, muss die medizinische Tatsachenbasis so aufbereitet werden, dass damit die juristische Fragestellung beantwortet werden kann. Dies ist teilweise einfach möglich, da schlicht keine oder nicht genügend Informationen beim Versicherer vorliegen.

Der Versicherte hat eine Sofortleistung bei einer Oberschenkelhalsfraktur versichert. Auf dem Attest für das Krankenhaustagegeld steht nur „Fraktur linkes Bein". Aus dem Entlassungsbericht ergibt sich aber die Oberschenkelhalsfraktur.

Schwieriger wird es dann, wenn konkrete Ausschlusstatbestände oder der Einfluss unfallfremder Gesundheitsschäden zu berücksichtigen sind.

Der Versicherte wurde wegen einer Leistenhernie operiert. Grundsätzlich sind Hernien vom Versicherungsschutz ausgeschlossen, nur in bestimmten Ausnahmen aber doch versichert.

Die Fragestellung des Versicherers muss also auf die medizinischen Tatsachen gerichtet sein, die eine Entscheidung über die Leistungspflicht ermöglichen. Regelmäßig wird dabei auch die beim Arzt bekannte Hergangs-, Unfall- bzw. Ereignisschilderung erfragt. Dies ist bei Anfragen an den behandelnden Arzt nachvollziehbar, da manche Informationen unvoreingenommen und frühzeitig erfasst werden.

Anders ist es bei Begutachtungen. Dem begutachtenden Arzt muss der maßgebende Hergang mitgeteilt werden, da er nur so die Frage nach den Unfallfolgen auch konkret prüfen kann.

Die Aufgabenstellung für den Arzt ist bei Attesten und Berichten demnach klar und zielgerichtet auf Tatsachen gerichtet, möglichst objektiv und nachweisbar. Bei den

https://doi.org/10.1515/9783110377361-005

Auskünften sollte daher gedanklich immer geprüft werden: **Kann die getroffene Aussage begründet und belegt werden?** Wenn nein, sollte es auch als bloße Vermutung gekennzeichnet werden.

> Es gibt in der Praxis leider viele Arztauskünfte, die nicht nachvollziehbar sind. Das bedeutet nicht zwangsläufig, dass der Arzt bewusst etwas falsch dokumentiert hat. Es liegt oft an einer nur lückenhaften Darstellung im Bericht oder dem fehlenden Blick für die ausschließlich unfallspezifischen Schädigungen.

Die Anfragen der Versicherer sind vielfach sehr umfangreich und allgemein gehalten. Der Zeitaufwand für die Bearbeitung ist relativ groß. Es ist natürlich möglich, Rücksprache mit dem Versicherer zu halten, ob eine andere Auskunft nicht passender und sinnvoller wäre. Auch der Versicherer hat ein Interesse an zügiger und brauchbarer Information. Wenn z. B. ein später im Kapitel vorgeschlagener Bericht besser passt als der vom Versicherer angeforderte, dann bietet sich die folgende Nachfrage an:

Muster Nachfrage anderer Bericht bei Versicherung.
https://www.degruyter.com/view/supplement/9783110377361_Formular_1.pdf

Muster Nachfrage anderer Bericht bei Versicherung	
	(*Versicherung*)
	(*Anschrift*)
Schaden-Nr.:	
Ereignis vom:	
Verletzte Person:	
Sehr geehrte Damen und Herren, Sie haben mir eine sehr umfangreiche und allgemeine Anfrage zu o.g. Schaden geschickt. Besser geeignet wäre eine Fragestellung zum Thema (*Bezeichnung Bericht*). Bitte informieren Sie mich kurzfristig, ob Sie an Ihrer ursprünglichen Anfrage festhalten möchten oder mit der konkreteren Fragestellung einverstanden sind. Die Kosten werden sich auf ca. € (*Betrag*) betragen. Mit freundlichen Grüßen	
(*Unterschrift*) (*Arzt/Praxisstempel*)	

Wichtig ist auch die Erlaubnis zur Informationen an den Versicherer. Grundsätzlich gilt, dass der Arzt seinem Patienten gegenüber Auskunft erteilen muss. Die ärztliche

Schweigepflicht gilt nur gegenüber Dritten, also grundsätzlich gegenüber der Versicherung. Wünscht der Patient aber, dass gerade diesem Dritten (der Versicherung) Informationen zur Verfügung gestellt werden, dann darf der Arzt diesem Wunsch nachkommen, ohne gegen seine Schweigepflicht zu verstoßen. Gibt der Arzt dem Patienten selber Unterlagen mit, dann bedarf es keiner schriftlichen Einwilligung, denn nur der Patient hat die Verfügungsmöglichkeit über seine Daten.

Soll der Arzt die Unterlagen aber direkt an den Versicherer schicken, dann ist anzuraten, sich dies schriftlich erlauben zu lassen. Dies dient der eigenen Absicherung des Arztes, damit er die Einwilligung des Patienten zur Datenweitergabe auch belegen kann. Dafür bietet sich z. B. das folgende Erklärungsmuster an.

Muster Entbindung von der Schweigepflicht.
https://www.degruyter.com/view/supplement/9783110377361_Formular_2.pdf

Muster Entbindung von der Schweigepflicht	
Für	(*Arzt, Praxis, Klinik, mit Anschrift – ggf. Praxisstempel*)
Schaden-Nr.:	
Ereignis vom:	
Verletzte Person:	
Hiermit entbinde ich _____ (*Arzt, Praxis, Klinik*) von ihrer/seiner Schweigepflicht. Sie/er ist berechtigt und von mir beauftragt, der _____ (*Versicherung*) zu diesem Schadenfall die erforderlichen medizinischen Unterlagen und Gesundheitsdaten zur Verfügung zu stellen. Mir ist bekannt, dass dies auch unfallfremde Gesundheitsdaten beinhalten kann, wenn diese für die Beurteilung der Leistungspflicht der Versicherung erforderlich sein könnten. Die _____ (*Versicherung*) ist berechtigt, die erforderlichen Unterlagen einzusehen und auch gezielte (Nach-)Fragen zu stellen. Diese Erlaubnis gilt bis zu einem möglichen Widerruf.	
(*Datum*)	(*Unterschrift Patient*)

Anders gestaltet sich die Situation, wenn der Versicherer beim Arzt Daten direkt erfragt. Hierbei wird man als Arzt eine schriftliche Entbindungserklärung voraussetzen müssen. Grundlage für die Datenabfrage des Versicherers ist § 213 Versicherungsvertragsgesetz (VVG). Die Konstruktion sieht vor, dass der Versicherte gegenüber dem Versicherer seine Ärzte von der Schweigepflicht entbindet. Dies kann mit einer generellen, also alle Ärzte betreffenden Erlaubnis erfolgen oder einer einzelfallbezogenen, also einer nur für einen Arzt, eine Praxis oder eine Klinik. Grundsätzlich muss der Patient die Auswahlmöglichkeit besitzen.

Für den Arzt wichtig ist die Kontrolle, dass auch der Versicherte unterschrieben hat.

Die Versicherer sind in der Datenschutzfrage mittlerweile durchgängig sensibilisiert. Sollten hier dennoch Bedenken wegen der Entbindungserklärung bestehen, sollte beim Patienten nachgefragt werden.

Abschließend soll noch auf die Zeitabläufe hingewiesen werden. Atteste sind kurz und können schnell beantwortet werden. Auch Berichte lassen sich regelmäßig mit einem überschaubaren Zeitaufwand beantworten. Natürlich geschieht dies zusätzlich zum normalen Praxis- oder Klinikbetrieb, es wird aber auch gesondert honoriert. Von der Antwort hängt in der Regel eine Zahlung des Versicherers ab, und wenn der Arzt nicht oder mit großer Verzögerung antwortet, kann dies beim Versicherten zu finanziellen Schwierigkeiten führen. Wenn Atteste nicht innerhalb von drei Werktagen und Berichte nicht innerhalb von zwei bis drei Wochen beantwortet werden können, dann sollte man dies dem Patienten und der Versicherung mitteilen.

4.2 Kosten Atteste und Berichte

Atteste und Berichte stellen für die Leistungsberechnung der Versicherer eine unverzichtbare Informationsbasis dar. Es steht außer Frage, dass die erforderlichen Kosten von den Versicherern auch getragen werden. Über die genaue Honorierung gibt es in der Praxis durchaus immer wieder Meinungsverschiedenheiten zwischen Arzt, Patient/Versichertem und Versicherer.

Grundsätzlich muss der für Atteste oder Berichte zahlen, der sie in Auftrag gibt. Der Versicherte hat aber einen Anspruch auf die Erstattung der Attestkosten gegen den Versicherer. Das ist auch in AUB festgeschrieben.

Manche Ärzte möchten vorab eine Honorarzusage von der Versicherung erhalten. Einer Bitte um Vorkasse kommen die Versicherer normalerweise nicht nach. Für die Anfrage bietet sich das folgende Muster an:

Muster Nachfrage Kostenübernahme bei Versicherung.
https://www.degruyter.com/view/supplement/9783110377361_Formular_3.pdf

Muster Nachfrage Kostenübernahme bei Versicherung		
		(*Versicherung*)
		(*Anschrift*)
Schaden-Nr.:		
Ereignis vom:		
Verletzte Person:		
Sehr geehrte Damen und Herren, Sie haben mir eine Anfrage zu o. g. Schaden geschickt. Gerne gebe ich Ihnen die gewünschten Auskünfte. Hierfür werden ca. ______ € (*Attest- oder Berichtskosten*) Kosten anfallen. Bestätigen Sie bitte vorab schriftlich die Kostenübernahme. Zusätzlich stellen Sie bitte noch ☐ Erklärung über die Befreiung von der Schweigepflicht ☐ ______ (*Sonstiges*) zur Verfügung. Mit freundlichen Grüßen		
(*Unterschrift*) (*Arzt/Praxisstempel*)		

Für die hier vorgestellten Atteste, Berichte und Befundaufträge sind bei den Hinweisen zu den Berichten Honorarvorschläge abgedruckt. Diese Vorschläge beinhalten keine zusätzlich anfallenden Kosten für beigefügte Kopien oder erforderliche Röntgenaufnahmen. Die Kosten sind aufgerundet, damit die MwSt. leichter berechnet werden kann. Denn grundsätzlich unterliegen die Auskünfte gegenüber dem privaten Unfallversicherer der Umsatzsteuerpflicht. Ob diese aber tatsächlich erhoben werden muss, sollte mit dem eigenen Steuerberater abgesprochen werden. Wer nicht mit einer Pauschale arbeiten möchte, sollte dem Bericht eine Abrechnung mit Aufstellung der Gebührenpositionen beifügen.

Ausgangspunkt für die Vorschläge sind die in GoÄ genannten Tätigkeiten, von der körperlichen Untersuchung (Ziffer 7), der Erhebung des Ganzkörperstatus (Ziffer 8) über die Erstellung von Attesten (Ziffer 70 und 75) bis hin zu gutachterlichen Äußerungen (Ziffer 80 und 85). Dabei wurden auch Umfang und Schwierigkeit der Anfragen berücksichtigt.

> Manche Ärzte versuchen vor den eigenen Patienten die Thematik der Kosten zu verbergen und verlangen statt des vom Patienten übergebenen Vordrucks eine „offizielle" Anfrage des Versicherers. Auf diesem Weg sieht dann der Patient die Kostennote nicht, es dauert aber dadurch länger – auf Kosten des Verletzten. Es kann nur angeraten werden, die Kosten offen anzusprechen, denn es verlangt niemand, dass Atteste und Berichte ohne finanziellen Ausgleich erstellt werden.

4.3 Atteste (Schadenfall)

4.3.1 Einleitung

Für die Leistungsprüfung benötigt der Versicherer konkrete medizinische Informationen. Grundsätzlich ist ein Anspruchsteller dazu verpflichtet, den Nachweis über Grund und Höhe eines möglichen Leistungsanspruchs zu erbringen. In der Schadenpraxis bedeutet dies, dass der Versicherte Unterlagen einreichen muss. Dazu sind für die unterschiedlichen Leistungsarten verschiedene Fakten zu klären. Die Versicherer stellen dafür auf Nachfrage entsprechende Vordrucke zur Verfügung, die aber dem Patienten beim Arztbesuch häufig noch nicht vorliegen. Die hier vorgestellten Atteste sind für die am Versicherungsmarkt weit verbreiteten Leistungsarten erstellt und decken mit den Fragestellungen die Anspruchsvoraussetzungen ab.

Die Atteste sind nicht an die Form oder das Logo des Versicherers gebunden, entscheidend ist der Inhalt. Nur wenn alle für eine Leistungsart erforderlichen Voraussetzungen erfüllt sind, wird ein Leistungsanspruch fällig und vom Versicherer dann auch entschädigt.

Die erforderlichen Tatsachen ergeben sich vielfach aber auch aus bereits vorhandenen Dokumenten. So kann z. B. der Nachweis für eine unfallbedingte vollstationäre Heilbehandlung (Krankenhaustagegeld) auch durch Vorlage des Entlassungsberichts des Krankenhauses erbracht werden. Eine Kopie erleichtert hier vielfach die Arbeit.

Kostenschuldner für die Attestkosten ist gegenüber dem Arzt der Patient. Dieser hat einen Erstattungsanspruch gegenüber dem Versicherer. Daher sollte dem Patienten auf jeden Fall eine Quittung ausgestellt werden.

4.3.2 Atteste

4.3.2.1 Anmeldung Dauerschaden (Invalidität)

Mit der Anmeldung eines Dauerschadens (Invalidität) erbringt der Versicherungsnehmer den Nachweis für seinen Anspruch auf eine Invaliditätsleistung oder Invaliditätsrente. Es bedarf hier einer **ärztlichen** Feststellung.

Es geht um unterschiedliche Aspekte, die für den Leistungsanspruch entscheidend sein können. An dieser Stelle der Unfallschadenregulierung handelt es sich nur um das **Ob** einer Invalidität, nicht um die konkrete Höhe.

- Welche Unfallverletzungen, d. h. welche primären (Unfall-)Verletzungen lagen vor?
- Wie ist prognostisch das über den Zeitraum von drei Jahren verbleibende Ausheilergebnis, heilt es komplett aus oder bleiben Beeinträchtigungen zurück?

- Welche Beeinträchtigungen werden verbleiben, als Prognose, aber bereits jetzt mit Sicherheit erkennbar?
- Wann hat ein Arzt diese dauerhaften funktionellen Beeinträchtigungen festgestellt?

Sollte sich im Rahmen der späteren Begutachtung herausstellen, dass die Prognose der Gesundheitsschädigungen nicht zutrifft, also die Schädigungen nicht dauerhaft bzw. nicht unfallbedingt sind, dann ist die ärztliche Feststellung zwar objektiv inhaltlich falsch, der Arzt braucht aber keine Sorge wegen einer denkbaren Regressforderung tragen, solange er nicht bewusst und offenkundig falsche Angabe zu Lasten des Versicherers gemacht hat.

Die Fragen nach einem geeigneten Zeitpunkt für die Feststellung der Höhe der Invalidität und auf welchem Fachgebiet diese stattfinden soll, sind streng genommen für die Beurteilung des Leistungsanspruchs nicht zwingend erforderliche Angaben, aber für die Praxis der Schadenregulierung und die sinnvolle Gestaltung der Nachuntersuchung hilfreich. So wird der Versicherer sinnvollerweise eine geeignete größere Klinik für eine Begutachtung beauftragen, wenn mehrere Fachgebiete betroffen sind, hingegen kann auch ein niedergelassener Facharzt beauftragt werden, wenn nur sein Fachgebiet betroffen ist.

Es sind derzeit viele rechtliche Fragen rund um die Invaliditätsleistung umstritten. Die Verunsicherung ist bei Gerichten, Gutachtern und Versicherern recht groß, wie insbesondere mit der neueren Rechtsprechung des Bundesgerichtshofs umzugehen ist. Diese Fragen sind aber für den behandelnden Arzt nicht relevant und das hier vorgeschlagene Attest fragt die Informationen ab, die für die Anspruchsbegründung erforderlich sind. Mehr kann an dieser Stelle von der medizinischen Seite her nicht verlangt werden.

Attest zur Anmeldung einer Invaliditätsleistung oder Invaliditätsrente.
https://www.degruyter.com/view/supplement/9783110377361_Attest_5_1.pdf

Musterformular s. Abb. 5.1

4.3.2.2 Attest Krankenhaustagegeld

Das Attest für den Nachweis einer vollstationären Heilbehandlung wird häufig verwendet. Es dient zum Nachweis für das Krankenhaustagegeld und zugleich auch für das daran gekoppelte Genesungsgeld. Es bietet dem Versicherer manchmal auch die erste ärztliche Auskunft zur Unfallverletzung. Letztlich hängt daher ebenfalls das weitere Vorgehen der Schadenfallregulierung davon ab, also ob ausführliche Berichte nötig sind oder nicht.

Grundsätzlich reichen zur Prüfung eines Krankenhaustagegeldanspruchs die Angaben des Entlassungsbriefs. Man sollte daher prüfen, ob es nicht effizienter ist, dem Versicherer eine Kopie zur Verfügung zu stellen.

Es kann aber auch zu Abgrenzungsschwierigkeiten bei stationären Behandlungen kommen. Daher sind ebenfalls Aussagen zur genauen Behandlung wichtig.

Attest zur Anmeldung eines Krankenhaustaggeldes.
https://www.degruyter.com/view/supplement/9783110377361_Attest_5_2.pdf

Musterformular s. Abb. 5.2

4.3.2.3 Attest Kurkostenbeihilfe und Reha-Beihilfe

Das Attest ist für die Leistungsarten Kurkostenbeihilfe und Reha-Beihilfe gedacht. Diese Leistungen stehen in Konkurrenz zum Krankenhaustagegeld und schließen sich regelmäßig aus.

Leistungsvoraussetzung ist eine mindestens dreiwöchige stationäre Behandlung, die innerhalb von drei Jahren, gerechnet ab dem Unfalltag, erfolgen muss. Sinn ist hier nicht die akut durchzuführende Heilmaßnahme, sondern die Wiedererlangung der körperlichen und geistigen Leistungs- und Funktionsfähigkeit – ganz im Sinne der klassischen Kur, die es ja begrifflich heute nicht mehr gibt.

Im Mittelpunkt muss die Unfallverletzung stehen. Es werden häufig auch unfallfremde Beschwerden mit in das Behandlungsprogramm übernommen, diese sollten aber nur eine untergeordnete Rolle spielen, z. B. eine Ernährungsschulung bei Diabetes kann begleitend zum Aufbauprogramm für die Wirbelsäule erfolgen.

Es kann aber auch zu Abgrenzungsschwierigkeiten bei stationären Behandlungen kommen. Daher sind ebenfalls Aussagen zur genauen Behandlung wichtig.

Attest zur Anmeldung einer Kurkosten- oder Reha-Beihilfe.
https://www.degruyter.com/view/supplement/9783110377361_Attest_5_3.pdf

Musterformular s. Abb. 5.3

4.3.2.4 Attest ambulante Operation

Das Attest für den Nachweis einer ambulant durchgeführten Operation ist nur bei bestimmten Vertragsgestaltungen erforderlich. Bei vielen Versicherern reicht bereits eine Kopie des Operationsberichts.

Eine Kopie des Operationsberichts sollte dem Attest beigefügt werden.

Attest zu einer ambulanten Operation.
https://www.degruyter.com/view/supplement/9783110377361_Attest_5_4.pdf

Musterformular s. Abb. 5.4

4.3.2.5 Attest Rooming-in

Einige Bedingungswerke enthalten eine Leistung für Eltern, die bei einem Krankenhausaufenthalt ihrer Kinder als Begleitperson ebenfalls die Nacht im Krankenhaus verbringen. Die Anspruchsvoraussetzungen sind unterschiedlich, meistens hängen sie von dem Alter des Kindes und der Notwendigkeit der Begleitung ab.

Die Angaben können sich auch aus dem Entlassungsbrief ergeben. Man sollte daher prüfen, ob es nicht effizienter ist, dem Versicherer eine Kopie zur Verfügung zu stellen.

Attest zur Anmeldung der Leistungsart Rooming-in.
https://www.degruyter.com/view/supplement/9783110377361_Attest_5_5.pdf

Musterformular s. Abb. 5.5

4.3.2.6 Attest Tagegeld

Das Attest ist in der privaten Unfallversicherung an die konkrete Beeinträchtigung der Arbeitsfähigkeit geknüpft und insoweit unabhängig von einer Krankschreibung im Arbeitsrecht zu betrachten. Deshalb erfolgt hier regelmäßig auch eine Nachfrage zum Arbeitsablauf durch den Arzt, da diese Tatsachen im Gespräch mit dem Patienten gut zu ermitteln sind. Streng genommen müsste der Versicherer diese Tatsachen erfragen und dem Arzt zur Verfügung stellen. Es ist aber üblich, hier die Informationen auf dem kurzen und vertrauensvollen Weg zwischen Arzt und Patient zu erlangen, der Arzt liquidiert dafür bei dieser Leistungsart auch mehr als bei anderen.

Kann ein Bäckermeister wegen einer Fußverletzung nicht in der Backstube stehen, aber seine Büroarbeiten komplett erledigen, dann liegt eine Beeinträchtigung nur in dem Umfang vor, den er regelmäßig anteilig am gesamten Arbeitstag in der Backstube steht. Sitzt er gewöhnlich ¾ des Tages im Büro und ist zu ¼ in der Backstube, dann ist er nur zu 25 % in seiner Arbeitsfähigkeit beeinträchtigt.

Attest für Tagegeld.
https://www.degruyter.com/view/supplement/9783110377361_Attest_5_6.pdf

Musterformular s. Abb. 5.6

4.3.2.7 Attest Übergangsleistung

Die Übergangsleistung stellt ähnlich dem Tagegeld auch die Beeinträchtigung der konkreten Arbeitsfähigkeit ab. Hier geht es aber darum, dass für einen vereinbarten Zeitraum die ausschließlich unfallbedingte Beeinträchtigung nicht unter einen bestimmten Beeinträchtigungsgrad sinken darf.

Anders als bei den anderen Leistungsarten sind für die unfallbedingte Beeinträchtigung hier bereits Krankheiten und Gebrechen beim Grad der Beeinträchtigung zu berücksichtigen.

Attest für Übergangsleistung.
https://www.degruyter.com/view/supplement/9783110377361_Attest_5_7.pdf

Musterformular s. Abb. 5.7

4.3.2.8 Attest verletzungsbezogene Leistungen

Das Attest für die Anmeldung von verletzungsbezogenen Leistungen dient der genauen Einordnung der Unfallverletzung. Für Leistungen wie die **Sofortleistung**, **Schmerzensgeld** oder **Verletzungsgeld** kommt es nur auf die Verletzung und deren konkrete Ausgestaltung an. So kann vereinbart sein, dass bei einem Bänderanriss eine andere Summe gezahlt wird als bei einer kompletten Durchtrennung. Die Kataloge der Versicherer zu diesen Leistungsarten sind sehr unterschiedlich.

Attest für verletzungsbezogene Leistungsarten.
https://www.degruyter.com/view/supplement/9783110377361_Attest_5_8.pdf

Musterformular s. Abb. 5.8

4.3.2.9 Attest Gipsgeld

Das Attest für die Anmeldung von Gipsgeld hinterfragt auch die Art der Versorgung der erforderlichen Ruhigstellung und deren Dauer. Die Klärung verletzungsbezogener Leistungen dient der genauen Einordnung der Unfallverletzung. Für Leistungen wie die **Sofortleistung**, **Schmerzensgeld** oder **Verletzungsgeld** kommt es nur auf die Verletzung und deren konkrete Ausgestaltung an. Beim Gipsgeld unterscheiden die Versicherer darüber hinaus auch nach der Behandlung. Die Kataloge der Versicherer sind sehr unterschiedlich.

Attest für Gipsgeld.
https://www.degruyter.com/view/supplement/9783110377361_Attest_5_9.pdf

Musterformular s. Abb. 5.9

4.3.2.10 Attest Todesfallleistung

In Todesfällen wird meist nur auf polizeiliche Ermittlungsergebnisse und bereits existierende medizinische Unterlagen zurückgegriffen. Für die Fälle, in denen der Versicherer vom Versicherungsnehmer einen Nachweis für einen Unfalltod verlangt, ist das folgende Attest gedacht und dürfte nur bei relativ niedrigen Versicherungssummen Verwendung finden. Zu klären ist die Frage, ob der Tod ganz oder teilweise auf ein Unfallereignis zurückzuführen ist.

Sofern möglich, sollten dem Attest Kopien der ärztlichen Feststellungen (auch einer Obduktion) beigefügt werden.

Attest zur Anmeldung der Todesfallleistung.
https://www.degruyter.com/view/supplement/9783110377361_Attest_5_10.pdf

Musterformular s. Abb. 5.10

4.4 Berichte (Schadenfall)

4.4.1 Einleitung

In Schadenfällen sind verschiedenste Fragestellungen für die Leistungsprüfung des Versicherers denkbar. Was der Versicherer genau wissen muss, um über das Ob oder die Höhe seiner Leistungspflicht entscheiden zu können, kann der behandelnde Arzt naturgemäß nicht wissen. Es ist Aufgabe des Versicherers, dem Arzt die entsprechenden (Berichts-)Fragen zu stellen. Manchmal ist aber dem Versicherer im Stadium der Anfrage nicht bekannt, um welche Gesundheitsschädigung es letztlich geht. Deshalb werden vielfach auch sehr umfangreiche Berichte angefordert, obwohl es um einen medizinisch eng begrenzten Gesundheitsschaden geht.

Die hier vorgestellten Berichte sollten die Möglichkeit bieten, den passenden Bericht zum konkreten Schadenfall zu erstellen. Dafür sind Berichte mit ganz allgemeinen Fragestellungen ebenso erforderlich wie solche zu bestimmten Gesundheitsschäden oder zu Ausschlusstatbeständen. Auch Anfragen zur Befunderhebung des aktuellen Gesundheitszustands werden manchmal von Versicherern erbeten. Wichtig ist, dass von dem behandelnden Arzt die letztlich ja zur Behandlung und Therapie erlangten Informationen für die Regulierungspraxis verwendbar aufbereitet werden.

Berücksichtigt werden sollte hierbei, dass die Berichte auch für spätere Gutachten eine Informationsbasis bilden. Es sollte daher stets Wert darauf gelegt werden, **positives Wissen** und eine **Verdachtsdiagnose** jeweils als solche auch **entsprechend zu benennen**. Es geht um Tatsachen, um Fakten, nicht um Vermutungen oder theoretisch denkbare, aber letztlich nicht bewiesene oder beweisbare Erkrankungen oder mutmaßliche Zusammenhänge.

Es gibt viele Berichte, die aus dem erkennbaren Willen heraus entstehen, dem Patienten gegenüber der Versicherung behilflich sein zu wollen. Es sollte bereits vermieden werden, diesen Eindruck zu erwecken. Dies ist z. B. möglich, wenn nur beweisbare Tatsachen vorgebracht werden.

Ist die Berichtsanfrage des Versicherers zu ausführlich, zu allgemein oder zum falschen Themenkomplex erfolgt, dann sollte nach kurzer Rücksprache mit dem Versicherer ein passender Bericht ausgesucht werden.

Zu berücksichtigen ist auch, dass die Versicherer nicht nur für Unfallereignisse, sondern manchmal auch für andere Geschehensabläufe Versicherungsschutz über die private Unfallversicherung gewähren, z. B. für bestimmte erhöhte Kraftanstrengungen oder Infektionen. Wenn der Arzt zu solchen Sachverhalten befragt wird, dann muss der Versicherer dies auch entsprechend mitteilen.

4.4.2 Allgemeine Anfragen

4.4.2.1 Allgemeiner Bericht zur Diagnose von Ereignisfolgen

Der allgemeine Bericht zur Diagnose von Ereignisfolgen zielt auf eine kurze Information für den Versicherer ab. Er ist in zwei Situationen sinnvoll: zunächst dann, wenn dem Versicherer keine genauen Informationen zur Gesundheitsschädigung vorliegen, z. B. weil der Verletzte es selber nicht genau weiß oder Sorge hat, etwas Falsches zu sagen, und deshalb den Versicherer an den Arzt verweist. Mit anderen Worten tappt der Versicherer hier medizinisch im Dunkeln. Üblicherweise reichen dann bereits wenige Angaben. Bei schwerwiegenden Verletzungen oder komplexen medizinischen Problemen werden ggf. weitere Nachfragen folgen.

Dem Verletzten wurde beim Fußballspiel in einem Zweikampf das rechte Knie unglücklich verdreht. Er wurde operiert und gibt dem Versicherer an, es liege ein Kniebinnenschaden vor. Für den Versicherer ist es bedeutsam, ob ein Kreuzband, der Meniskus oder der Knorpel behandelt wurde.

Als andere praxisrelevante Situation stellt sich vielfach die Frage, ob es sich um eine Unfallverletzung handelt. Dafür ist es hilfreich zu wissen, ab wann und welche Beeinträchtigungen behandelt wurden und welche Angaben der Verletzte bei Behandlungsbeginn gemacht hat.

Der Verletzte geht unmittelbar nach einem Sturz wegen Schmerzen im Hüftbereich zum Arzt. Der stellt einen Bluterguss am Gesäß und eine Hüftkopfnekrose fest.

Allgemeiner Bericht zur Diagnose von Ereignisfolgen.
https://www.degruyter.com/view/supplement/9783110377361_Bericht_5_11.pdf

Musterformular s. Abb. 5.11

4.4.2.2 Allgemeiner Bericht zur (Erst-)Behandlung von Ereignisfolgen

Der allgemeine Bericht zur (Erst-)Behandlung zielt auf eine Einstiegs- oder Begleitungsinformation für den Versicherer ab. Neben den Basisdaten zu Hergang und Diagnose soll der Behandlungsablauf geklärt werden.

Damit richtet sich dieser Bericht vorwiegend an den (weiter-)behandelnden Arzt, der Kenntnis vom gesamten Behandlungsablauf bzw. -plan hat. Vielfach wird dies der Allgemeinmediziner sein.

Diese Anfrage kann auch weitere Anfragen des Versicherers vorbereiten, da erst hier die entsprechenden Informationen weitergegeben werden und das Ausmaß der gesamten Gesundheitsschädigung erkennbar wird. Für den Versicherer sind die Angaben gleichfalls für die Prognose zu den zu erwartenden Schadenzahlungen wichtig.

Sofern möglich sollten dem Bericht Kopien der Berichte zu den Zusatzuntersuchungen beigefügt werden. Nur auf ausdrücklichen Wunsch/ausdrückliche Bitte des Versicherers sollte das bildgebende Material mitgeschickt werden. Für die Begutachtung von Unfallfolgen benötigt ggf. der Gutachter das Bildmaterial, das er selber oder über den Patienten anfordern wird.

Allgemeiner Bericht zur (Erst-)Behandlung von Ereignisfolgen.
https://www.degruyter.com/view/supplement/9783110377361_Bericht_5_12.pdf

Musterformular s. Abb. 5.12

4.4.2.3 Begleitender Bericht zum Behandlungsverlauf

Der begleitende Bericht zum Behandlungsverlauf dient zwei unterschiedlichen Zielsetzungen. Zum einen soll er dem Versicherer Informationen für seine wirtschaftlichen Kalkulationen geben. Bei einer Vielzahl von Schadenfällen ist eine genaue Prognose im Hinblick auf das Ausheilergebnis nach dem Befund der Erstbehandlung alleine nicht möglich und oft wird dem Versicherer auch keine weitergehende Information zur Verfügung gestellt. Da die Versicherer aber für die zu erwartende Schadenzahlung ausreichend Kapital zurücklegen müssen, wird manchmal ein begleitender Bericht angefordert, der durch die Informationen über Heilerfolge oder Misserfolge in der Behandlung eine bessere Prognose ermöglicht. Mit den Standardberichten wird diese Zielsetzung nur begrenzt erreicht. Dort werden, egal welcher Arzt befragt wird, auch bereits geklärte Informationen immer nochmals mit abgefragt.

Der Bericht richtet sich an den (weiter-)behandelnden Arzt, der Kenntnis vom gesamten Behandlungsablauf bzw. -plan hat, und sollte frühestens drei Monate nach dem Ereignis angefordert werden.

Der Bericht dient auch der Vorbereitung einer noch erforderlichen Begutachtung. Damit stehen dann mehr Informationen zur Verfügung, die zum Verständnis des Heilverlaufs dienen.

Sofern möglich sollten dem Bericht Kopien der Berichte zu den Zusatzuntersuchungen beigefügt werden. Nur auf ausdrücklichen Wunsch/ausdrückliche Bitte des Versicherers sollte das bildgebende Material mitgeschickt werden. Für die Begutachtung von Unfallfolgen benötigt ggf. der Gutachter das Bildmaterial, das er selber oder über den Patienten anfordern wird.

Begleitender Bericht zum Behandlungsverlauf.
https://www.degruyter.com/view/supplement/9783110377361_Bericht_5_13.pdf

Musterformular s. Abb. 5.13

4.4.2.4 Bericht zur Zusammenhangsfrage

Der Bericht zur Zusammenhangsfrage ist eine sehr besondere Anfrage. In vielen Anfragen von Versicherungen wird die Frage des Unfallzusammenhangs oder der Kausalität zwischen angeschuldigtem Ereignis und Gesundheitsschädigung als eine Art Nebenfrage gestellt und leider auch eher oberflächlich beantwortet. Als Folge bieten sich dadurch letztlich keine Lösungen, sondern es stellen sich dadurch nur weitere Fragen.

Wichtig ist es hier zu trennen, was der Mediziner leisten kann und was in den (juristischen/versicherungsrechtlichen) Bereich des Versicherers fällt. Der Mediziner liefert die genauen gesundheitlichen Feststellungen, der Versicherer muss vorgeben, von welchem Geschehensablauf der Mediziner ausgehen soll.

> Gerade bei älteren Patienten ist der Versicherer aber auch auf die Informationen des Arztes zum Hergang oder zu anderen Aspekten des Ablaufs angewiesen, da sich die Verletzten nicht mehr erinnern können. Deshalb fragen die Versicherer vielfach ebenfalls den Hergang mit ab. Auch kann der Versicherer so prüfen, ob sich die Ausführungen auf das gleiche Ereignis beziehen.

Stehen diese beiden Komponenten fest, dann kann der Mediziner sagen, ob bei dem Hergang überhaupt (biomechanisch) die Gesundheitsschädigung entstanden sein kann. Ist dies möglich, dann stellt sich die Frage, ob dabei auch eine gesunde Körperstruktur geschädigt werden konnte oder nur eine bereits geschwächte, vorgeschädigte Stelle.

Konnten lediglich vorgeschädigte Gewebestrukturen verletzt werden, dann sind genauere Ausführungen zum vorbestehenden Gesundheitszustand vorzunehmen. Dazu gehören auch die Fragen, ob dies altersentsprechend ist und worauf diese Annahmen gestützt werden.

Zuletzt wird man sich über eine Quote dahingehend Gedanken machen müssen, welchen Anteil die unfallfremden Schädigungen und welchen Anteil die unfallbedingten Verletzungen am Gesamtschaden besitzen.

Diese Vorüberlegungen zeigen, dass die Frage in vielen Fällen nicht so einfach zu beantworten ist. Deshalb wird diese Frage hier als eigener Bericht ausgestaltet und aus anderen Berichten herausgehalten.

Bericht zur Zusammenhangsfrage.
https://www.degruyter.com/view/supplement/9783110377361_Bericht_5_14.pdf

Musterformular s. Abb. 5.14

4.4.3 Konkrete Nachfragen

4.4.3.1 Bericht Knieverletzungen (allgemein)

Viele Versicherte melden dem Versicherer einen Knieschaden, ohne eine genaue Angabe zur Verletzung zu geben. Teilweise erfolgt die Meldung so früh, dass auch noch gar keine genaue Diagnose feststeht. Von einer oberflächlichen Schürfwunde über eine Prellung mit Bluterguss bis hin zum Kreuzbandriss, zu einer Patellafraktur oder auch unfallfremden Kniebinnenschäden ist hier vieles denkbar und möglich. Mit dem allgemeinen Bericht bei Knieverletzungen soll die Diagnose abgefragt und dem Versicherer eine Einordnung des Schadens geboten werden.

Sofern eine umfangreiche Untersuchung vorgenommen wurde, kann auch deren Ergebnis hier erfasst werden.

> Auch hier ist es denkbar, einen anderen, konkreteren Bericht zu wählen, wenn dies aufgrund der Verletzung sinnvoll ist. Man darf davon ausgehen, dass dem Versicherer bei allgemeinen Anfragen keine verwertbaren Unterlagen vorliegen.

Bericht Knieverletzungen (allgemein).
https://www.degruyter.com/view/supplement/9783110377361_Bericht_5_15.pdf

Musterformular s. Abb. 5.15

4.4.3.2 Bericht Knieverletzungen (isolierter Meniskusschaden)

Der Bericht ist für isolierte Meniskusschäden gedacht. Wurde der Meniskus als weitere Schädigung im Zusammenhang mit einem Kreuzbandriss verletzt, dann ist dieser Bericht nicht zu verwenden.

Im Kern geht es darum zu klären, ob es sich um eine schicksalhafte und verschleißbedingte Meniskusschädigung handelt, was weit überwiegend vorkommt, oder ob es ausnahmsweise um eine Folge einer Gewalteinwirkung geht. Spielen Vorschädigungen eine Rolle, dann ist dies zu berücksichtigen.

Meniskusschäden sind bei Eigenbewegungen oder Kraftanstrengungen regelmäßig nicht mitversichert.

Bericht Knieverletzungen (isolierter Meniskusschaden).
https://www.degruyter.com/view/supplement/9783110377361_Bericht_5_16.pdf

Musterformular s. Abb. 5.16

4.4.3.3 Bericht Knieverletzungen (Patellaluxation)

Der Bericht ist **nur** für Patellaluxationen gedacht. Diese sind vielfach nicht auf ein äußeres Ereignis, sondern auf schicksalhafte Anomalien des Kniegelenks zurückzuführen. Luxiert die Kniescheibe beim Gehen, dann ist dies keine Unfallverletzung. Rezidive Luxationen bedeuten grundsätzlich eine Mitwirkung der vorausgegangenen Luxation(-en) an der aktuellen. Der Mitwirkungsanteil kann bis zu 100 % betragen.

Schwierigkeiten treten dann auf, wenn eine Luxation zum Sturz führt und der Aufprall als Luxationsursache behauptet wird. Ohne entsprechende Befunde wie z. B. eine entsprechende Prellmarke kann der Nachweis schwierig sein. Für die Reihenfolge sind die Erstangaben des Patienten zu beachten.

Im Bericht wird die Stabilität der Bänder abgefragt. Manchmal ist eine Knie-Instabilität Ursache für eine Luxation.

Bericht Knieverletzungen (Patellaluxation).
https://www.degruyter.com/view/supplement/9783110377361_Bericht_5_17.pdf

Musterformular s. Abb. 5.17

4.4.3.4 Bericht Schulterverletzungen (allgemein)

Viele Versicherte melden dem Versicherer Schulterbeschwerden, ohne eine genaue Angabe zur Verletzung zu geben. Teilweise erfolgt die Meldung so früh, dass auch noch gar keine genaue Diagnose feststeht. Von einer oberflächlichen Schürfwunde über eine Prellung mit Bluterguss bis hin zu Knochenbrüchen, komplexen Schädigungen des Schultereckgelenks oder auch unfallfremden Sehnenschädigungen ist vieles denkbar und möglich. Mit dem allgemeinen Bericht bei Schulterverletzungen soll die Diagnose abgefragt und dem Versicherer eine Einordnung des Schadens geboten werden.

Sofern eine umfangreiche Untersuchung vorgenommen wurde, kann ebenso deren Ergebnis hier erfasst werden.

Auch hier ist es denkbar, einen anderen, konkreteren Bericht zu wählen, wenn dies aufgrund der Verletzung sinnvoll ist. Man darf davon ausgehen, dass dem Versicherer bei allgemeinen Anfragen keine verwertbaren Unterlagen vorliegen.

Bericht Schulterverletzungen (allgemein).
https://www.degruyter.com/view/supplement/9783110377361_Bericht_5_18.pdf

Musterformular s. Abb. 5.18

4.4.3.5 Bericht Schulterverletzungen (Rotatorenmanschette)

Schäden der Rotatorenmanschette sind in den letzten Jahren zu einem Dauerthema der privaten Unfallversicherung geworden. Problematisch sind klinisch stumm verlaufende Vorschädigungen, Schadenhergänge, die eine strukturelle Schädigung nicht ermöglichen, aber auch Zeitabläufe, die einen Nachweis eines vermeintlichen Unfallzusammenhangs nicht mehr führen lassen.

Mit dem Bericht werden viele Fragestellungen aufgeworfen. Leider wird es aber immer wieder eine individuelle, weitergehende Nachfrage geben. Der Themenkomplex ist letztlich zu vielfältig für eine einfache Darstellung und einfache Lösung. Deshalb ist bei diesen Schadenfällen die **Begründung** für die getroffenen Aussagen noch wichtiger als bei anderen Schädigungen.

Die Schadenfälle besitzen ein sehr großes Streitpotenzial.

Meist wird von **Rotatorenmanschettenruptur** gesprochen. Besser sollte es aber als **Zusammenhangsdurchtrennung** bezeichnet werden, da dieser Zustand für sich genommen keine Aussage zur Schadenursache macht. Der Begriff „Ruptur" oder „Riss" wird meist aber so verstanden, dass eine „neue" Schädigung eingetreten sei. Dies mag auch mit dem Verständnis zusammenhängen, dass ein neu festgestellter und überraschend aufgetretener Zustand ja nicht über Jahre hinweg entstanden sein könne. Aber gerade an dieser Stelle irren viele Versicherte.

Bericht Schulterverletzungen (Rotatorenmanschette).
https://www.degruyter.com/view/supplement/9783110377361_Bericht_5_19.pdf

Musterformular s. Abb. 5.19

4.4.3.6 Bericht Schulterverletzungen (Schulterluxation)

Der Bericht ist **nur** für Schulterluxationen gedacht. Diese sind vielfach nicht auf ein äußeres Ereignis, sondern auf schicksalhafte Anomalien des AC-Gelenks zurückzuführen. Luxiert die Schulter beim Armheben, dann ist dies keine Unfallverletzung. Rezidive Luxationen bedeuten grundsätzlich eine Mitwirkung der vorausgegangenen Luxation(-en) an der aktuellen. Der Mitwirkungsanteil kann bis zu 100 % betragen.

Im Bericht wird die Stabilität der Schulter abgefragt. Manchmal ist eine Schulterinstabilität Ursache für eine Luxation.

Bericht Schulterverletzungen (Schulterluxation).
https://www.degruyter.com/view/supplement/9783110377361_Bericht_5_20.pdf

Musterformular s. Abb. 5.20

4.4.3.7 Bericht Wirbelsäulenverletzung (allgemein)

Wirbelsäulenverletzungen werden häufig beim Versicherer ohne exakte Angabe zur genauen Schädigung gemeldet. Damit sind von Wirbelfrakturen über Bandscheibenvorfälle bis hin zur Lumboischalgie oder einer Thoraxprellung viele Gesundheitsschäden denkbar und die zu befürchtenden finanziellen Auswirkungen für den Versicherer unklar. Der Versicherer braucht aber eine konkrete Information für eine frühzeitige Einschätzung.

Dieser Bericht ist für eine erste Einordnung einer Wirbelsäulenverletzung gedacht.

Wenn es um eine isolierte Bandscheibenschädigung oder eine HWS-Schädigung geht, dann sollten die spezielleren Berichte gewählt werden.

Bericht Wirbelsäulenverletzungen (allgemein).
https://www.degruyter.com/view/supplement/9783110377361_Bericht_5_21.pdf

Musterformular s. Abb. 5.21

4.4.3.8 Bericht Wirbelfraktur

Ist eine Wirbelkörperfraktur zumindest auch Teil der Unfallverletzungen, dann kann diese Information die Schadenregulierung der Versicherer vereinfachen. Bei Wirbelfrakturen steht der für (isolierte) Bandscheibenvorfälle vereinbarte Ausschluss zumindest nicht für eine komplette Schadenfallablehnung zur Diskussion und frühzeitig fällig werdende Leistungsarten, wie z. B. das Krankenhaustagegeld, können bei unproblematisch anzunehmender (Teil)Kausalität erbracht werden. Eine Vorinvalidität der Wirbelsäule und die mögliche Mitwirkung von Erkrankungen bzw. Gebrechen stehen zwar weiterhin zur Diskussion, werden aber meistens erst bei der Invaliditätsprüfung relevant.

Wirbelkörperfrakturen können Teil sehr komplexer und schwieriger Gesundheitsschädigungen der Wirbelsäule sein und damit auch Teil schwieriger versicherungsrechtlicher Konstellationen. Im frühen Stadium der Schadenbearbeitung prüft der Versicherer u. a. auch die (Teil-)Kausalität und die Ausschlusstatbestände. Sofern eine Möglichkeit besteht, und sei es nur unter Vorbehalt, eine kurzfristig fällig werdende Leistung zu erbringen, wird er dies tun.

Bericht Wirbelfraktur.
https://www.degruyter.com/view/supplement/9783110377361_Bericht_5_22.pdf

Musterformular s. Abb. 5.22

4.4.3.9 Bericht Bandscheibenvorfall

Bandscheibenvorfälle sind regelmäßig schicksalsbedingte Gesundheitsschädigungen. Grundsätzlich sind diese vom Versicherungsschutz nicht erfasst, sondern nur in besonderen Ausnahmekonstellationen. Dies ist den Versicherten aber nicht immer bewusst und sie melden ihre bandscheibenbedingten Behandlungen, die auf eine bestimmte Auslösesituation bezogen werden. Hier sind die ersten Angaben des Patienten wichtig. Kommt der Patient zum Arzt mit langfristig immer stärker werdenden Beschwerden, ohne ein konkretes Ereignis benennen zu können? Wird ein Ereignis nachträglich in den Vordergrund gestellt, vielleicht sogar mit der Information, dass die Versicherung nicht zahlen wolle?

Die Frage nach einem Unfall ist gelegentlich für den Arzt überraschend, da er schlicht eine schicksalhafte Bandscheibenerkrankung behandelt hat. Wenn dies so ist, dann sollte auch genau das klar und deutlich zum Ausdruck gebracht werden. Vielleicht ist ebenfalls eine Erläuterung im Patientengespräch möglich.

Bericht Bandscheibenvorfall.
https://www.degruyter.com/view/supplement/9783110377361_Bericht_5_23.pdf

Musterformular s. Abb. 5.23

4.4.3.10 Bericht HWS-Trauma

Im allgemeinen Sprachgebrauch wird gerne der Begriff Schleudertrauma verwendet und die meisten Schadenfälle sind auch bei Kfz-Unfällen entstanden. Es kann also sein, dass neben der Anfrage der Kraftfahrthaftpflichtversicherung auch eine private Unfallversicherung Informationsbedarf besitzt. Vielfach sind die Fragestellungen eng beisammen und zielen darauf ab, ob eine strukturelle Schädigung vorliegt oder es sich nur um kurzfristige Beschwerden handelt.

Wurde für die eine Kraftfahrtversicherung bereits ein Bericht erstellt, dann kann durchaus auf diesen zurückgegriffen werden, wenn sich die Fragestellungen weitgehend decken.

Bericht HWS-Trauma.
https://www.degruyter.com/view/supplement/9783110377361_Bericht_5_24.pdf

Musterformular s. Abb. 5.24

4.4.3.11 Bericht Sehnenschaden (allgemein)

Mit dem allgemeinen Bericht bei Sehnenschäden kann primär die Diagnose abgefragt und dem Versicherer eine Einordnung des Schadens geboten werden. Ob es sich überhaupt um eine Sehnenschädigung handelt, ist leider bei der Schadenmeldung noch gar nicht bekannt.

Sehnen unterliegen dem Verschleiß und sind daher häufig Thema in Unfallschäden. Gestritten wird dann über Vorschädigungen und Zusammenhänge. Quoten und Aussagen zu Zusammenhängen sollten stets gut begründet werden.

Sofern eine umfangreiche Untersuchung vorgenommen wurde, kann auch deren Ergebnis hier erfasst werden.

Auch hier ist es denkbar, einen anderen, konkreteren Bericht zu wählen, wenn dies aufgrund der Verletzung sinnvoll ist. Man darf davon ausgehen, dass dem Versicherer bei allgemeinen Anfragen keine verwertbaren Unterlagen vorliegen.

Bericht Sehnenschaden (allgemein).
https://www.degruyter.com/view/supplement/9783110377361_Bericht_5_25.pdf

Musterformular s. Abb. 5.25

4.4.3.12 Bericht Sehnenschaden (Achillessehne)

Achillessehnen sind sehr stabil, aber immer mal wieder reißen sie. Die Gründe dafür sind nicht in jedem Fall klar, als Ursachen sind aber viele Gründe denkbar. Die Unfallversicherungen fragen daher regelmäßig bei diesen Gesundheitsschäden nach. Auch hier wird der Arzt vielfach zur Aufklärung des Hergangs herangezogen. Die entsprechenden Angaben sind ebenso für das Verständnis der Mitwirkungsklausel wichtig.

Sofern eine umfangreiche Untersuchung vorgenommen wurde, kann auch deren Ergebnis hier erfasst werden.

Bei Achillessehnenrupturen wird häufig um Kausalität und Vorschädigungen gestritten.

Bericht Sehnenschaden (Achillessehnenriss).
https://www.degruyter.com/view/supplement/9783110377361_Bericht_5_26.pdf

Musterformular s. Abb. 5.26

4.4.3.13 Bericht zu Hernien

Der Bericht zu Hernien (Bauch- und Unterleibsbrüchen) wird angefordert, wenn der Versicherungsnehmer dem Versicherer von einer entsprechenden Gesundheitsschädigung berichtet. Da diese Gesundheitsschädigung grundsätzlich nicht versichert und nur in bestimmten Ausnahmefällen mit vom Versicherungsschutz umfasst ist, dient der Bericht der Klärung der Frage, ob ein entsprechender Ausnahmefall vorliegt.

Da die Versicherer unterschiedliche Leistungsverbesserungen anbieten, kann auch ein nicht durch eine direkte Gewalteinwirkung auf den Bruchbereich selber verursachter Gesundheitsschaden im Einzelfall einmal versichert sein. Dies kann der Mediziner nicht wissen und daher ist der Bericht so aufgebaut, dass den unterschiedlichen rechtlichen Vorgaben Rechnung getragen wird.

> Sollte es gar nicht um eine Hernie gehen, wird angeraten, dem Versicherer einen anderen, passenden Bericht zur Verfügung zu stellen.

Bericht zu Hernien (Bauch- und Unterleibsbrüche).
https://www.degruyter.com/view/supplement/9783110377361_Bericht_5_27.pdf

Musterformular s. Abb. 5.27

4.4.3.14 Bericht zu Infektionen

Infektionen sind in den Musterbedingungen grundsätzlich ausgeschlossen. Allerdings haben die Versicherer schon seit langem und in den unterschiedlichsten Ausgestaltungen den Versicherungsschutz auch auf Infektionen ausgeweitet – mal für bestimmte Infektionen, in einem anderen Bedingungswerk für durch Insektenstiche verbreitete Infektionen. Diese unübersichtliche Bandbreite an Sonderbedingungen braucht der behandelnde Arzt nicht zu kennen. Es sollte daher genügen, sich mit dem **objektiven Nachweis der Infektion** und – sofern möglich – mit dem **Infektionsweg** zu befassen, da diese beiden Aspekte für die Leistungsprüfung, auch bei vereinbarten Infektionsklauseln, eine zentrale Bedeutung besitzen.

Bei einer solchen Nachfrage geht es regelmäßig nicht um ein „klassisches" Unfallereignis.

Schwierig kann gelegentlich auch die Abgrenzung zu einer Vergiftung sein. Isst der Versicherte einen Giftpilz, dann handelt es sich um eine Frage zum Ausschluss von Vergiftungen. Gelangen hingegen Pilzsporen in den Körper des Versicherten und vermehren sich diese dann im Körper, mit der Folge einer daraus resultierenden toxischen Wirkung, wird es sich nach der Definition um eine Infektion handeln.

> Sollte es gar nicht um eine Infektion gehen, wird angeraten, dem Versicherer einen anderen, passenden Bericht zur Verfügung zu stellen.

Bericht zu Infektionen.
https://www.degruyter.com/view/supplement/9783110377361_Bericht_5_28.pdf

Musterformular s. Abb. 5.28

4.4.3.15 Bericht zu Infektion nach Zeckenstich

Durch Zeckenstich übertragene Infektionen sind in der Regulierungspraxis immer häufiger ein Thema. Waren in älteren Bedingungswerken solche Infektionen grundsätzlich nicht versichert, sind sie in neueren Bedingungswerken zum festen Bestandteil geworden. Bei unterschiedlichen Ausgestaltungen fallen die Kernfragen aber sehr ähnlich aus. Wichtig ist die wissenschaftlich eindeutige Feststellung der Infektion durch **objektive Nachweise.**

Es gibt unterschiedliche Infektionen, die durch Zecken übertragen werden können. Hier können der Zeitpunkt der Infektion, die erstmalige Feststellung der Infektion oder der Nachweis des Infektionsweges möglicherweise anspruchsrelevant sein.

Sollte es gar nicht um eine Infektion gehen oder um eine Infektion, die nicht von Zecken übertragen wird, sollte dem Versicherer ein anderer, passender Bericht zur Verfügung gestellt werden.

Gemeldet werden häufig Borreliose-Erkrankungen. Probleme bereiten hier die Fälle, in denen die Borreliose nicht im ersten Stadium, sondern erst später in den medizinischen Unterlagen auftaucht. Es gibt Fälle, in denen andere, z. B. rheumatische Erkrankungen als vermeintliche Borreliose behandelt werden. Deshalb ist den Versicherern die genaue Darlegung der objektiven Nachweise sehr wichtig.

Bericht zu Infektion nach Zeckenstich.
https://www.degruyter.com/view/supplement/9783110377361_Bericht_5_29.pdf

Musterformular s. Abb. 5.29

4.4.3.16 Bericht Vergiftung

Vergiftungen sind in den Musterbedingungen dann ausgeschlossen, wenn die giftige Substanz durch den Schlund in den Körper gelangt ist. Teilweise sind Vergiftungen aber auch generell ausgeschlossen und dann nur bestimmte Vergiftungen als Ausnahme versichert. Entscheidungsrelevant sind daher die Fragen, welche Art der Vergiftung vorliegt und auf welchem Weg die toxische Substanz in den Körper gelangt ist. Dafür sollte der objektive Nachweis der Vergiftung und des Giftes erbracht werden, ferner muss sich mit dem Vergiftungsweg befasst werden.

Schwierig kann gelegentlich auch die Abgrenzung zu einer Infektion sein. Isst der Versicherte einen Giftpilz, dann handelt es sich um eine Frage zum Ausschluss von Vergiftungen. Gelangen hingegen Pilzsporen in den Körper des Versicherten und vermehren sich diese dann im Körper, mit der Folge einer daraus resultierenden toxischen Wirkung, wird es sich nach der Definition um eine Infektion handeln.

Nicht immer geht es bei Nachfragen zu Vergiftungen um ein „klassisches“ Unfallereignis.

Sollte es gar nicht um eine Vergiftung gehen, wird angeraten, dem Versicherer einen anderen, passenden Bericht zur Verfügung zu stellen.

Nicht als Vergiftung zählen z. B. durch giftige Stoffe hervorgerufene Verätzungen. Die dabei entstandene Gesundheitsschädigung wird nicht durch die toxische, sondern durch die ätzende Wirkung der Substanz verursacht. Diese Gesundheitsschäden sind aber nicht ausgeschlossen.

Bericht Vergiftung.
https://www.degruyter.com/view/supplement/9783110377361_Bericht_5_30.pdf

Musterformular s. Abb. 5.30

4.4.3.17 Bericht Hirnblutung

Hirnblutungen sind nur dann versichert, wenn sie überwiegend durch ein Unfallereignis verursacht wurden. Es reicht also nicht irgendeine Teilursächlichkeit aus. Überwiegend bedeutet zu mehr als 50 %. Die dabei strittigen Fälle sind oft mit schwerwiegenden Schicksalen der Betroffenen verbunden, die auch zu hohen Leistungen durch die Versicherer führen können.

Hirnblutungen sind durch sehr unterschiedliche Ursachen auslösbar. Neue Untersuchungsmethoden wie CT und MRT haben Diagnostik, Therapie und Ursachenforschung verbessert. Bei der Entstehung der AUB gab es diese technischen Möglichkeiten noch nicht. Da nicht die rein schicksalhaften Hirnblutungen auch über die private Unfallversicherung zu einer Leistung führen sollten, wurde ein kompletter Ausschluss von Hirnblutungen in den AUB verankert, der eine Ausnahme für (nachweisbar) überwiegend unfallbedingte Hirnblutungen vorsieht.

Die Versicherte wird am Boden liegend mit Hirnblutung aufgefunden. Es geht dann um die Frage, ob eine Hirnblutung Auslöser (also Ursache) des Geschehens war oder ein vorangegangener Unfall sie ausgelöst hat (also Folge).

Bericht Hirnblutung.
https://www.degruyter.com/view/supplement/9783110377361_Bericht_5_31.pdf

Musterformular s. Abb. 5.31

4.4.3.18 Bericht Bewusstseinsstörung, Anfälle

Unfälle, die infolge einer Bewusstseinsstörung oder eines Anfalls geschehen, sind nicht versichert. Die Bedingungen sprechen von Schlaganfall, epileptischem Anfall und anderen Krampfanfällen. Zur Vereinfachung wird in der Fragestellung nur von „Anfall“ gesprochen, die exakte Einordnung wird anhand der Patientenakte möglich sein. Die genauen Details, welche Bewusstseinsstörung bzw. welcher Anfall nicht versichert ist oder als Ausnahme doch, prüft der Versicherer. Der Bericht ist wegen der Vielfalt der unterschiedlichen Bedingungswerke entsprechend umfassend gestaltet. Im Kern geht es neben der Frage der Gesundheitsstörung um eine zeitliche Komponente: Ist der Unfall **Folge oder Auslöser** einer Bewusstseinsstörung bzw. eines Anfalls?

Fragen nach einer Ursache für eine vor dem Unfall erfolgte Bewusstseinsstörung dienen der Klärung möglicher Ausnahmetatbestände.

> Wichtig sind hier die ersten Aussagen des Patienten bzw. der Zeugen oder Angehörigen. Wer hat Angaben gemacht, wie waren die Abläufe? Was konnte genau festgestellt werden und was sind nur Vermutungen?

Bericht Bewusstseinsstörung, Anfälle.
https://www.degruyter.com/view/supplement/9783110377361_Bericht_5_32.pdf

Musterformular s. Abb. 5.32

4.4.3.19 Bericht zu Heilmaßnahmen/Eingriffen

Der Bericht zu Folgen von Heilmaßnahmen und Eingriffen soll einen der Ausschusstatbestände hinterfragen. Grundsätzlich sind Folgen von Heilmaßnahmen und Eingriffen nicht versichert. Damit ist gemeint, dass Komplikationen einer Heilmaßnahme oder eines sonstigen Eingriffs kein eigenständiges versichertes Ereignis darstellen.

Dagegen sind weitergehende Folgen eines versicherten Unfallereignisses, als Ausnahme des Grundsatzes, vom Versicherungsschutz umfasst.

Es geht um den Grund für die Behandlung. Wird eine Unfallverletzung, z. B. eine Fraktur, operativ versorgt und dabei ein vorher nicht betroffener Nerv geschädigt, dann ist diese Schädigung als mittelbare Unfallfolge mitversichert, egal ob ärztlicher Kunstfehler oder nachvollziehbare Komplikation.

Wird ein Nerv hingegen bei einer Blinddarmoperation geschädigt, ist dies nicht versichert.

Die entscheidende Frage lautet, was die zur Gesundheitsschädigung führende Maßnahme begründet hat.

Vorsorglich soll darauf hingewiesen werden, dass es **nicht** um eine Frage von Verschulden des Arztes oder Regressmöglichkeiten gegen den Arzt geht. Beides ist für den Unfallversicherer nicht interessant.

Bericht zu Heilmaßnahmen und Eingriffen.
https://www.degruyter.com/view/supplement/9783110377361_Bericht_5_33.pdf

Musterformular s. Abb. 5.33

4.4.3.20 Bericht Todesfall

Berichte über Todesfälle sind stets für alle Seiten unerfreulich. Die Fragestellung für die Leistungsprüfung in der Unfallversicherung zielt in zwei Richtungen.

Als Erstes ist zu klären, ob das Versterben durch den Unfall verursacht war. Verstirbt ein Motoradfahrer noch am Unfallort, spricht von vornherein fast alles dafür. Stirbt ein Mensch drei Monate nach einem Unfall, bei dem er sich ein Bein brach, dann spricht zunächst sehr viel dagegen. Ob der Motoradfahrer aber vielleicht an einem Herzinfarkt verstarb oder es nach einer Metallentfernung zu einer Thrombose kam, ist nicht auszuschließen und ändert die Bewertung.

Als Zweites ist zu betrachten, ob es sich um ein ausgeschlossenes Unfallereignis handelte. Führt ein Krampfanfall zu einem tödlichen Sturz oder bricht eine morsche Treppe unerwartet ein? Hier sind Erkenntnisse bei der vielleicht noch erfolgten Anamnese oder durch technische Untersuchungen sehr wichtig.

Die Frage der Kausalität ist besonders bei älteren Patienten schwer zu beantworten. Bricht sich ein 90-Jähriger mit multiplen Grunderkrankungen den Arm und verstirbt dann Monate nach dem Unfallereignis, wird von Hinterbliebenenseite aus argumentiert, dass der Unfall alleine an der Verschlechterung des Allgemeinzustandes „schuld" sei. Eine Mitwirkung der Grunderkrankungen ist hier aber stets zu diskutieren und deren Anteil kann bei 0 % bis 100 % liegen.

Bericht Todesfall.
https://www.degruyter.com/view/supplement/9783110377361_Bericht_5_34.pdf

Musterformular s. Abb. 5.34

4.4.4 Befunderhebung

4.4.4.1 Ein verletzter Arm

Die Befunderhebung ist eine besondere Form der Arztanfrage. Im praktischen Ablauf handelt es sich um eine ärztliche Routinehandlung, nämlich um eine körperliche Untersuchung mit der Ergebnisdokumentation. Hier ist keine besondere Beurteilung verlangt oder gewollt, es geht um die schlichte Befundaufnahme. Welche Befunde erhoben werden sollen, hängt von der betroffenen Körperstelle und auch von den Fragen des Versicherers ab.

Diese Art Anfragen sind für die Feststellung eines Zwischenstatus sinnvoll. Neuere Leistungsarten, wie z. B. Reha-Management, stehen ohne zusätzliche Informationen auf keiner begründbaren Basis.

Verwendet wird diese Art der Befunderhebung aber auch im Bereich der Invaliditätsleistung. Bei absehbar längeren Heilverläufen sind Vorschusszahlungen zu prüfen. Ohne aktuelle Befunde stehen diese auf einer sehr unsicheren Informationsbasis. Die Berichte werden dann von den Versicherern bzw. von den beratenden Fachärzten ausgewertet. Für die Prüfung einer abschließenden Invaliditätsleistung ist dieses Vorgehen aus wirtschaftlicher Sicht betrachtet sinnvoll, wenn die Kausalität unproblematisch vorliegt und zugleich sehr geringe Versicherungssummen vereinbart sind, also eine Begutachtung in der Relation zur Leistung überproportional teuer wäre.

Für die derzeit viel diskutierte Frage, ob die Schulter im Sinne der AUB zum Arm gehöre oder nicht, bleibt hier kein Raum. Es handelt sich auch um eine bedingungsrechtliche Frage, die nicht der Mediziner zu prüfen hat, sondern der Versicherer.

Mit dieser Befundaufnahme sollen Informationen von der Schulter bis zur Hand der verletzten Seite erfasst werden. Für die Hand und Finger selber gibt es einen eigenen Befundbogen, ebenso, wenn beide Seiten verletzt wurden.

Befunderhebung ein verletzter Arm/Schulter.
https://www.degruyter.com/view/supplement/9783110377361_Befunderhebung_5_35.pdf

Musterformular s. Abb. 5.35

4.4.4.2 Beide Arme verletzt

Die Befunderhebung stellt eine besondere Form der Arztanfrage dar. Im praktischen Ablauf handelt es sich um eine ärztliche Routinehandlung, nämlich um eine körperliche Untersuchung mit der Ergebnisdokumentation. Hier ist keine besondere Beurteilung verlangt oder gewollt, sondern es geht um die schlichte Befundaufnahme. Welche Befunde erhoben werden sollen, hängt von der betroffenen Körperstelle und auch von den Fragen des Versicherers ab.

Diese Art Anfragen sind für die Feststellung eines Zwischenstatus sinnvoll. Neuere Leistungsarten, wie z. B. Reha-Management, stehen ohne zusätzliche Informationen auf keiner begründbaren Basis.

Verwendet wird diese Art der Befunderhebung aber auch im Bereich der Invaliditätsleistung. Bei absehbar längeren Heilverläufen sind Vorschusszahlungen zu prüfen. Ohne aktuelle Befunde stehen diese auf einer sehr unsicheren Informationsbasis. Die Berichte werden dann von den Versicherern bzw. von den beratenden Fachärzten ausgewertet. Für die Prüfung einer abschließenden Invaliditätsleistung ist dieses Vorgehen aus wirtschaftlicher Sicht betrachtet sinnvoll, wenn die Kausalität unpro-

Messblatt für obere Gliedmaßen (nach der Neutral-0-Methode)

Schultergelenke:	Rechts				Links			
Arm seitw./körperw. (Abb. 1)								
Arm rückw./vorw. (Abb. 2)								
Arm ausw./einw. drehen (Oberarm anliegend) (Abb. 3)								
Arm ausw./einw. (Oberarm 90° seitw. abgeh.) (Abb. 4)								
Ellenbogengelenke:								
Streckung/Beugung (Abb. 5)								
Unterarmdrehung:								
ausw./einw. (Abb. 6)								
andgelenke:								
handrückenw. hohlhandw. (Abb. 7)								
speichenw./ellenw. (Abb. 8)								
Fingergelenke: Abstände in cm:	II	III	IV	V	II	III	IV	V
Nagelrand/quere Hohlhandfalte (Abb. 9)								
Nagelrand/verl. Handrückenebene (Abb. 10)								
Daumengelenke: Streckung/Beugung:								
Grundgelenk								
Endgelenk								
Abspreizung (Winkel zwischen 1. und 2. Mittelhandknochen)								
In der Handebene (Abb. 11)	0				0			
Rechtwinklig zur Handebene (Abb. 12)	0				0			
	II	III	IV	V	II	III	IV	V
Ankreuzen, welche Langfingerkuppen mit der Daumenspitze erreicht werden können								
Handspanne:								
Größter Abstand in cm zwischen Daumen- und Kleinfingerkuppe								
Umfangmaße in cm: (Hängender Arm)								
15 cm ob. äußerem Oberarmknorren								
Ellenbogengelenk								
10 cm unt. äußerem Oberarmknorren								
Handgelenk								
Mittelhand (ohne Daumen)								
Armlänge in cm:								
Schulterhöhe/Speichenende								
Stumpflängen in cm:								
Schulterhöhe/Stumpfende								
Äuß. Oberarmknorren/Stumpfende								

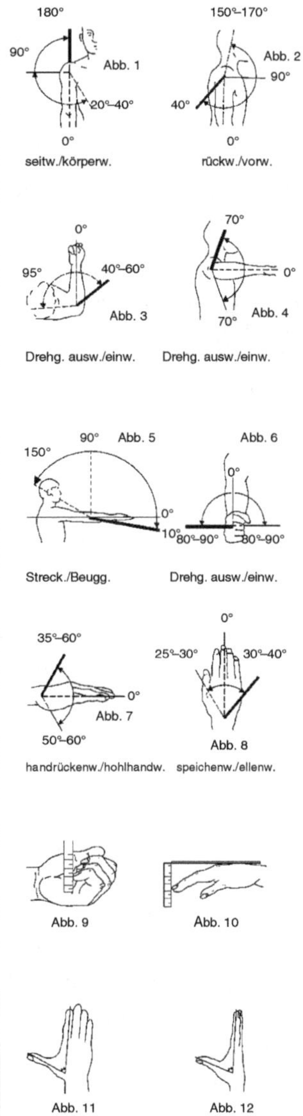

Abb. 4.1: Messblatt für obere Gliedmaßen (nach der Neutral-0-Methode)

blematisch vorliegt und zugleich sehr geringe Versicherungssummen vereinbart sind, also eine Begutachtung in der Relation zur Leistung überproportional teuer wäre.

Für die derzeit viel diskutierte Frage, ob die Schulter im Sinne der AUB zum Arm gehöre oder nicht, bleibt hier kein Raum. Es handelt sich auch um eine bedingungsrechtliche Frage, die nicht der Mediziner zu prüfen hat, sondern der Versicherer.

Mit dieser Befundaufnahme beider Seiten sollen Informationen von der Schulter bis zur Hand erfasst werden. Für die Hand und Finger selber gibt es einen eigenen Befundbogen, ebenso, wenn nur eine Seite verletzt wurde.

Befunderhebung beide Arme/Schultern.
https://www.degruyter.com/view/supplement/9783110377361_Befunderhebung_5_36.pdf

Musterformular s. Abb. 5.36

4.4.4.3 Eine Hand – Finger

Die Befunderhebung ist eine besondere Form der Arztanfrage. Im praktischen Ablauf handelt es sich um eine ärztliche Routinehandlung, nämlich um eine körperliche Untersuchung mit der Ergebnisdokumentation. Hier ist keine besondere Beurteilung verlangt oder gewollt, hier geht es um die schlichte Befundaufnahme. Welche Befunde erhoben werden sollen, hängt von der betroffenen Körperstelle und auch von den Fragen des Versicherers ab.

Diese Art Anfragen sind für die Feststellung eines Zwischenstatus sinnvoll. Neuere Leistungsarten, wie z. B. Reha-Management, stehen ohne zusätzliche Informationen auf keiner begründbaren Basis.

Verwendet wird diese Art der Befunderhebung aber auch im Bereich der Invaliditätsleistung. Bei absehbar längeren Heilverläufen sind Vorschusszahlungen zu prüfen. Ohne aktuelle Befunde stehen diese auf einer sehr unsicheren Informationsbasis. Die Berichte werden dann von den Versicherern ausgewertet bzw. von den beratenden Fachärzten. Für die Prüfung einer abschließenden Invaliditätsleistung ist dieses Vorgehen aus wirtschaftlicher Sicht betrachtet sinnvoll, wenn die Kausalität unproblematisch vorliegt und zugleich sehr geringe Versicherungssummen vereinbart sind, also eine Begutachtung in der Relation zur Leistung überproportional teuer wäre.

Der Bericht ist bei Verletzungen einer Hand oder der Finger einer Seite zu verwenden. Geht die Beeinträchtigung auch in die Funktion des Arms über, dann ist der Bericht für Armverletzungen einzusetzen, ggf. auch beide. Wurden beide Seiten verletzt, dann steht dafür ebenfalls ein eigener Bericht zur Verfügung.

Befunderhebung eine Hand – Finger.
https://www.degruyter.com/view/supplement/9783110377361_Befunderhebung_5_37.pdf

Musterformular s. Abb. 5.37

Meßblatt für Finger
(nach der Neutral - O - Methode)

Name :	**Untersuchungstag :**

A.
Streckung / Beugung

Daumen

	Rechts			Links		
Grundgelenk						
Endgelenk						

	1.	2.	3.	4.
Anführen				
Abspreizen				
Opposition				

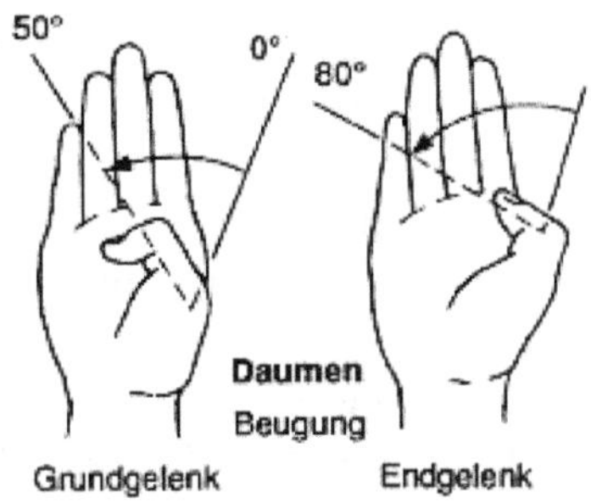

B.
Streckung / Beugung

Finger

	Rechts			Links		
II						
Grundgelenk						
Mittelgelenk						
Endgelenk						
III						
Grundgelenk						
Mittelgelenk						
Endgelenk						
IV						
Grundgelenk						
Mittelgelenk						
Endgelenk						
V						
Grundgelenk						
Mittelgelenk						
Endgelenk						

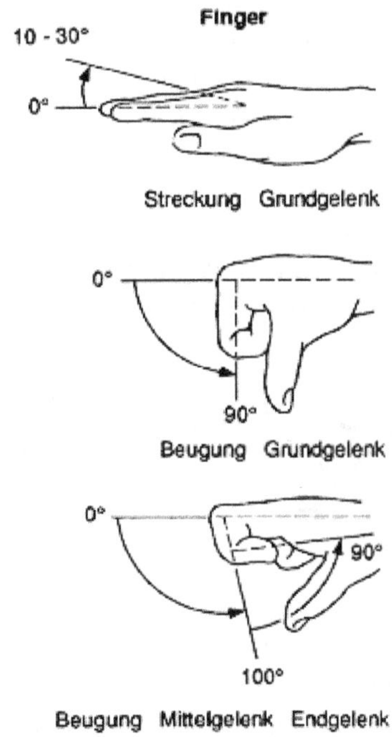

C.
Abstand der Fingerkuppen von der queren Hohlhandbeugefalte :

II.	III.	IV.	V.	
				cm

Abb. 4.2: Messblatt für Finger (nach der Neutral-0-Methode)

4.4.4.4 Beide Hände – Finger

Die Befunderhebung ist eine besondere Form der Arztanfrage. Im praktischen Ablauf handelt es sich um eine ärztliche Routinehandlung, nämlich um eine körperliche Untersuchung mit der Ergebnisdokumentation. Hier ist keine besondere Beurteilung verlangt oder gewollt, hier geht es um die schlichte Befundaufnahme. Welche Befunde erhoben werden sollen, hängt von der betroffenen Körperstelle und auch von den Fragen des Versicherers ab.

Diese Art Anfragen sind für die Feststellung eines Zwischenstatus sinnvoll. Neuere Leistungsarten, wie z. B. Reha-Management, stehen ohne zusätzliche Informationen auf keiner begründbaren Basis.

Verwendet wird diese Art der Befunderhebung aber auch im Bereich der Invaliditätsleistung. Bei absehbar längeren Heilverläufen sind Vorschusszahlungen zu prüfen. Ohne aktuelle Befunde stehen diese auf einer sehr unsicheren Informationsbasis. Die Berichte werden dann von den Versicherern ausgewertet bzw. von den beratenden Fachärzten. Für die Prüfung einer abschließenden Invaliditätsleistung ist dieses Vorgehen aus wirtschaftlicher Sicht betrachtet sinnvoll, wenn die Kausalität unproblematisch vorliegt und zugleich sehr geringe Versicherungssummen vereinbart sind, also eine Begutachtung in der Relation zur Leistung überproportional teuer wäre.

Der Bericht ist bei einer Verletzung beider Hände oder den Fingern beider Seiten zu verwenden. Geht die Beeinträchtigung auch in die Funktion der Arme über, dann ist der Bericht für Armverletzungen heranzuziehen, ggf. auch beide. Wurde nur eine Seite verletzt, dann steht dafür ebenfalls ein eigener Bericht zur Verfügung.

Befunderhebung beide Hände – Finger.
https://www.degruyter.com/view/supplement/9783110377361_Befunderhebung_5_38.pdf

Musterformular s. Abb. 5.38

4.4.4.5 Ein Bein

Die Befunderhebung ist eine besondere Form der Arztanfrage. Im praktischen Ablauf handelt es sich um eine ärztliche Routinehandlung, nämlich um eine körperliche Untersuchung mit der Ergebnisdokumentation. Hier ist keine besondere Beurteilung verlangt oder gewollt, hier geht es um die schlichte Befundaufnahme. Welche Befunde erhoben werden sollen, hängt von der betroffenen Körperstelle und auch von den Fragen des Versicherers ab.

Diese Art Anfragen sind für die Feststellung eines Zwischenstatus sinnvoll. Neuere Leistungsarten, wie z. B. Reha-Management, stehen ohne zusätzliche Informationen auf keiner begründbaren Basis.

Verwendet wird diese Art der Befunderhebung aber auch im Bereich der Invaliditätsleistung. Bei absehbar längeren Heilverläufen sind Vorschusszahlungen zu prü-

Messblatt für untere Gliedmaßen (nach der Neutral - 0 - Methode)

	Rechts			Links		
Hüftgelenke:						
Streckung / Beugung (Abb.1 a u. 1 b)						
Abspreiz. / Anführen (Abb. 2)						
Drehg. ausw. / einw. (Hüftgel. 90° gebeugt) (Abb. 3)						
Drehg. ausw. / einw. (Hüftgel. gestreckt) (Abb. 4)						
Kniegelenke:						
Streckung / Beugung (Abb. 5)						
Obere Sprunggelenke:						
Heben / Senken des Fußes (Abb. 6)						
Untere Sprunggelenke:						
Ges.-Beweglichk. (Fußaußenr. heb. / senk.) (Abb. 7 a u. 7 b) (in Bruchteilen der normalen Beweglichkeit)						
Zehengelenke: (in Bruchteilen der normalen Beweglichkeit)						
Umfangmaße in cm:						
20 cm ob. inn. Knie-Gelenkspalt						
10 cm ob. inn. Knie-Gelenkspalt						
Kniescheibenmitte						
15 cm unterh. inn. Gelenkspalt						
Unterschenkel, kleinster Umfang						
Knöchel						
Rist über Kahnbein						
Vorfußballen						
Beinlänge in cm:						
Vord. ob. D-beinstachel - Außenknöchelsp.						
Stumpflänge in cm:						
Sitzbein - Stumpfende						
Inn. Knie-Gelenkspalt - Stumpfende						

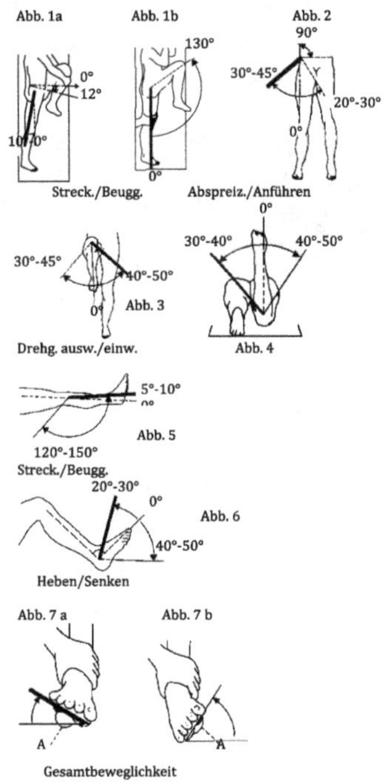

Abb. 4.3: Messblatt für untere Gliedmaßen (nach der Neutral-0-Methode)

fen. Ohne aktuelle Befunde stehen diese auf einer sehr unsicheren Informationsbasis. Die Berichte werden dann von den Versicherern ausgewertet bzw. von den beratenden Fachärzten. Für die Prüfung einer abschließenden Invaliditätsleistung ist dieses Vorgehen aus wirtschaftlicher Sicht betrachtet sinnvoll, wenn die Kausalität unproblematisch vorliegt und zugleich sehr geringe Versicherungssummen vereinbart sind, also eine Begutachtung in der Relation zur Leistung überproportional teuer wäre.

Der Bericht ist bei einer Verletzung eines Beins zu verwenden. Wurden beide Seiten verletzt, dann steht dafür ein eigener Bericht zur Verfügung. Wenn nur der Bereich der Unterschenkel und der Füße betroffen ist, ist dafür ein anderer Bericht vorgesehen.

Befunderhebung ein Bein.
https://www.degruyter.com/view/supplement/9783110377361_Befunderhebung_5_39.pdf

Musterformular s. Abb. 5.39

4.4.4.6 Beide Beine

Die Befunderhebung ist eine besondere Form der Arztanfrage. Im praktischen Ablauf handelt es sich um eine ärztliche Routinehandlung, nämlich um eine körperliche Untersuchung mit der Ergebnisdokumentation. Hier ist keine besondere Beurteilung verlangt oder gewollt, hier geht es um die schlichte Befundaufnahme. Welche Befunde erhoben werden sollen, hängt von der betroffenen Körperstelle und auch von den Fragen des Versicherers ab.

Diese Art Anfragen sind für die Feststellung eines Zwischenstatus sinnvoll. Neuere Leistungsarten, wie z. B. Reha-Management, stehen ohne zusätzliche Informationen auf keiner begründbaren Basis.

Verwendet wird diese Art der Befunderhebung aber auch im Bereich der Invaliditätsleistung. Bei absehbar längeren Heilverläufen sind Vorschusszahlungen zu prüfen. Ohne aktuelle Befunde stehen diese auf einer sehr unsicheren Informationsbasis. Die Berichte werden dann von den Versicherern ausgewertet bzw. von den beratenden Fachärzten. Für die Prüfung einer abschließenden Invaliditätsleistung ist dieses Vorgehen aus wirtschaftlicher Sicht betrachtet sinnvoll, wenn die Kausalität unproblematisch vorliegt und zugleich sehr geringe Versicherungssummen vereinbart sind, also eine Begutachtung in der Relation zur Leistung überproportional teuer wäre.

Der Bericht ist bei einer Verletzung beider Beine zu verwenden. Wurde nur einer Seite verletzt, dann steht dafür ebenfalls ein eigener Bericht zur Verfügung. Wenn nur der Bereich der Unterschenkel und der Füße betroffen ist, ist dafür ein anderer Bericht heranzuziehen.

Befunderhebung beide Beine.
https://www.degruyter.com/view/supplement/9783110377361_Befunderhebung_5_40.pdf

Musterformular s. Abb. 5.40

4.4.4.7 Ein Fuß-Zehen eine Seite

Die Befunderhebung ist eine besondere Form der Arztanfrage. Im praktischen Ablauf handelt es sich um eine ärztliche Routinehandlung, nämlich um eine körperliche

Untersuchung mit der Ergebnisdokumentation. Hier ist keine besondere Beurteilung verlangt oder gewollt, hier geht es um die schlichte Befundaufnahme. Welche Befunde erhoben werden sollen, hängt von der betroffenen Körperstelle und auch von den Fragen des Versicherers ab.

Diese Art Anfragen sind für die Feststellung eines Zwischenstatus sinnvoll. Neuere Leistungsarten, wie z. B. Reha-Management, stehen ohne zusätzliche Informationen auf keiner begründbaren Basis.

Verwendet wird diese Art der Befunderhebung aber auch im Bereich der Invaliditätsleistung. Bei absehbar längeren Heilverläufen sind Vorschusszahlungen zu prüfen. Ohne aktuelle Befunde stehen diese auf einer sehr unsicheren Informationsbasis. Die Berichte werden dann von den Versicherern ausgewertet bzw. von den beratenden Fachärzten. Für die Prüfung einer abschließenden Invaliditätsleistung ist dieses Vorgehen aus wirtschaftlicher Sicht betrachtet sinnvoll, wenn die Kausalität unproblematisch vorliegt und zugleich sehr geringe Versicherungssummen vereinbart sind, also eine Begutachtung in der Relation zur Leistung überproportional teuer wäre.

Der Bericht ist bei einer Verletzung eines Fußes bzw. der Zehen einer Seite zu verwenden. Wurden beide Seiten verletzt, dann steht dafür ebenfalls ein eigener Bericht zur Verfügung. Wenn nur der Bereich auch oberhalb des Unterschenkels betroffen ist, ist dafür der Bericht für Beinverletzungen heranzuziehen.

Befunderhebung ein Fuß und Zehen (einseitige Verletzung).
https://www.degruyter.com/view/supplement/9783110377361_Befunderhebung_5_41.pdf

Musterformular s. Abb. 5.41

4.4.4.8 Beide Füße und Zehen beider Seiten

Die Befunderhebung ist eine besondere Form der Arztanfrage. Im praktischen Ablauf handelt es sich um eine ärztliche Routinehandlung, nämlich um eine körperliche Untersuchung mit der Ergebnisdokumentation. Hier ist keine besondere Beurteilung verlangt oder gewollt, hier geht es um die schlichte Befundaufnahme. Welche Befunde erhoben werden sollen, hängt von der betroffenen Körperstelle und auch von den Fragen des Versicherers ab.

Diese Art Anfragen sind für die Feststellung eines Zwischenstatus sinnvoll. Neuere Leistungsarten, wie z. B. Reha-Management, stehen ohne zusätzliche Informationen auf keiner begründbaren Basis.

Verwendet wird diese Art der Befunderhebung aber auch im Bereich der Invaliditätsleistung. Bei absehbar längeren Heilverläufen sind Vorschusszahlungen zu prüfen. Ohne aktuelle Befunde stehen diese auf einer sehr unsicheren Informationsbasis. Die Berichte werden dann von den Versicherern ausgewertet bzw. von den beratenden Fachärzten. Für die Prüfung einer abschließenden Invaliditätsleistung ist dieses Vorgehen aus wirtschaftlicher Sicht betrachtet sinnvoll, wenn die Kausalität unproblematisch vorliegt und zugleich sehr geringe Versicherungssummen vereinbart sind, also eine Begutachtung in der Relation zur Leistung überproportional teuer wäre.

Der Bericht ist bei einer Verletzung beider Füße bzw. der Zehen beider Seiten zu verwenden. Wurde nur einer Seite verletzt, dann steht dafür ebenfalls ein eigener Bericht zur Verfügung. Wenn nur der Bereich auch oberhalb des Unterschenkels betroffen ist, ist dafür der Bericht für Beinverletzungen zu verwenden.

Befunderhebung beide Füße und Zehen.
https://www.degruyter.com/view/supplement/9783110377361_Befunderhebung_5_42.pdf

Musterformular s. Abb. 5.42

4.4.4.9 Wirbelsäule

Die Befunderhebung ist eine besondere Form der Arztanfrage. Im praktischen Ablauf handelt es sich um eine ärztliche Routinehandlung, nämlich um eine körperliche Untersuchung mit der Ergebnisdokumentation. Hier ist keine besondere Beurteilung verlangt oder gewollt, hier geht es um die schlichte Befundaufnahme. Welche Befunde erhoben werden sollen, hängt von der betroffenen Körperstelle und auch von den Fragen des Versicherers ab.

Diese Art Anfragen sind für die Feststellung eines Zwischenstatus sinnvoll. Neuere Leistungsarten, wie z. B. Reha-Management, stehen ohne zusätzliche Informationen auf keiner begründbaren Basis.

Verwendet wird diese Art der Befunderhebung aber auch im Bereich der Invaliditätsleistung. Bei absehbar längeren Heilverläufen sind Vorschusszahlungen zu prüfen. Ohne aktuelle Befunde stehen diese auf einer sehr unsicheren Informationsbasis. Die Berichte werden dann von den Versicherern ausgewertet bzw. von den beratenden Fachärzten. Für die Prüfung einer abschließenden Invaliditätsleistung ist dieses Vorgehen aus wirtschaftlicher Sicht betrachtet sinnvoll, wenn die Kausalität unproblematisch vorliegt und zugleich sehr geringe Versicherungssummen vereinbart sind, also eine Begutachtung in der Relation zur Leistung überproportional teuer wäre.

Der Bericht für die Verletzung im Wirbelsäulenbereich setzt die Kenntnis der entsprechenden Testmethoden, z. B. für den ISG-Provokationstest, voraus. Die Bewertung der Befunde bei vorbestehenden Bandscheibenleiden ist nicht ohne weitere Informationen möglich. Sofern solche Schädigungen vorliegen, ist es sinnvoll, die entsprechenden Unterlagen der hier vorgenommenen Befunderhebung beizufügen.

Befunderhebung Wirbelsäule.
https://www.degruyter.com/view/supplement/9783110377361_Befunderhebung_5_43.pdf

Musterformular s. Abb. 5.43

Messblatt Wirbelsäule
(nach der Neutral-0-Methode)

Größe in cm: Gewicht in kg:

HWS

Vorneigen/Rückneigen		(Abb. 1)	
Seitneigen	re./li.	(Abb. 2)	
Drehen	re./li.	(Abb. 3)	
Kinnspitzenschulterhöhenabstand bei maximaler Drehseitneigung re./li.			
BWS und LWS			
Seitneigen	re./li.	(Abb. 4)	
Drehen im Sitzen	re./li.	(Abb. 5)	
Liegen/Jugulumabstand (cm)		(Abb. 6)	
Aktive Aufrichtung aus Rückenlage Messstrecke Liege - DF C7			
Fingerbogenabstand (cm)			
a) Ott Messstrecke DF C7 30 cm caudal		(Abb. 7)	
b) Schober Messstrecke DF S1 10 cm cranial		(Abb. 7)	
c) Messstrecke 10 cm mit Mittelpunkt DF L 1		(Abb. 7)	

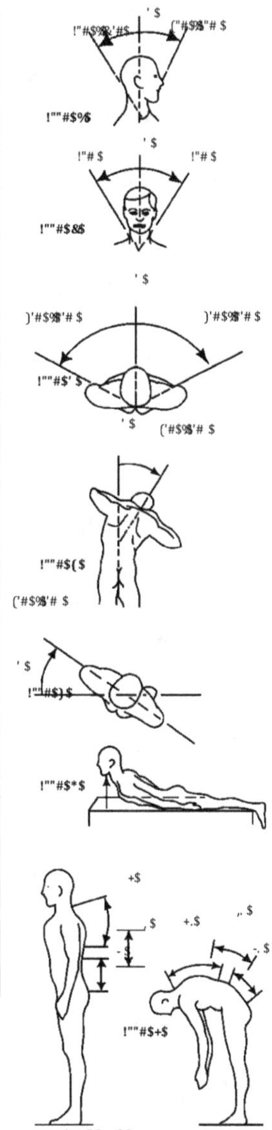

Beckentiefstand (cm) re./li.

Seitverbiegung

Schulterstand (rechts tief/links tief)

Sagittale Verbiegung (kyphotische oder lordotische Fehlform):

Abb. 4.4: Messblatt Wirbelsäule (nach der Neutral-0-Methode)

4.4.4.10 Amputationsbericht

Die Befunderhebung ist eine besondere Form der Arztanfrage. Im praktischen Ablauf handelt es sich um eine ärztliche Routinehandlung, nämlich um eine körperliche Untersuchung mit der Ergebnisdokumentation. Hier ist keine besondere Beurteilung verlangt oder gewollt, hier geht es um die schlichte Befundaufnahme. Welche Befunde erhoben werden sollen, hängt von der betroffenen Körperstelle und auch von den Fragen des Versicherers ab.

Diese Art Anfragen sind für die Feststellung eines Zwischenstatus sinnvoll. Neuere Leistungsarten, wie z. B. Reha-Management, stehen ohne zusätzliche Informationen auf keiner begründbaren Basis.

Verwendet wird diese Art der Befunderhebung aber auch im Bereich der Invaliditätsleistung. Bei absehbar längeren Heilverläufen sind Vorschusszahlungen zu prüfen. Ohne aktuelle Befunde stehen diese auf einer sehr unsicheren Informationsbasis. Die Berichte werden dann von den Versicherern ausgewertet bzw. von den beratenden Fachärzten. Für die Prüfung einer abschließenden Invaliditätsleistung ist dieses Vorgehen aus wirtschaftlicher Sicht betrachtet sinnvoll, wenn die Kausalität unproblematisch vorliegt und zugleich sehr geringe Versicherungssummen vereinbart sind, also eine Begutachtung in der Relation zur Leistung überproportional teuer wäre.

Der Bericht zielt auf die genaue Information zur Amputation ab. Für den Versicherer wichtig ist auch die Kenntnis darüber, ob weitere, über die eigentliche Amputation hinausgehende Schädigungen vorliegen. Sofern solche Schädigungen bestehen, ist es sinnvoll, die entsprechenden Unterlagen der hier vorgenommenen Befunderhebung beizufügen.

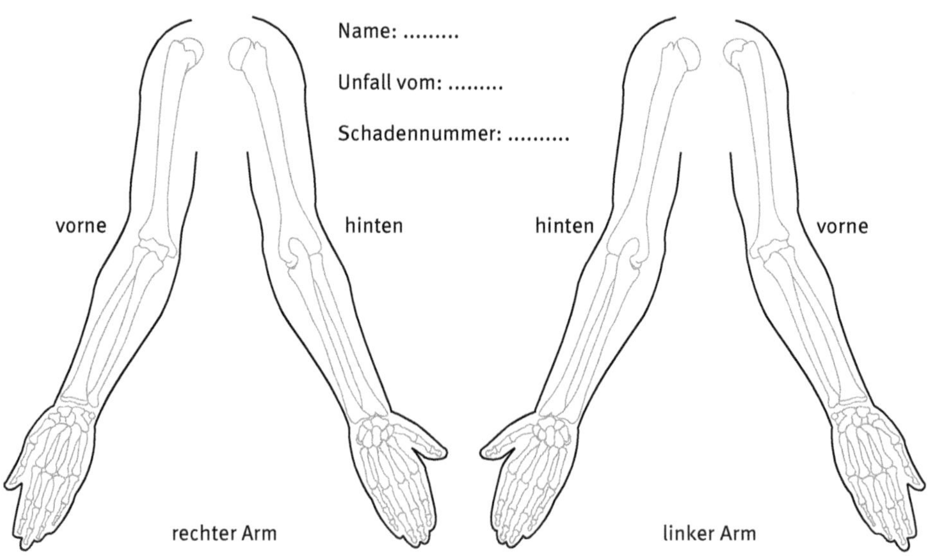

Abb. 4.5: Skizze bei Amputationsverletzungen des Armes

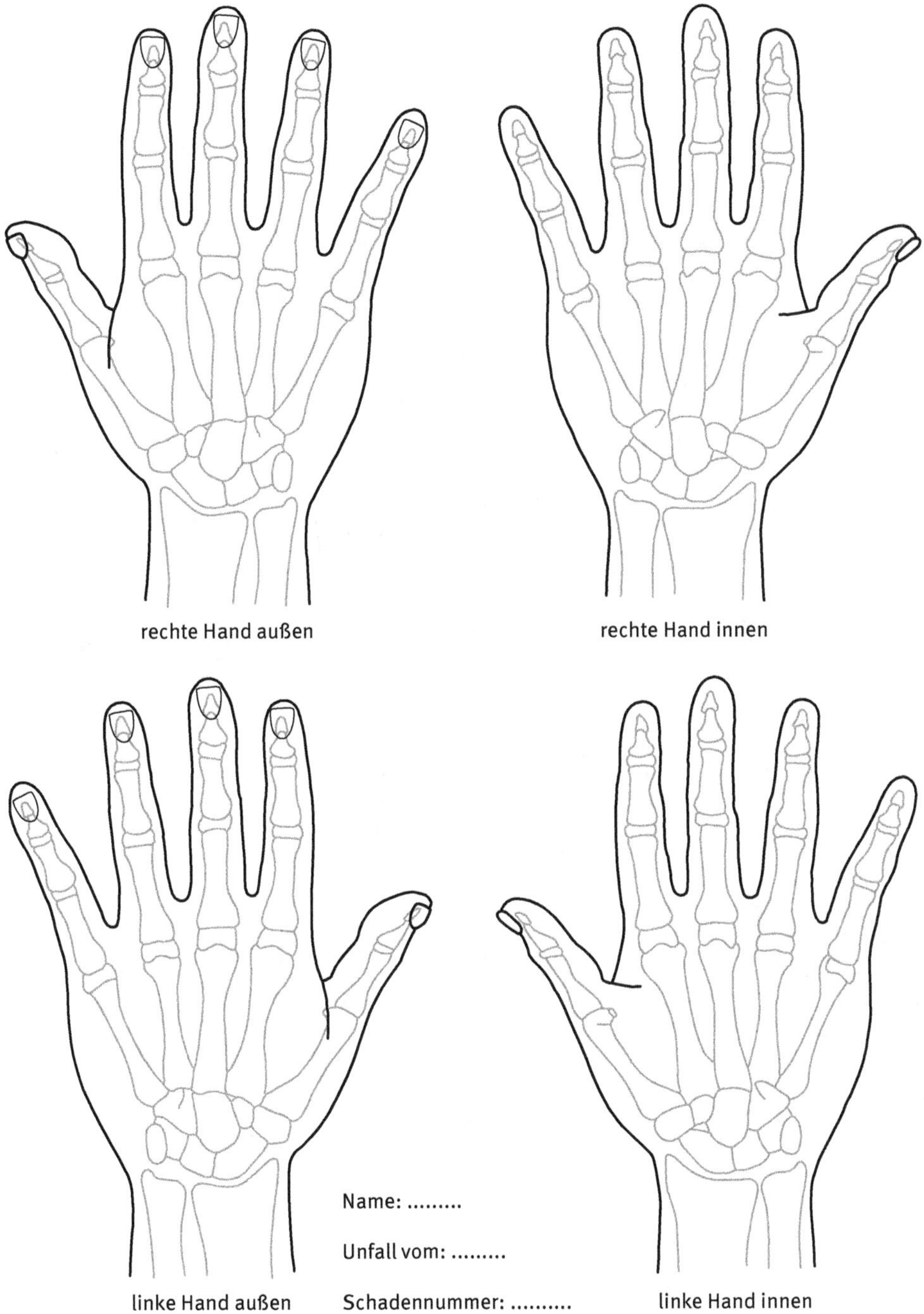

Abb. 4.6: Skizze bei Amputationsverletzungen der Hand

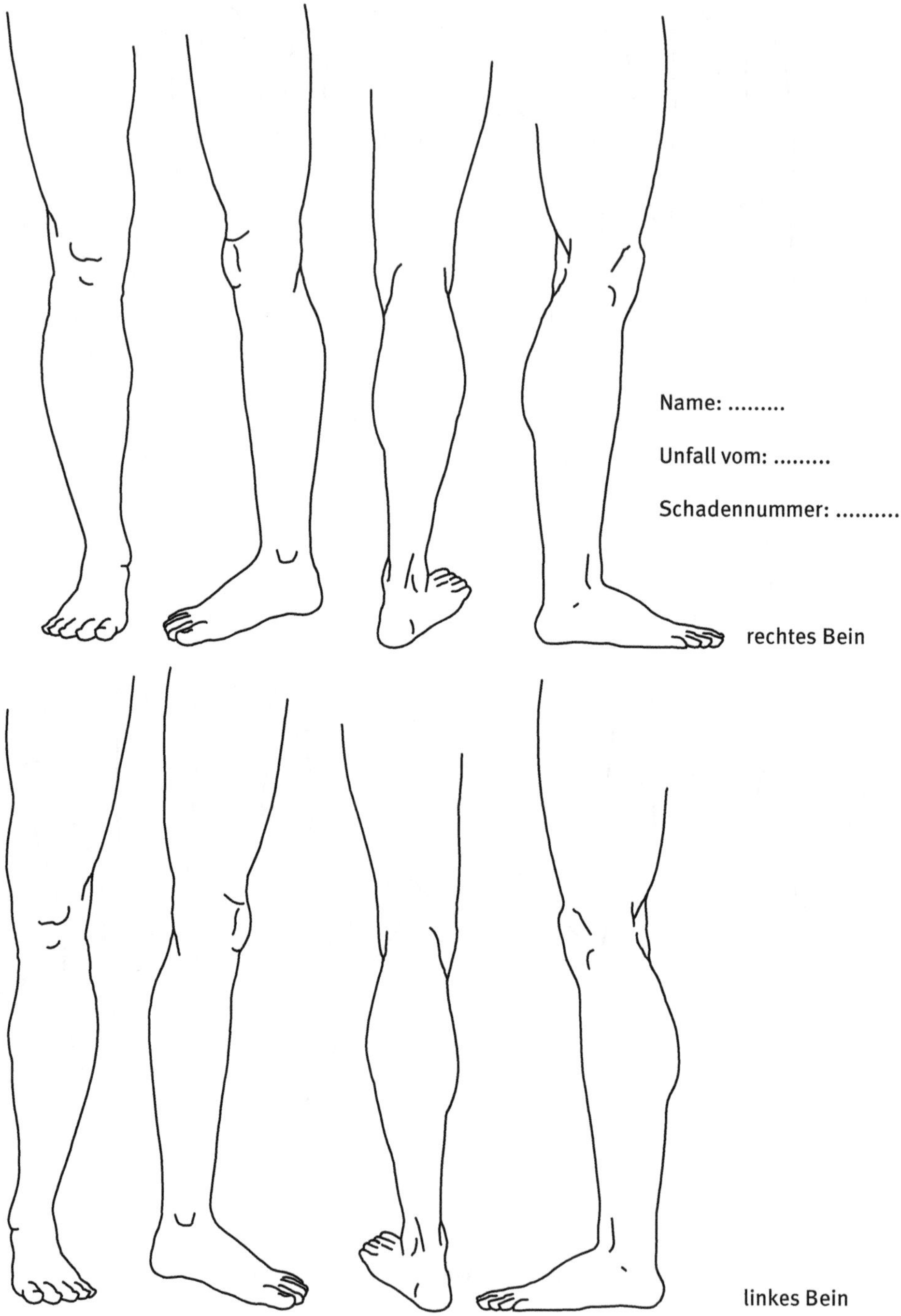

Abb. 4.7: Skizze bei Amputationsverletzungen des Beines

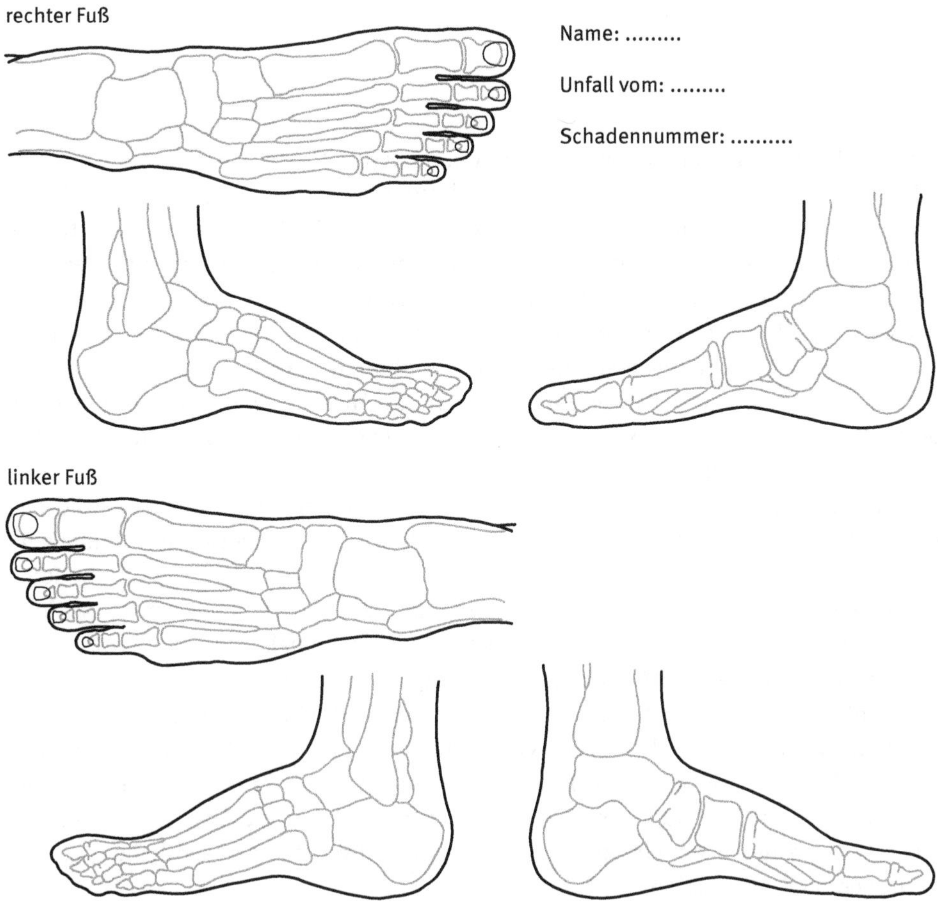

Abb. 4.8: Skizze bei Amputationsverletzungen des Fußes

Befunderhebung Amputationsverletzungen.
https://www.degruyter.com/view/supplement/9783110377361_Befunderhebung_5_44.pdf

Musterformular s. Abb. 5.44

4.5 Vorvertragliche Anfragen

4.5.1 Einleitung

Weniger häufig und vielfach auch nur auf ganz konkrete Einzelfragen reduziert, erfolgen Arztanfragen im vertraglichen Anbahnungsprozess. Hier geht es um die Risikoprüfung des Versicherers, der ein verständliches Kalkulationsinteresse hat. Den Einschluss von alkoholbedingten Unfällen für einen Alkoholiker oder den Verzicht auf die Berücksichtigung von Mitwirkungen einer Krankheit bzw. eines Gebrechens bei Macumar-Patienten möchte kein Versicherer vertraglich vereinbaren. Für Verträge mit besonderen Leistungseinschlüssen und bei hohen Versicherungssummen wird dann auch einmal ein behandelnder Arzt befragt. Auch bei Vorschädigungen einer bestimmten Körperregion, wie z. B. der Wirbelsäule oder eines bestimmten Gelenks, kann dies sinnvoll sein.

Mit den Angaben des Arztes lassen sich dann individuelle Lösungen als Alternative zur Ablehnung des Antrags erarbeiten, z. B. durch den Verzicht auf bestimmte Vertragsverbesserungen (z. B. kein Einschluss von Bewusstseinsstörungen durch Medikamenteneinnahme), den Ausschluss bestimmter Verletzungen oder den Ausschluss bestimmter Körperpartien (z. B. eines vorgeschädigten Knies).

Solche Prüfungen führen schnell zu der Frage, warum man denn dann überhaupt eine Unfallversicherung abschließen sollte, wenn z. B. eine Schädigung des Knies nicht versichert sei: gerade wegen der vielfältigen anderen denkbaren Unfallverletzungen. Als Beifahrer in einem Auto oder Fahrgast der Bahn kann man leicht an allen anderen Extremitäten geschädigt werden. Wenn also eine Absicherung nur für einen sehr kleinen Lebensbereich ausgeschlossen wird, ist der wesentliche Sinn des Vertrages auch nicht gefährdet.

Die Aufgabe des Mediziners besteht bei solchen Anfragen darin, den konkret abgefragten Gesundheitszustand des Patienten transparent, kurz und verständlich darzustellen. Man sollte nicht im vermeintlichen Interesse des Patienten etwas beschönigen, da dies im möglichen späteren Leistungsfall ggf. zu rechtlichen Problemen führen kann. Ist der Versicherer über den Gesundheitszustand umfänglich informiert und nimmt den Vertrag an, dann ist eine klare Basis für die Leistungsprüfung geschaffen und Überraschungen wegen verschwiegener Gesundheitsschädigungen sind dann auch ausgeschlossen.

4.5.2 Allgemeiner Bericht zum Gesundheitszustand für die private Unfallversicherung

Der hier abgedruckte Bericht ist eine Basis für allgemein gehaltene Anfragen des Versicherers. Es werden die wichtigsten Aspekte angesprochen, eine abschließende Aufzählung ist aber nicht möglich.

Meist wird eine auf bestimmte Erkrankungen oder auf Zustände bestimmter Körperstellen reduzierte individuelle Anfrage gestellt werden. Hier ist es dann leichter, die speziellen Auskünfte zu erteilen.

Egal, wie konkret die Fragestellung auch sein mag, in manchen Fällen wird es dem Mediziner nicht erspart bleiben, zu bedenken, dass eventuell eine zusätzliche Information für das spätere Versicherungsverhältnis wichtig sein könnte, z. B. bei schweren chronischen Erkrankungen. Hat der Patient dem Versicherer etwas verschwiegen?

Hier befindet sich der Mediziner in einer unangenehmen Situation, denn es muss nicht beantwortet werden, was nicht erfragt wird, und es liegt auch nicht in der Verantwortung des Arztes, was sein Patient seiner Versicherung anzeigt und was nicht.

Es ist aber aus Loyalität zum eigenen Patienten anzuraten, in besonderen Fällen den Patienten anzusprechen und ihm mitzuteilen, dass der Versicherer zwar nicht danach gefragt habe, es aus medizinischer Sicht aber relevant sein könnte und die bestimmte Erkrankung dem Versicherer genannt werden sollte. Dann ist der Patienten informiert und vor möglichen Folgen eines Verschweigens auch gewarnt, kann aber selber entscheiden, was er macht.

Wichtig für den Arzt ist es, nicht aus eigener Initiative heraus Gesundheitszustände zu verschweigen oder zu beschönigen.

Bericht zum Gesundheitszustand für den Antrag einer privaten Unfallversicherung.
https://www.degruyter.com/view/supplement/9783110377361_Befunderhebung_5_45.pdf

Musterformular s. Abb. 5.45

5 Fomulare, Berichte und Befunderhebung

https://doi.org/10.1515/9783110377361-006

<table>
<tr><td colspan="3">Attest zur Anmeldung einer Invaliditätsleistung oder Invaliditätsrente</td></tr>
<tr><td colspan="2"></td><td>(Versicherung)</td></tr>
<tr><td colspan="2"></td><td>(Anschrift)</td></tr>
<tr><td>Schaden-Nr.:</td><td colspan="2"></td></tr>
<tr><td>Ereignis vom:</td><td colspan="2"></td></tr>
<tr><td>Verletzte Person:</td><td colspan="2"></td></tr>
<tr><td colspan="3">1. Unfallverletzungen:
_____ (Diagnose und/oder Befunde)
_____ (ICD-10-Code)</td></tr>
<tr><td colspan="3">2. Invaliditätseintritt:
Aus ärztlicher Sicht sind aufgrund der oben genannten Unfallverletzungen zum Ablauf von _____ Monaten vom Unfalltag an gerechnet – dauernde, d. h. mehr als drei Jahre andauernde und voraussichtlich nicht vollständig ausheilende Gesundheitsbeeinträchtigungen eingetreten.
☐ ja
☐ nein</td></tr>
<tr><td colspan="3">3. Dauerhafte Beeinträchtigungen:
Es liegen folgende dauerhafte Beeinträchtigungen vor: _____ (dauerhafte Beeinträchtigungen)</td></tr>
<tr><td colspan="3">4. Ärztliche Feststellung:
Die dauerhafte Gesundheitsbeeinträchtigung wurde am _____ (Datum) von mir erstmals festgestellt.
☐ Kopie der Patientenakte liegt bei</td></tr>
<tr><td colspan="3">5. Zeitpunkt für eine Feststellung des verbliebenen Invaliditätsgrades:
Die Höhe des Invaliditätsgrades kann bereits jetzt festgestellt werden?
☐ ja
☐ nein, ein beurteilungsfähiger Endzustand ist zu erwarten im _____ (Monat/Jahr)
Es stehen noch als Behandlungsmaßnahme an: _____ (z. B. Metallentfernung?)</td></tr>
<tr><td colspan="3">6. Betroffene Fachbereiche:
Die Beeinträchtigung betrifft die folgenden Fachgebiete und sollte auf diesen begutachtet werden:
☐ unfallchirurgisch ☐ orthopädisch ☐ neurologisch
☐ urologisch ☐ augenärztlich ☐ __________</td></tr>
<tr><td colspan="3">7. Kosten:
Insgesamt berechne ich für diesen Bericht: _____ €.
(sofern relevant: Die Gesamtkosten errechnen sich aus der Gebühr _____ € plus MwSt. 19 % _____ €)</td></tr>
<tr><td colspan="3">Überweisung bitte auf das Konto:
Kontoinhaber: ________________________________
IBAN: ______________________ BIC: ______________
Bankinstitut: ____________________</td></tr>
<tr><td colspan="3">
(Datum, Unterschrift des Arztes und Stempel)</td></tr>
</table>

Abb. 5.1: Attest Dauerschaden (Invalidität)

Attest zur Anmeldung eines Krankenhaustaggeldes

	(*Versicherung*)
	(*Anschrift*)

Schaden-Nr.:	
Ereignis vom:	
Verletzte Person:	

1. Behandlungsdauer:

Die verletzte Person befand sich vom ___ bis zum ___ in stationärer Behandlung.

Eine Beurlaubung erfolgte ☐ nicht.
☐ vom ___ bis zum ___.

2. Art der Einrichtung:

☐ Krankenhaus ☐ Praxisklinik ☐ Kurklinik ☐ Erholungsheim
☐ Sanatorium ☐ Reha-Klinik ☐ ______________________

3. Behandlungsgrund (Diagnosen):

_____ (*Diagnose und/oder Befunde*)

_____ (*ICD-10-Code*)

4. Behandlungsursache:

Die Behandlung war zu ☐ 100% unfallbedingt,
☐ zu ___% unfallfremd, Grund: ___

5. Behandlungsart:

Die verletzte Person befand sich in folgender Behandlung:

☐ Vollstationäre Heilbehandlung
☐ Tagestationäre Behandlung
☐ Vorstationäre Behandlung
☐ Stationäre Kur- oder Rehabilitationsmaßnahme
☐ Stationäre Anschlussheilbehandlung
☐ Kurzzeitpflege
☐ Sonstiges

6. Kosten:

Insgesamt berechne ich für diesen Bericht: €.

(sofern relevant: Die Gesamtkosten errechnen sich aus der Gebühr € plus MwSt 19% €)

Überweisung bitte auf das Konto:

Kontoinhaber: ______________________________

IBAN: ______________________ BIC: ______________

Bankinstitut: ______________________

(*Datum, Unterschrift des Arztes und Stempel*)

Abb. 5.2: Attest Krankenhaustagegeld

Attest zur Anmeldung einer Kurkosten- oder Reha-Beihilfe	
	(Versicherung)
	(Anschrift)
Schaden-Nr.:	
Ereignis vom:	
Verletzte Person:	

1. Behandlungsdauer:

Die verletzte Person befand sich vom ___ bis zum ___ in stationärer Behandlung.

Eine Beurlaubung erfolgte ☐ nicht.
☐ vom ___ bis zum ___.

2. Art der Einrichtung:

☐ Krankenhaus ☐ Praxisklinik ☐ Kurklinik ☐ Erholungsheim
☐ Sanatorium ☐ Reha-Klinik ☐ ___________________

3. Behandlungsgrund (Diagnosen):

_____ *(Hauptdiagnose und/oder Befunde)* _____ *(ICD-10-Code)*
_____ *(Nebendiagnose und/oder Befunde)* _____ *(ICD-10-Code)*

4. Behandlungsursache:

Die Behandlung war zu ☐ 100% unfallbedingt,
☐ zu ___% unfallfremd, Grund: ___

5. Behandlungsmaßnahmen:

_____ *(Ablaufplan)*

6. Behandlungsart:

☐ Vollstationäre Heilbehandlung
☐ Tagestationäre Behandlung
☐ Vorstationäre Behandlung
☐ Stationäre Kurmaßnahme
☐ Stationäre Anschlussheilbehandlung
☐ Stationäre Anschlussrehabilitation
☐ Stationäre Rehabilitationsmaßnahme
☐ Kurzzeitpflege
☐ Sonstiges ___

7. Kosten:

Insgesamt berechne ich für diesen Bericht: _____ €.

(sofern relevant: Die Gesamtkosten errechnen sich aus der Gebühr _____ € plus MwSt 19% _____ €)

Überweisung bitte auf das Konto:

Kontoinhaber: ______________________________

IBAN: ______________________ BIC: ______________

Bankinstitut: ______________________

(Datum, Unterschrift des Arztes und Stempel)

Abb. 5.3: Attest Kurkostenbeihilfe und Reha-Beihilfe

Attest zur einer ambulanten Operation

	(*Versicherung*)
	(*Anschrift*)

Schaden-Nr.:	
Ereignis vom:	
Verletzte Person:	

1. Behandlungsgrund (Diagnosen):

______ (*Diagnose und/oder Befunde*)

______ (*ICD-10-Code*)

2. Behandlungsursache:

Die Behandlung war zu ☐ 100% unfallbedingt,

☐ zu ___% unfallfremd, Grund: ___ (*Begründung*)

3. Behandlungstag:

Die verletzte Person wurde am ___ (*Datum*) operiert.

4. Operationsmethode:

Es wurde folgende Operationsmethode durchgeführt: ___.

Welche Alternativen standen zur Auswahl? ___.

5. Ambulante Behandlung:

Diese Art der Operation erfolgt üblicherweise

☐ stationär

☐ ambulant

Die Behandlung erfolgte hier ambulant, weil ______. (*Begründung*)

6. Kosten:

Insgesamt berechne ich für diesen Bericht: ______ €.

(sofern relevant: Die Gesamtkosten errechnen sich aus der Gebühr ______ € plus MwSt 19% ______ €)

Überweisung bitte auf das Konto:

Kontoinhaber: ____

IBAN: ______________________________ BIC: __________________

Bankinstitut: __________________________

(*Datum, Unterschrift des Arztes und Stempel*)

Abb. 5.4: Attest ambulante Operation

Attest zur Anmeldung der Leistungsart Rooming-In	
	(*Versicherung*)
	(*Anschrift*)
Schaden-Nr.:	
Ereignis vom:	
Verletzte Person:	

1. Behandlungsdauer:

Die verletzte Person befand sich vom ___ bis zum ___ in Behandlung.

Eine Beurlaubung erfolgte ☐ nicht.

☐ vom ___ bis zum ___.

2. Behandlungsgrund (Diagnosen):

_____ (*Diagnose und/oder Befunde*)

_____ (*ICD-10-Code*)

3. Behandlungsursache:

Die Behandlung war zu ☐ 100% unfallbedingt,

☐ zu ___% unfallfremd, Grund: ___

4. Aufenthaltsdauer der Begleitperson:

Die Begleitperson _________ (*Name*) hat die Nächte vom ___ bis zum ___ im Krankenhaus verbracht.

5. Medizinische Notwendigkeit:

Der nächtliche Aufenthalt der Begleitperson war medizinisch notwendig?

☐ ja, weil _____ (*Begründung*)

☐ nein

6. Kosten:

Insgesamt berechne ich für diesen Bericht: _____ €.

(sofern relevant: Die Gesamtkosten errechnen sich aus der Gebühr _____ € plus MwSt 19% _____ €)

Überweisung bitte auf das Konto:

Kontoinhaber: ____

IBAN: ______________________________ BIC: __________________

Bankinstitut: ________________________

(*Datum, Unterschrift des Arztes und Stempel*)

Abb. 5.5: Attest Rooming-In

Attest für Tagegeld

	(Versicherung)
	(Anschrift)

Schaden-Nr.:	
Ereignis vom:	
Verletzte Person:	

1. Behandlungsgrund (Diagnosen):
_____ (*Diagnose und/oder Befunde*)
_____ (*ICD-10-Code*)

2. Erstbehandlung:
Erstbehandlung am _____ (*Datum*) durch _____ (*Arzt, Praxis/Fachrichtung/Adresse*)
(wenn abweichend): erste Behandlung am _____ (*Datum*) durch Unterzeichner (*Arzt/Praxis*)
☐ Behandlung dauert noch an
☐ Behandlung wurde abgeschlossen am _____ (*Datum*)

3. Vorgenommene Behandlungsmaßnahmen:
Folgende Behandlungsmaßnahmen wurden durchgeführt:
_____ (*Angaben der Behandlungen/Datum*)

4. Tätigkeit der verletzten Person:
Welcher beruflichen Tätigkeit ging der Patient nach, welche Beeinträchtigungen dieser konkreten Tätigkeiten liegen vor? __________. (*Tätigkeit*)

(*Tabelle dient hier zur besseren Einordnung*)

Alltäglicher Ablauf: Uhrzeit	Tätigkeit	Beeinträchtigung
Von bis		
Von bis		
Von bis		
Von bis		

5. Grad der Arbeitsunfähigkeit:
In welchem Umfang ist die beruflichen Tätigkeit und für welchen jeweiligen Zeitraum beeinträchtigt?

Prozentuale Beeinträchtigung der Arbeitsfähigkeit	Vom	Bis
%	(*Datum*)	(*Datum*)
%	(*Datum*)	(*Datum*)
%	(*Datum*)	(*Datum*)
%	(*Datum*)	(*Datum*)

6. Behandlungsursache:
Die Behandlung war zu ☐ 100% unfallbedingt,
☐ zu __% unfallfremd, Grund: __ (*Begründung*)

7. Kosten:
Insgesamt berechne ich für diesen Bericht: _____ €.
(sofern relevant: Die Gesamtkosten errechnen sich aus der Gebühr _____ € plus MwSt 19% _____ €)

Überweisung bitte auf das Konto:
Kontoinhaber: ______________________________
IBAN: ______________________ BIC: ____________
Bankinstitut: ____________________

(*Datum, Unterschrift des Arztes und Stempel*)

Abb. 5.6: Attest Tagegeld

Attest für Übergangsleistung

	(Versicherung)
	(Anschrift)

Schaden-Nr.:	
Ereignis vom:	
Verletzte Person:	

1. Behandlungsgrund (Diagnosen):

_____ (*Diagnose und/oder Befunde*)

_____ (*ICD-10-Code*)

2. Erstbehandlung:

Erstbehandlung am _____ (*Datum*) durch _____ (*Arzt, Praxis/Fachrichtung/Adresse*)

(wenn abweichend): erst Behandlung am _____ (*Datum*) durch Unterzeichner (*Arzt/Praxis*)

☐ Behandlung dauert noch an

☐ Behandlung wurde abgeschlossen am _____ (*Datum*)

3. Vorgenommene Behandlungsmaßnahmen:

Folgende Behandlungsmaßnahmen wurden durchgeführt:

_____ (*Angaben der Behandlungen/Datum*)

4. Tätigkeit der verletzten Person:

Welcher beruflichen Tätigkeit ging der Patient nach, welche Beeinträchtigungen dieser konkreten Tätigkeiten liegen vor? __________ (*Tätigkeit*)

(*Tabelle dient hier zur besseren Einordnung*)

Alltäglicher Ablauf: Uhrzeit	Tätigkeit	Beeinträchtigung
Von bis		
Von bis		
Von bis		
Von bis		

5. Grad der Arbeitsunfähigkeit:

In welchem Umfang ist die beruflichen Tätigkeit und für welchen jeweiligen Zeitraum beeinträchtigt?

Prozentuale Beeinträchtigung der Arbeitsfähigkeit	Vom	Bis
%	(*Datum*)	(*Datum*)
%	(*Datum*)	(*Datum*)
%	(*Datum*)	(*Datum*)
%	(*Datum*)	(*Datum*)

Abb. 5.7: Attest Übergangsleistung

6. rein unfallbedingte Beeinträchtigung:

Wie ist der Grad der rein unfallbedingten Beeinträchtigung zu bewerten, also ohne Mitwirkung von Krankheiten und Gebrechen?

Nur unfallbedingte Beeinträchtigung der Arbeitsfähigkeit	Vom	Bis
%	(*Datum*)	(*Datum*)
%	(*Datum*)	(*Datum*)
%	(*Datum*)	(*Datum*)
%	(*Datum*)	(*Datum*)

7. Kosten:

Insgesamt berechne ich für diesen Bericht: _____ €.

(sofern relevant: Die Gesamtkosten errechnen sich aus der Gebühr _____ € plus MwSt 19% _____ €)

Überweisung bitte auf das Konto:

Kontoinhaber: ______________________________

IBAN: ______________________________ BIC: ____________________

Bankinstitut: ______________________________

(*Datum, Unterschrift des Arztes und Stempel*)

Abb. 5.7: (fortgesetzt)

Attest für verletzungsbezogene Leistungsarten

	(*Versicherung*)
	(*Anschrift*)

Schaden-Nr.:	
Ereignis vom:	
Verletzte Person:	

1. Behandlungsgrund (Diagnosen):

_____ (*Diagnose und/oder Befunde*)

_____ (*ICD-10-Code*)

2. genaue Einordnung der Gesundheitsschädigung:

Bei Frakturen ☐ komplette Fraktur
☐ Infraktion
☐ Absplitterung

Bei Sehnen, Bändern ☐ komplette Zusammenhangsdurchtrennung
☐ Anriss
☐ Dehnung

_____ (*Sonstiges*)

3. Behandlungsursache:

Die Behandlung war zu ☐ 100% unfallbedingt,
☐ zu ___% unfallfremd, Grund: ___ (*Begründung*)

4. Kosten:

Insgesamt berechne ich für diesen Bericht: _____ €.

(sofern relevant: Die Gesamtkosten errechnen sich aus der Gebühr _____ € plus MwSt 19% _____ €)

Überweisung bitte auf das Konto:

Kontoinhaber: ____

IBAN: ______________________________ BIC: __________________

Bankinstitut: ________________________

(*Datum, Unterschrift des Arztes und Stempel*)

Abb. 5.8: Attest verletzungsbezogene Leistungen

Attest für Gipsgeld

	(*Versicherung*)
	(*Anschrift*)
Schaden-Nr.:	
Ereignis vom:	
Verletzte Person:	

1. Behandlungsgrund (Diagnosen):

_____ (*Diagnose und/oder Befunde*)

_____ (*ICD-10-Code*)

2. Ruhigstellung?

Wie erfolgte die Ruhigstellung der Verletzung?

☐ mit einem klassischen Gips

☐ mit einer fest umwickelten Gipsschiene

☐ mit einem abnehmbaren Hartschaum, Air-Case oder ähnlichem Produkt

☐ mit einem abnehmbaren Bandagen oder Gelenkstützen

_____ (*Sonstiges*)

3. Dauer der Ruhigstellung:

Die Ruhigstellung war für ___ Tage erforderlich, vom ___ (*Datum Beginn*) bis zum ___ (*Datum Ende*).

4. Behandlungsursache:

Die Behandlung war zu ☐ 100% unfallbedingt,

☐ zu ___% unfallfremd, Grund: ___ (*Begründung*)

5. Kosten:

Insgesamt berechne ich für diesen Bericht: _____ €.

(sofern relevant: Die Gesamtkosten errechnen sich aus der Gebühr _____ € plus MwSt 19% _____ €)

Überweisung bitte auf das Konto:

Kontoinhaber: ____________________

IBAN: ____________________ BIC: ____________________

Bankinstitut: ____________________

(*Datum, Unterschrift des Arztes und Stempel*)

Abb. 5.9: Attest Gipsgeld

Attest zur Anmeldung der Todesfallleistung

	(Versicherung)
	(Anschrift)

Schaden-Nr.:	
Ereignis vom:	
Verletzte Person:	

1. Angaben zum Ereignis:
Welches (Unfall-) Geschehen ist hier bekannt? ______ *(Hergang)*
Die Angaben wurden gemacht von: ______ *(Name, Anschrift)*

2. Ärztlich festgestellte Beschwerden und Körperschädigungen:
______ *(Befunderhebung und Diagnose)*
______ *(ICD-10-Code)*
Die Gesundheitsbeschwerden traten auf: ☐ direkt
☐ am ______ *(Datum oder ungefähre Zeitangabe)*

3. Todestag:
______ *(Datum)*
Der Tod wurde festgestellt von ______ *(Arzt, Praxis/Adresse, bzw. Krankenhaus, Klinik)*

4. Amtliche Bescheinigung:
Es wurde bescheinigt:
☐ natürlicher Tod
☐ nicht natürlicher Tod
☐ Todesursache ungeklärt

5. Obduktion:
Es fand eine Obduktion statt/wird vorgenommen:
☐ nein
☐ ja, durch ______ *(Institut, Adresse)*, veranlasst durch ______ *(Name, Adresse)*
Ergebnis: ______ *(Angaben zu den Feststellungen)*

6. Todesursache:
______ *(Todesursache)*
Unfalltod? ☐ ja, zu 100% unfallbedingt.
☐ nein, vollständig unfallfremd
☐ teilweise unfallbedingt, zu ___% unfallfremd und zu ___%unfallbedingt, Begründung: ___

7. Kosten:
Insgesamt berechne ich für diesen Bericht: ______ €.
(sofern relevant: Die Gesamtkosten errechnen sich aus der Gebühr ______ € plus MwSt 19% ______ €)

Überweisung bitte auf das Konto:
Kontoinhaber: ______________________________
IBAN: ______________________________ BIC: ______________
Bankinstitut: ______________________

(Datum, Unterschrift des Arztes und Stempel)

Abb. 5.10: Attest Todesfallleistung

Allgemeiner Bericht zur Diagnose von Ereignisfolgen	
	(Versicherung)
	(Anschrift)
Schaden-Nr.:	
Ereignis vom:	
Verletzte Person:	

1. Behandlung:
Erstbehandlung am ______ *(Datum)*
☐ Behandlung dauert noch an
☐ Behandlung wurde abgeschlossen am ______ *(Datum)*

2. Angaben zum Ereignis:
Der Versicherte gab zum Geschehen an: ______
Die Gesundheitsbeschwerden traten auf: ☐ direkt
☐ am ______ *(Datum oder ungefähre Zeitangabe)*

3. Vom Versicherten angegebene Beschwerden und Körperschädigungen:
______ *(Angaben aus der Anamnese)*

4. Ärztlich festgestellte Beschwerden und Körperschädigungen:
______ *(Befunderhebung und Diagnose)*
______ *(ICD-10-Code)*

5. Zusatzuntersuchungen:
Es wurden folgende Zusatzuntersuchungen veranlasst:
☐ Röntgen, durch ______ *(Arzt, Praxis/Adresse)*
☐ CT, durch ______ *(Arzt, Praxis/Adresse)*
☐ ______ *(z.B. Blutuntersuchung, MRT, Histologie)*, durch ______ *(Arzt, Praxis/Adresse)*
☐ Kopie aus der Patientenakte (*z.B. Röntgenbefund*) liegt bei

6. Kosten:
Insgesamt berechne ich für diesen Bericht: ______ €.
(sofern relevant: Die Gesamtkosten errechnen sich aus der Gebühr ______ € plus MwSt 19% ______ €)

Überweisung bitte auf das Konto:
Kontoinhaber: ______________________________
IBAN: ______________________________ BIC: ______________________
Bankinstitut: ______________________________

(Datum, Unterschrift des Arztes und Stempel)

Abb. 5.11: Bericht zur Diagnose von Ereignisfolgen

Allgemeiner Bericht zur (Erst-) Behandlung von Ereignisfolgen		
		(*Versicherung*)
		(*Anschrift*)
Schaden-Nr.:		
Ereignis vom:		
Verletzte Person:		

1. Behandlung:

Erstbehandlung am ______ (*Datum*) durch ______ (*Arzt, Praxis/Fachrichtung/Adresse*)

(wenn abweichend): erste Behandlung am ______ (*Datum*) durch Unterzeichner (*Arzt/Praxis*)

☐ Behandlung dauert noch an

☐ Behandlung wurde abgeschlossen am ______ (*Datum*)

2. Angaben zum Ereignis:

Der Versicherte gab zum Geschehen an: ______

Die Gesundheitsbeschwerden traten auf: ☐ direkt

☐ am ______ (*Datum oder ungefähre Zeitangabe*)

3. Vom Versicherten angegebene Beschwerden und Körperschädigungen:

______ (*Angaben aus der Anamnese*)

4. Ärztlich festgestellte Beschwerden und Körperschädigungen:

______ (*Befunderhebung und Diagnose*)

______ (*ICD-10-Code*)

5. Vorgenommene Behandlungsmaßnahmen:

Folgende Behandlungsmaßnahmen wurden durchgeführt:

______ (*Angaben der Behandlungen/Datum*)

6. Beabsichtigte Behandlungsmaßnahmen:

Folgende Behandlungsmaßnahmen sollen noch durchgeführt werden:

______ (*Angaben der Behandlungen/Datum*)

7. Mitbehandelnde Ärzte:

Folgende Ärzte/Praxen haben den Verletzten mitbehandelt:

______ (*Arzt, Praxis/Fachrichtung/Adresse*)

______ (*Arzt, Praxis/Fachrichtung/Adresse*)

Abb. 5.12: Bericht zur (Erst-) Behandlung von Ereignisfolgen

8. Technische Zusatzuntersuchungen (Wenn möglich Befundkopie beifügen): Es wurden folgende Zusatzuntersuchungen veranlasst: ☐ Röntgen, durch ______ (*Arzt, Praxis/Adresse*) ☐ CT, durch ______ (*Arzt, Praxis/Adresse*) ☐ ______ (*z.B. Blutuntersuchung, MRT, Histologie*), durch ______ (*Arzt, Praxis/Adresse*) ☐ Kopie aus der Patientenakte (*z.B. Röntgenbefund*) liegt bei
9. Stationäre Behandlungen: ☐ vollstationäre Behandlung, von ______ bis ______ (*Datum*), ______ (*Krankenhaus, Klinik*) ☐ Anschlussheilbehandlung, von ______ bis ______ (*Datum*), ______ (*Krankenhaus, Klinik*) ☐ Rehabilitationsmaßnahme, von ______ bis ______ (*Datum*), ______ (*Krankenhaus, Klinik*) ☐ ______, von ______ bis ______ (*Datum*), ______ (*Krankenhaus, Klinik*)
10. Unfallfremde Gesundheitsschäden: ______ (*Angabe von Erkrankungen, incl. Klassifizierungen wie Schweregrade*)
11. Kosten: Insgesamt berechne ich für diesen Bericht: ______ €. (sofern relevant: Die Gesamtkosten errechnen sich aus der Gebühr ______ € plus MwSt 19% ______ €)
Überweisung bitte auf das Konto: Kontoinhaber: ______________________________ IBAN: ______________________ BIC: ______________ Bankinstitut: ______________________
(*Datum, Unterschrift des Arztes und Stempel*)

Abb. 5.12: (fortgesetzt)

Begleitender Bericht zum Behandlungsverlauf	
	(*Versicherung*)
	(*Anschrift*)
Schaden-Nr.:	
Ereignis vom:	
Verletzte Person:	

1. Behandlung aufgrund welchen Ereignisses:

Nach unserem Kenntnistand geht es um die Behandlung von gesundheitlichen Beschwerden des folgenden Geschehens: _____

2. Ärztlich festgestellte Beschwerden und Körperschädigungen:

_____ (*Befunderhebung und Diagnose*)

_____ (*ICD-10-Code*)

3. Behandlungsmaßnahmen bei vorher behandelnden Ärzten:

Erstbehandlung am _____ (*Datum*) durch _____ (*Arzt, Praxis/Fachrichtung/Adresse*)

Folgende Behandlungsmaßnahmen wurden im Rahmen der Erstbehandlung und von anderen Ärzten vor Beginn der Behandlung hier durchgeführt:

_____ (*Angaben der Behandlungen/Datum*)

☐ Kopie _____ (*z.B. Entlassungsbericht, Röntgenbefund*) liegt bei

_____ (*Arzt, Praxis/Fachrichtung/Adresse*)

☐ Keine, hier fand die Erstbehandlung statt.

4. Hier vorgenommene Behandlungsmaßnahmen:

Folgende Behandlungsmaßnahmen wurden durchgeführt:

_____ (*Angaben der Behandlungen/Datum*)

5. Ergebnisse der vorgenommenen Behandlungsmaßnahmen:

_____ (*Angaben zu Verbesserungen oder Verschlechterungen des Gesundheitszustandes/Datum*)

6. Technische Zusatzuntersuchungen (Wenn möglich Befundkopie beifügen):

Es wurden folgende Zusatzuntersuchungen veranlasst:

☐ Röntgen, durch _____ (*Arzt, Praxis/Adresse*)

☐ CT, durch _____ (*Arzt, Praxis/Adresse*)

☐ _____ (*z.B. Blutuntersuchung, MRT, Histologie*), durch _____ (*Arzt, Praxis/Adresse*)

☐ Kopie aus der Patientenakte (*z.B. Röntgenbefund*) liegt bei

Abb. 5.13: Bericht zum Behandlungsverlauf

7. Beabsichtigte Behandlungsmaßnahmen: Folgende Behandlungsmaßnahmen sollen noch durchgeführt werden: _____ (*Angaben der Behandlungen/Datum*)
8. Weiterbehandelnder Arzt: Der Patient wurde zur Weiterbehandlung überwiesen an: _____ (*Arzt, Praxis/Fachrichtung/Adresse*) _____ (*Arzt, Praxis/Fachrichtung/Adresse*)
9. Kosten: Insgesamt berechne ich für diesen Bericht: _____ €. (sofern relevant: Die Gesamtkosten errechnen sich aus der Gebühr _____ € plus MwSt 19% _____ €)
Überweisung bitte auf das Konto: Kontoinhaber: ______________________________ IBAN: ______________________ BIC: ____________ Bankinstitut: ______________________
 (*Datum, Unterschrift des Arztes und Stempel*)

Abb. 5.13: (fortgesetzt)

Bericht zur Zusammenhangsfrage		
		(*Versicherung*)
		(*Anschrift*)
Schaden-Nr.:		
Ereignis vom:		
Verletzte Person:		

1. Behandlung aufgrund welchen Ereignisses:

Nach unserem Kenntnistand geht es um die Behandlung von gesundheitlichen Beschwerden des folgenden Geschehens: ______

2. Ärztlich festgestellte Beschwerden und Körperschädigungen:

______ (*Befunderhebung und Diagnose*)

______ (*ICD-10-Code*)

3. Technische Zusatzuntersuchungen (Wenn möglich Befundkopie beifügen):

Es wurden folgende Zusatzuntersuchungen veranlasst:

☐ Röntgen, durch ______ (*Arzt, Praxis/Adresse*)

☐ CT, durch ______ (*Arzt, Praxis/Adresse*)

☐ ______ (*z.B. Blutuntersuchung, MRT, Histologie*), durch ______ (*Arzt, Praxis/Adresse*)

☐ Kopie aus der Patientenakte (*z.B. Röntgenbefund*) liegt bei

4. Geeigneter Hergang?

War der hier bekannte Geschehensablauf geeignet, die verletzte Körperstelle zu schädigen (biomechanisch)?

☐ nein, weil ______ (*wie wirkt das Geschehen bzw. wie nicht*)

☐ ja, weil ______ (*wie wirkt das Geschehen auf den Körper*)

5. Geeignet zur Schädigung gesunder Strukturen?

War der Schädigungsmechanismus geeignet die Schädigung zu bewirken, wenn die verletzte Körperstelle vollständig gesund, nicht vorgeschädigt war?

☐ nein, weil ______ (*eine gesunde Stelle kann so nicht geschädigt werden*)

☐ ja, weil ______ (*die Kräfte folgendes Bewirkt haben*)

6. Vorschädigungen?

Der verletzte Körper war vorgeschädigt:

☐ nein, weil ______ (*gesunde Befunde*)

☐ ja, weil ______ (*krankhaft Befunde*)

Abb. 5.14: Bericht zur Zusammenhangsfrage

7. Quotenanteil?

Haben sowohl Ereignisbedingte und ereignisfremde Ursachen die Verletzung verursacht?

☐ nein

☐ ja, und zwar nach meiner Einschätzung zu ____% ereignisbedingt und zu ____% ereignisunabhängig.

Begründung: ______

8. Kosten:

Insgesamt berechne ich für diesen Bericht: ______ €.
(sofern relevant: Die Gesamtkosten errechnen sich aus der Gebühr ______ € plus MwSt 19% ______ €)

Überweisung bitte auf das Konto:

Kontoinhaber: ____

IBAN: ______________________________ BIC: __________________

Bankinstitut: ________________________

(*Datum, Unterschrift des Arztes und Stempel*)

Abb. 5.14: (fortgesetzt)

Bericht Knieverletzungen (allgemein)

	(*Versicherung*)
	(*Anschrift*)
Schaden-Nr.:	
Ereignis vom:	
Verletzte Person:	

1. Behandlung:
Erstbehandlung am ______ (*Datum*) durch ______ (*Arzt, Praxis/Fachrichtung/Adresse*)
(wenn abweichend): erste Behandlung am ______ (*Datum*) durch Unterzeichner (*Arzt/Praxis*)
☐ Behandlung dauert noch an
☐ Behandlung wurde abgeschlossen am ______ (*Datum*)

2. Angaben zum Ereignis:
Der Versicherte gab zum Geschehen an: ______
Die Gesundheitsbeschwerden traten auf: ☐ direkt
☐ am ______ (*Datum oder ungefähre Zeitangabe*)

3. Vom Versicherten angegebene Beschwerden und Körperschädigungen:
______ (*Angaben aus der Anamnese*)

4. Äußere Gewalteinwirkung:
Fanden sich bei der Erstuntersuchung Zeichen einer Gewalteinwirkung auf das geschädigte Bein?
☐ nein
☐ ja, und zwar ______ (*welche?*)

5. An welchen Stellen wurde Druckschmerz verspürt?
______ (*Sitz und Beschreibung des Schmerzes*)

6. Gelenkerguss:
Bestand ein Gelenkerguss?
☐ nein
☐ ja, gering
☐ ja, wurde Punktiert
Ergebnis Punktion: ______
☐ blutig ☐ serös am ______ (*Datum*)

7. Funktionseinschränkung

a. War eine Funktionseinschränkung nachweisbar (Neutral-O-Methode)?

☐ nein
☐ ja, und zwar ______ (*welche?*)
Bewegungseinschränkung: ______/______/______ (Neutral-O-Methode)
Zum Vergleich Werte anderes Bein: ______/______/______ (Neutral-O-Methode)

Abb. 5.15: Bericht Knieverletzungen (allgemein)

b. War eine abnorme Beweglichkeit nachweisbar?
☐ nein ☐ ja, und zwar ______ (*welche?*) ☐ nach außen (Abduktionsrichtung) ☐ nach innen (Abduktionsrichtung) ☐ Überstreckung (Recurvation) ☐ Schubladenphänomen
c. Ließ sich ein Tonusverlust oder eine Verschmächtigung der Ober- und Unterschenkelmuskulatur nachweisen?
☐ nein ☐ ja, und zwar ______ (*welche?*) ☐ 25 cm über dem medialen Kniegelenkspalt ☐ 15 cm über dem medialen Kniegelenkspalt ☐ Kniegelenk – Kniescheibenmitte ☐ größter Wadenumfang ☐ geringster Unterschenkelumfang
d. Kapselschwellung
☐ nein ☐ ja, und zwar ______ (*welche?*)
e. Stabilität Außenband
☐ keine Lockerung ☐ + gelockert (= 3-5mm) ☐ ++ gelockert (= 6-10mm) ☐ +++ gelockert (= >10 mm)
f. Stabilität Innenband
☐ keine Lockerung ☐ + gelockert (= 3-5mm) ☐ ++ gelockert (= 6-10mm) ☐ +++ gelockert (= >10 mm)
g. Stabilität vorderes Kreuzband
☐ keine Lockerung ☐ + gelockert (= 3-5mm) ☐ ++ gelockert (= 6-10mm) ☐ +++ gelockert (= >10 mm)
h. Stabilität hinteres Kreuzband
☐ keine Lockerung ☐ + gelockert (= 3-5mm) ☐ ++ gelockert (= 6-10mm) ☐ +++ gelockert (= >10 mm)

Abb. 5.15: (fortgesetzt)

i. Lachmann-Test
☐ ohne pathologischen Befund ☐ leicht positiv ☐ deutlich positiv
j. Pivot-shift-Phänomen
☐ ohne pathologischen Befund ☐ leicht positiv ☐ deutlich positiv
8. Ärztlich festgestellte Beschwerden und Körperschädigungen: _____ (*Befunderhebung und Diagnose*) _____ (*ICD-10-Code*)
9. Vorgenommene Behandlungsmaßnahmen: Folgende Behandlungsmaßnahmen wurden durchgeführt: _____ (*Angaben der Behandlungen/Datum*)
10. Beabsichtigte Behandlungsmaßnahmen: Folgende Behandlungsmaßnahmen sollen noch durchgeführt werden: _____ (*Angaben der Behandlungen/Datum*)
11. Mitbehandelnde Ärzte: Folgende Ärzte/Praxen haben den Verletzten mitbehandelt: _____ (*Arzt, Praxis/Fachrichtung/Adresse*) _____ (*Arzt, Praxis/Fachrichtung/Adresse*)
12. Technische Zusatzuntersuchungen (Wenn möglich Befundkopie beifügen): Es wurden folgende Zusatzuntersuchu ngen veranlasst: ☐ Röntgen, durch _____ (*Arzt, Praxis/Adresse*) ☐ CT, durch _____ (*Arzt, Praxis/Adresse*) ☐ _____ (*z.B. Blutuntersuchung, MRT, Histologie*), durch _____ (*Arzt, Praxis/Adresse*) ☐ Kopie aus der Patientenakte (*z.B. Röntgenbefund*) liegt bei
13. Stationäre Behandlungen: ☐ vollstationäre Behandlung, von _____ bis _____ (*Datum*), _____ (*Krankenhaus, Klinik*) ☐ Anschlussheilbehandlung, von _____ bis _____ (*Datum*), _____ (*Krankenhaus, Klinik*) ☐ Rehabilitationsmaßnahme, von _____ bis _____ (*Datum*), _____ (*Krankenhaus, Klinik*) ☐ _____, von _____ bis _____ (*Datum*), _____ (*Krankenhaus, Klinik*)
14. Geeigneter Hergang? War der hier bekannte Geschehensablauf geeignet, die verletzte Körperstelle zu schädigen (biomechanisch)? ☐ nein, weil _____ (*wie wirkt das Geschehen bzw. wie nicht*) ☐ ja, weil _____ (*wie wirkt das Geschehen auf den Körper*)

Abb. 5.15: (fortgesetzt)

15. Geeignet zur Schädigung gesunder Strukturen?
War der Schädigungsmechanismus geeignet die Schädigung zu bewirken, wenn die verletzte Körperstelle vollständig gesund, nicht vorgeschädigt war?
☐ nein, weil ______ (*eine gesunde Stelle kann so nicht geschädigt werden*)
☐ ja, weil ______ (*die Kräfte folgendes Bewirkt haben*)

16. Vorschädigungen?
Das verletzte Knie war vorgeschädigt:
☐ nein
☐ ja, weil ______ (*krankhafte Befunde, z.B. Chondromalazie oder Degenerationen*)

17. Quotenanteil?
Haben sowohl ereignisbedingte und ereignisfremde Ursachen die Verletzung verursacht?
☐ nein
☐ ja, und zwar nach meiner Einschätzung zu ____% ereignisbedingt und zu ____% ereignisunabhängig.
Begründung: ______

18. Kosten:
Insgesamt berechne ich für diesen Bericht: ______ €.
(sofern relevant: Die Gesamtkosten errechnen sich aus der Gebühr ______ € plus MwSt 19% ______ €)

Überweisung bitte auf das Konto:
Kontoinhaber: ______________________________
IBAN: ______________________________ BIC: ______________
Bankinstitut: ______________________

(*Datum, Unterschrift des Arztes und Stempel*)

Abb. 5.15: (fortgesetzt)

<table>
<tr><td colspan="3">Bericht Knieverletzungen (isolierter Meniskusschaden)</td></tr>
<tr><td colspan="2"></td><td>(Versicherung)</td></tr>
<tr><td colspan="2"></td><td>(Anschrift)</td></tr>
<tr><td>Schaden-Nr.:</td><td colspan="2"></td></tr>
<tr><td>Ereignis vom:</td><td colspan="2"></td></tr>
<tr><td>Verletzte Person:</td><td colspan="2"></td></tr>
<tr><td colspan="3">1. Behandlung:
Erstbehandlung am ______ (Datum) durch ______ (Arzt, Praxis/Fachrichtung/Adresse)
(wenn abweichend): erste Behandlung am ______ (Datum) durch Unterzeichner (Arzt/Praxis)
☐ Behandlung dauert noch an
☐ Behandlung wurde abgeschlossen am ______ (Datum)</td></tr>
<tr><td colspan="3">2. Angaben zum Ereignis:
Der Versicherte gab zum Geschehen an: ______
Die Gesundheitsbeschwerden traten auf: ☐ direkt
☐ am ______ (Datum oder ungefähre Zeitangabe)</td></tr>
<tr><td colspan="3">3. Vom Versicherten angegebene Beschwerden und Körperschädigungen:
______ (Angaben aus der Anamnese)</td></tr>
<tr><td colspan="3">4. Äußere Gewalteinwirkung:
Fanden sich bei der Erstuntersuchung Zeichen einer Gewalteinwirkung auf das geschädigte Bein?
☐ nein
☐ ja, und zwar ______ (welche?)</td></tr>
<tr><td colspan="3">5. An welchen Stellen wurde Druckschmerz verspürt?
______ (Sitz und Beschreibung des Schmerzes)</td></tr>
<tr><td colspan="3">6. Gelenkerguss:
Bestand ein Gelenkerguss?</td></tr>
<tr><td colspan="3">☐ nein
☐ ja, gering
☐ ja, wurde Punktiert
Ergebnis Punktion: ______
☐ blutig ☐ serös am ______ (Datum)</td></tr>
<tr><td colspan="3">7. Funktionseinschränkung?</td></tr>
<tr><td colspan="3">a. War eine Funktionseinschränkung nachweisbar (Neutral-O-Methode)?</td></tr>
<tr><td colspan="3">☐ nein
☐ ja, und zwar ______ (welche?)
Bewegungseinschränkung: ______/______/______ (Neutral-O-Methode)
Zum Vergleich Werte anderes Bein: ______/______/______ (Neutral-O-Methode)</td></tr>
</table>

Abb. 5.16: Bericht Knieverletzungen (isolierter Meniskusschaden)

b. War eine abnorme Beweglichkeit nachweisbar?

☐ nein
☐ ja, und zwar ______ (*welche?*)
    ☐ nach außen (Abduktionsrichtung)
    ☐ nach innen (Abduktionsrichtung)
    ☐ Überstreckung (Recurvation)
    ☐ Schubladenphänomen

c. Ließ sich ein Tonusverlust oder eine Verschmächtigung der Ober- und Unterschenkelmuskulatur nachweisen?

☐ nein
☐ ja, und zwar ______ (*welche?*)
    ☐ 25 cm über dem medialen Kniegelenkspalt
    ☐ 15 cm über dem medialen Kniegelenkspalt
    ☐ Kniegelenk – Kniescheibenmitte
    ☐ größter Wadenumfang
    ☐ geringster Unterschenkelumfang

8. Ärztlich festgestellte Beschwerden und Körperschädigungen: ______ (*Befunderhebung und Diagnose*) ______ (*ICD-10-Code*)
9. Meniskusschädigung a. Liegt eine Meniskusschädigung vor? ☐ nein ☐ ja
b. Welche Meniskuszeichen sind nachgewiesen? ______ (*typische Meniskuszeichen*)
c. Handelt es sich um eine isolierte Mensikusschädigung? ☐ ja ☐ nein, es wurde auch geschädigt: ______ (*weiterer Schaden*)
d. War der Meniskus bereits vorgeschädigt? ☐ nein ☐ ja, und zwar ______ (*Beschreibung*)
e. War der hier bekannte Geschehensablauf geeignet, den Meniskus zu schädigen (biomechanisch)? ☐ nein, weil ______ (*wie wirkt das Geschehen bzw. wie nicht*) ☐ ja, weil (*wie wirkt das Geschehen auf den Körper*)
f. War der Schädigungsmechanismus geeignet die Schädigung zu bewirken, wenn der Meniskus vollständig gesund, nicht vorgeschädigt war? ☐ nein, weil ______ (*eine gesunde Stelle kann so nicht geschädigt werden*) ☐ ja, weil ______ (*die Kräfte folgendes Bewirkt haben*)

Abb. 5.16: (fortgesetzt)

g. Haben sowohl ereignisbedingte und ereignisfremde Ursachen die Verletzung verursacht?
☐ nein
☐ ja, und zwar nach meiner Einschätzung zu ____% ereignisbedingt und zu ____% ereignisunabhängig.
Begründung: ______

10. Vorgenommene Behandlungsmaßnahmen:
Folgende Behandlungsmaßnahmen wurden durchgeführt:
______ (*Angaben der Behandlungen/Datum*)

11. Beabsichtigte Behandlungsmaßnahmen:
Folgende Behandlungsmaßnahmen sollen noch durchgeführt werden:
______ (*Angaben der Behandlungen/Datum*)

12. Technische Zusatzuntersuchungen (Wenn möglich Befundkopie beifügen):
Es wurden folgende Zusatzuntersuchungen veranlasst:
☐ Röntgen, durch ______ (*Arzt, Praxis/Adresse*)
☐ CT, durch ______ (*Arzt, Praxis/Adresse*)
☐ ______ (*z.B. Blutuntersuchung, MRT, Histologie*), durch ______ (*Arzt, Praxis/Adresse*)
☐ Kopie aus der Patientenakte (*z.B. Röntgenbefund*) liegt bei

13. Stationäre Behandlungen:
☐ vollstationäre Behandlung, von ______ bis ______ (*Datum*), ______ (*Krankenhaus, Klinik*)
☐ Anschlussheilbehandlung, von ______ bis ______ (*Datum*), ______ (*Krankenhaus, Klinik*)
☐ Rehabilitationsmaßnahme, von ______ bis ______ (*Datum*), ______ (*Krankenhaus, Klinik*)
☐ ______, von ______ bis ______ (*Datum*), ______ (*Krankenhaus, Klinik*)

18. Kosten:
Insgesamt berechne ich für diesen Bericht: ______ €.
(sofern relevant: Die Gesamtkosten errechnen sich aus der Gebühr ______ € plus MwSt 19% ______ €)

Überweisung bitte auf das Konto:
Kontoinhaber: ____
IBAN: ________________________________ BIC: ____________________
Bankinstitut: __________________________

(*Datum, Unterschrift des Arztes und Stempel*)

Abb. 5.16: (fortgesetzt)

Bericht Knieverletzungen (Patellaluxation)

	(*Versicherung*)
	(*Anschrift*)

Schaden-Nr.:	
Ereignis vom:	
Verletzte Person:	

1. Behandlung:
Erstbehandlung am ______ (*Datum*) durch ______ (*Arzt, Praxis/Fachrichtung/Adresse*)
(wenn abweichend): erste Behandlung am ______ (*Datum*) durch Unterzeichner (*Arzt/Praxis*)
☐ Behandlung dauert noch an
☐ Behandlung wurde abgeschlossen am ______ (*Datum*)

2. Angaben zum Ereignis:
Der Versicherte gab zum Geschehen an: ______
Die Gesundheitsbeschwerden traten auf: ☐ direkt
☐ am ______ (*Datum oder ungefähre Zeitangabe*)

3. Vom Versicherten angegebene Beschwerden und Körperschädigungen:
______ (*Angaben aus der Anamnese*)

4. Äußere Gewalteinwirkung:
Fanden sich bei der Erstuntersuchung Zeichen einer Gewalteinwirkung auf das geschädigte Bein?
☐ nein
☐ ja, und zwar ______ (*welche?*)

5. Gelenkerguss:
Bestand ein Gelenkerguss?
☐ nein
☐ ja, gering
☐ ja, wurde Punktiert
Ergebnis Punktion: ______
☐ blutig ☐ serös am ______ (*Datum*)

6. Funktionseinschränkung?

a. War eine Funktionseinschränkung nachweisbar (Neutral-O-Methode)?
☐ nein
☐ ja, und zwar ______ (*welche?*)
Bewegungseinschränkung: ______/ /______ (Neutral-O-Methode)
Zum Vergleich Werte anderes Bein: ______/______/______ (Neutral-O-Methode)

Abb. 5.17: Bericht Knieverletzungen (Patellaluxation)

b. War eine abnorme Beweglichkeit nachweisbar?

☐ nein

☐ ja, und zwar ______ (*welche?*)

- ☐ nach außen (Abduktionsrichtung)
- ☐ nach innen (Abduktionsrichtung)
- ☐ Überstreckung (Recurvation)
- ☐ Schubladenphänomen

c. Ließ sich ein Tonusverlust oder eine Verschmächtigung der Ober- und Unterschenkelmuskulatur nachweisen?

☐ nein

☐ ja, und zwar ______ (*welche?*)

- ☐ 25 cm über dem medialen Kniegelenkspalt
- ☐ 15 cm über dem medialen Kniegelenkspalt
- ☐ Kniegelenk – Kniescheibenmitte
- ☐ größter Wadenumfang
- ☐ geringster Unterschenkelumfang

d. Kapselschwellung

☐ nein

☐ ja, und zwar ______ (*welche?*)

e. Stabilität Außenband

☐ keine Lockerung

☐ + gelockert (= 3–5mm)

☐ ++ gelockert (= 6–10mm)

☐ +++ gelockert (= >10 mm)

f. Stabilität Innenband

☐ keine Lockerung

☐ + gelockert (= 3–5mm)

☐ ++ gelockert (= 6–10mm)

☐ +++ gelockert (= >10 mm)

g. Stabilität vorderes Kreuzband

☐ keine Lockerung

☐ + gelockert (= 3–5mm)

☐ ++ gelockert (= 6–10mm)

☐ +++ gelockert (= >10 mm)

Abb. 5.17: (fortgesetzt)

h. Stabilität hinteres Kreuzband ☐ keine Lockerung ☐ + gelockert (= 3–5mm) ☐ ++ gelockert (= 6–10mm) ☐ +++ gelockert (= >10 mm)
i. Lachmann-Test ☐ ohne pathologischen Befund ☐ leicht positiv ☐ deutlich positiv ☐ deutlich positiv
j. Pivot-shift-Phänomen ☐ ohne pathologischen Befund ☐ leicht positiv
7. Ärztlich festgestellte Beschwerden und Körperschädigungen: _____ (*Befunderhebung und Diagnose*) _____ (*ICD-10-Code*)
8. Patellaluxation
a. Liegt eine Patellaluxation vor? ☐ nein ☐ ja, vollständige Luxation ☐ ja, Subluxation
b. Handelt es sich um eine Erstluxation? ☐ ja ☐ nein, es ist die _____. (*Häufigkeit*) Luxation
c. Weist die Patella anatomisch Anomalien auf? ☐ nein ☐ ja, und zwar _____ (*Beschreibung*)
d. Warum konnte die Patella luxieren? ☐ direkte Gewalteinwirkung auf die Kniescheibe. ☐ Verdrehung. ☐ Eigenbewegung bei Knieinstabilität. ☐ sonstiges _____ (*Beschreibung*) Begründung: _____ (*z. B. Kniegelenksinstabilität oder die Form der Patella*)

Abb. 5.17: (fortgesetzt)

e. Haben sowohl ereignisbedingte und ereignisfremde Ursachen die Verletzung verursacht?
☐ nein
☐ ja, und zwar nach meiner Einschätzung zu ____% ereignisbedingt und zu ____% ereignisunabhängig.
Begründung: ______

9. Vorgenommene Behandlungsmaßnahmen:
Folgende Behandlungsmaßnahmen wurden durchgeführt:
______ (*Angaben der Behandlungen/Datum*)

10. Beabsichtigte Behandlungsmaßnahmen:
Folgende Behandlungsmaßnahmen sollen noch durchgeführt werden:
______ (*Angaben der Behandlungen/Datum*)

11. Technische Zusatzuntersuchungen (Wenn möglich Befundkopie beifügen):
Es wurden folgende Zusatzuntersuchungen veranlasst:
☐ Röntgen, durch ______ (*Arzt, Praxis/Adresse*)
☐ CT, durch ______ (*Arzt, Praxis/Adresse*)
☐ ______ (*z.B. Blutuntersuchung, MRT, Histologie*), durch ______ (*Arzt, Praxis/Adresse*)
☐ Kopie aus der Patientenakte (*z.B. Röntgenbefund*) liegt bei

12. Stationäre Behandlungen:
☐ vollstationäre Behandlung, von ______ bis ______ (*Datum*), ______ (*Krankenhaus, Klinik*)
☐ Anschlussheilbehandlung, von ______ bis ______ (*Datum*), ______ (*Krankenhaus, Klinik*)
☐ Rehabilitationsmaßnahme, von ______ bis ______ (*Datum*), ______ (*Krankenhaus, Klinik*)
☐ ______, von ______ bis ______ (*Datum*), ______ (*Krankenhaus, Klinik*)

13. Kosten:
Insgesamt berechne ich für diesen Bericht: ______ €.
(sofern relevant: Die Gesamtkosten errechnen sich aus der Gebühr ______ € plus MwSt 19% ______ €)

Überweisung bitte auf das Konto:
Kontoinhaber: ______________________________
IBAN: ______________________________ BIC: ______________________
Bankinstitut: ______________________________

(*Datum, Unterschrift des Arztes und Stempel*)

Abb. 5.17: (fortgesetzt)

Bericht Schulterverletzungen (allgemein)	
	(*Versicherung*)
	(*Anschrift*)
Schaden-Nr.:	
Ereignis vom:	
Verletzte Person:	

1. Behandlung:
Erstbehandlung am ______ (*Datum*) durch ______ (*Arzt, Praxis/Fachrichtung/Adresse*)
(wenn abweichend): erste Behandlung am ______ (*Datum*) durch Unterzeichner (*Arzt/Praxis*)
☐ Behandlung dauert noch an
☐ Behandlung wurde abgeschlossen am ______ (*Datum*)

2. Angaben zum Ereignis:
a. Der Versicherte gab zum Geschehen an: ______
b. Schädigungsmechanismus:
☐ direktes Anpralltrauma der Schulter (Zusammenprall von Schulter und Gegenstand)
☐ aktive Kraftanstrengung (z.B. kontrolliertes Bewegen von Lasten)
☐ passiv erzwungene, heftige Außen- oder Innenrotation im Schultergelenk
- ☐ bei anliegendem Arm
- ☐ bei abgespreiztem Arm

☐ passive Traktion des Arms nach
- ☐ kaudal
- ☐ ventral
- ☐ medial

☐ axiale Stauchung des Oberarmkopfes nach
- ☐ ventral
- ☐ ventrokarnial

☐ axiale Stauchung des Oberarmkopfes nach
- ☐ medial
- ☐ kranial
- ☐ dorsokranial

☐ Sonstiger Mechanismus, ______ (*Beschreibung*)

3. Vom Versicherten angegebene Beschwerden und Körperschädigungen:
______ (*Angaben aus der Anamnese*)
Die Gesundheitsbeschwerden traten auf: ☐ direkt
☐ am ______ (*Datum oder ungefähre Zeitangabe*)

Abb. 5.18: Bericht Schulterverletzungen (allgemein)

4. Äußere Gewalteinwirkung: Fanden sich bei der Erstuntersuchung Zeichen einer Gewalteinwirkung auf die geschädigte Schulter? ☐ nein ☐ ja, und zwar _____ (*welche?*)
5. An welchen Stellen wurden Druckschmerzen verspürt? _____ (*Sitz und Beschreibung des Schmerzes*)
6. Art der Verletzung: Welche Art der Verletzung liegt vor? ☐ Prellung ☐ oberflächliche Wunde ☐ Knochenbruch, _____ (*welcher?*) ☐ Sehnen- und Muskelschaden, _____ (*welcher?*) ☐ Sonstiges, und zwar _____ (*Beschreibung*)
7. Funktionseinschränkung a. War eine Funktionseinschränkung nachweisbar (Neutral-O-Methode)? ☐ nein ☐ ja, und zwar _____ (*welche?*) Arm seitwärts / körperwärts _____/_____/_____ (Neutral-O-Methode) Arm rückwärts / vorwärts _____/_____/_____ (Neutral-O-Methode) Arm auswärts / einwärts drehen: (Oberarm anliegend) _____/_____/_____ (Neutral-O-Methode) (Oberarm 90° seitwärts abgehend) _____/_____/_____ (Neutral-O-Methode)
8. Ärztlich festgestellte Körperschädigungen und Diagnose: _____ (*Diagnose*) _____ (*ICD-10-Code*)
9. Vorgenommene Behandlungsmaßnahmen: Folgende Behandlungsmaßnahmen wurden durchgeführt: _____ (*Angaben der Behandlungen/Datum*)
10. Beabsichtigte Behandlungsmaßnahmen: Folgende Behandlungsmaßnahmen sollen noch durchgeführt werden: _____ (*Angaben der Behandlungen/Datum*)
11. Mitbehandelnde Ärzte: Folgende Ärzte/Praxen haben den Verletzten mitbehandelt: _____ (*Arzt, Praxis/Fachrichtung/Adresse*) _____ (*Arzt, Praxis/Fachrichtung/Adresse*)

Abb. 5.18: (fortgesetzt)

12. Zusatzuntersuchungen (Wenn möglich Befundkopie beifügen):
Es wurden folgende Zusatzuntersuchungen veranlasst:
☐ Röntgen, durch ______ (*Arzt, Praxis/Adresse*)
☐ CT, durch ______ (*Arzt, Praxis/Adresse*)
☐ Histologie, durch ______ (*Arzt, Praxis/Adresse*)
☐ ______ (*z.B. Bluttuntersuchung, MRT*), durch ______ (*Arzt, Praxis/Adresse*)
☐ Kopie aus der Patientenakte (*z.B. Röntgenbefund*) liegt bei

13. Stationäre Behandlungen:
☐ vollstationäre Behandlung, von ______ bis ______ (*Datum*), ______ (*Krankenhaus, Klinik*)
☐ Anschlussheilbehandlung, von ______ bis ______ (*Datum*), ______ (*Krankenhaus, Klinik*)
☐ Rehabilitationsmaßnahme, von ______ bis ______ (*Datum*), ______ (*Krankenhaus, Klinik*)
☐ ______, von ______ bis ______ (*Datum*), ______ (*Krankenhaus, Klinik*)

14. Geeigneter Hergang?
War der hier bekannte Geschehensablauf geeignet, die verletzte Körperstelle zu schädigen (biomechanisch)?
☐ nein, weil ______ (*wie wirkt das Geschehen bzw. wie nicht*)
☐ ja, weil ______ (*wie wirkt das Geschehen auf den Körper*)

15. Geeignet zur Schädigung gesunder Strukturen?
War der Schädigungsmechanismus geeignet die Schädigung zu bewirken, wenn die verletzte Körperstelle vollständig gesund, nicht vorgeschädigt war?
☐ nein, weil ______ (*eine gesunde Stelle kann so nicht geschädigt werden*)
☐ ja, weil ______ (*die Kräfte folgendes Bewirkt haben*)

16. Vorschädigungen?
Das verletzte Knie war vorgeschädigt:
☐ nein
☐ ja, weil ______ (*krankhafte Befunde, z.B. Chondromalazie oder Degenerationen*)

17. Quotenanteil?
Haben sowohl ereignisbedingte und ereignisfremde Ursachen die Verletzung verursacht?
☐ nein
☐ ja, und zwar nach meiner Einschätzung zu ____% ereignisbedingt und zu ____% ereignisunabhängig.
Begründung: ______

18. Kosten:
Insgesamt berechne ich für diesen Bericht: ______ €.
(sofern relevant: Die Gesamtkosten errechnen sich aus der Gebühr ______ € plus MwSt 19% ______ €)

Überweisung bitte auf das Konto:
Kontoinhaber: ____
IBAN: ______________________________ BIC: ________________
Bankinstitut: ___________________________

(*Datum, Unterschrift des Arztes und Stempel*)

Abb. 5.18: (fortgesetzt)

<table>
<tr><td colspan="3">Bericht Schulterverletzungen (Rotatorenmanschette)</td></tr>
<tr><td colspan="2"></td><td>(Versicherung)</td></tr>
<tr><td colspan="2"></td><td>(Anschrift)</td></tr>
<tr><td>Schaden-Nr.:</td><td colspan="2"></td></tr>
<tr><td>Ereignis vom:</td><td colspan="2"></td></tr>
<tr><td>Verletzte Person:</td><td colspan="2"></td></tr>
<tr><td colspan="3">1. Behandlung:
Erstbehandlung am ______ (Datum) durch ______ (Arzt, Praxis/Fachrichtung/Adresse)
(wenn abweichend): erste Behandlung am ______ (Datum) durch Unterzeichner (Arzt/Praxis)
☐ Behandlung dauert noch an
☐ Behandlung wurde abgeschlossen am ______ (Datum)</td></tr>
<tr><td colspan="3">2. Angaben zum Ereignis:
a. Der Versicherte gab zum Geschehen an: ______</td></tr>
<tr><td colspan="3">b. Schädigungsmechanismus:
☐ direktes Anpralltrauma der Schulter (Zusammenprall von Schulter und Gegenstand)
☐ aktive Kraftanstrengung (z.B. kontrolliertes Bewegen von Lasten)
☐ passiv erzwungene, heftige Außen- oder Innenrotation im Schultergelenk
    ☐ bei anliegendem Arm
    ☐ bei abgespreiztem Arm
☐ passive Traktion des Arms nach
    ☐ kaudal
    ☐ ventral
    ☐ medial
☐ axiale Stauchung des Oberarmkopfes nach
    ☐ ventral
    ☐ ventrokarnial
☐ axiale Stauchung des Oberarmkopfes nach
    ☐ medial
    ☐ kranial
    ☐ dorsokranial
☐ Sonstiger Mechanismus, ______ (Beschreibung)</td></tr>
</table>

Abb. 5.19: Bericht Schulterverletzungen (Rotatorenmanschette)

3. Vom Versicherten angegebene Beschwerden und Körperschädigungen:

_____ (*Angaben aus der Anamnese*)

Die Gesundheitsbeschwerden traten auf: ☐ direkt

☐ am _____ (*Datum oder ungefähre Zeitangabe*)

4. Äußere Gewalteinwirkung:

Fanden sich bei der Erstuntersuchung Zeichen einer Gewalteinwirkung auf die geschädigte Schulter?

☐ nein

☐ ja, und zwar _____ (*welche?*)

5. An welchen Stellen wurden Druckschmerzen verspürt?

_____ (*Sitz und Beschreibung des Schmerzes*)

6. Feststellungen:

Welche Befunde konnten zeitnah nachgewiesen werden?

☐ Frische Labrumläsion, am _____ (*Datum*)
☐ Knöcherner Bankartläsion, am _____ (*Datum*)
☐ Frischer Hill-Sachs-Defekt, am _____ (*Datum*)
(kernspintomografisches Bone Bruise im Bereich des Defekts?)
☐ Zerrungsbedingte Einblutung in Muskulatur, am _____ (*Datum*)
☐ Knöcherner Sehnenausriss, am _____ (*Datum*)
☐ Schulterluxation (Subluxation), am _____ (*Datum*)
☐ Impingementsyndrom, am _____ (*Datum*)
☐ Humeruskopfhochstand, am _____ (*Datum*)
☐ fettige Atrophie, am _____ (*Datum*)
☐ Sonstiges, und zwar _____ (*Beschreibung*), am _____ (*Datum*)

7. Funktionseinschränkung

a. War eine Funktionseinschränkung nachweisbar (Neutral-O-Methode)?

☐ nein

☐ ja, und zwar _____ (*welche?*)

Arm seitwärts/körperwärts _____/_____/_____ (Neutral-O-Methode)

Arm rückwärts/vorwärts _____/_____/_____ (Neutral-O-Methode)

Arm auswärts/einwärts drehen:

(Oberarm anliegend) _____/_____/_____ (Neutral-O-Methode)

(Oberarm 90° seitwärts abgehend) _____/_____/_____ (Neutral-O-Methode)

8. Ärztlich festgestellte Körperschädigungen und Diagnose:

_____ (*Diagnose*)

_____ (*ICD-10-Code*)

Abb. 5.19: (fortgesetzt)

9. Vorgenommene Behandlungsmaßnahmen:

Folgende Behandlungsmaßnahmen wurden durchgeführt:

_____ (*Angaben der Behandlungen/Datum*)

10. Beabsichtigte Behandlungsmaßnahmen:

Folgende Behandlungsmaßnahmen sollen noch durchgeführt werden:

_____ (*Angaben der Behandlungen/Datum*)

11. Mitbehandelnde Ärzte:

Folgende Ärzte/Praxen haben den Verletzten mitbehandelt:

_____ (*Arzt, Praxis/Fachrichtung/Adresse*)

_____ (*Arzt, Praxis/Fachrichtung/Adresse*)

12. Zusatzuntersuchungen (Wenn möglich Befundkopie beifügen):

Es wurden folgende Zusatzuntersuchu ngen veranlasst:

☐ Röntgen, durch _____ (*Arzt, Praxis/Adresse*)
☐ CT, durch _____ (*Arzt, Praxis/Adresse*)
☐ Histologie, durch _____ (*Arzt, Praxis/Adresse*)
☐ _____ (*z.B. Blutuntersuchung, MRT*), durch _____ (*Arzt, Praxis/Adresse*)
☐ Kopie aus der Patientenakte (*z.B. Röntgenbefund*) liegt bei

13. Stationäre Behandlungen:

☐ vollstationäre Behandlung, von _____ bis _____ (*Datum*), _____ (*Krankenhaus, Klinik*)
☐ Anschlussheilbehandlung, von _____ bis _____ (*Datum*), _____ (*Krankenhaus, Klinik*)
☐ Rehabilitationsmaßnahme, von _____ bis _____ (*Datum*), _____ (*Krankenhaus, Klinik*)
☐ _____, von _____ bis _____ (*Datum*), _____ (*Krankenhaus, Klinik*)

14. Geeigneter Hergang?

War der hier bekannte Geschehensablauf geeignet, die verletzte Körperstelle zu schädigen (biomechanisch)?

☐ nein, weil _____ (*wie wirkt das Geschehen bzw. wie nicht*)
☐ ja, weil _____ (*wie wirkt das Geschehen auf den Körper*)

15. Geeignet zur Schädigung gesunder Strukturen?

War der Schädigungsmechanismus geeignet die Schädigung zu bewirken, wenn die verletzte Körperstelle vollständig gesund, nicht vorgeschädigt war?

☐ nein, weil _____ (*eine gesunde Stelle kann so nicht geschädigt werden*)
☐ ja, weil _____ (*die Kräfte folgendes Bewirkt haben*)

16. Vorschädigungen?

Das verletzte Knie war vorgeschädigt:

☐ nein
☐ ja, weil _____ (*krankhafte Befunde, z.B. Chondromalazie oder Degenerationen*)

Abb. 5.19: (fortgesetzt)

17. Quotenanteil?

Haben sowohl ereignisbedingte und ereignisfremde Ursachen die Verletzung verursacht?

☐ nein

☐ ja, und zwar nach meiner Einschätzung zu ____% ereignisbedingt und zu ____% ereignisunabhängig.

Begründung: ______

18. Kosten:

Insgesamt berechne ich für diesen Bericht: ______ €.

(sofern relevant: Die Gesamtkosten errechnen sich aus der Gebühr ______ € plus MwSt 19% ______ €)

Überweisung bitte auf das Konto:

Kontoinhaber: ____

IBAN: ______________________________ BIC: __________________

Bankinstitut: __________________________

(*Datum, Unterschrift des Arztes und Stempel*)

Abb. 5.19: (fortgesetzt)

Bericht Schulterverletzungen (Schulterluxation)

	(*Versicherung*)
	(*Anschrift*)

Schaden-Nr.:	
Ereignis vom:	
Verletzte Person:	

1. Behandlung:
Erstbehandlung am ______ (*Datum*) durch ______ (*Arzt, Praxis/Fachrichtung/Adresse*)
(wenn abweichend): erste Behandlung am ______ (*Datum*) durch Unterzeichner (*Arzt/Praxis*)
☐ Behandlung dauert noch an
☐ Behandlung wurde abgeschlossen am ______ (*Datum*)

2. Angaben zum Ereignis:
Der Versicherte gab zum Geschehen an: ______
Die Gesundheitsbeschwerden traten auf: ☐ direkt
☐ am ______ (*Datum oder ungefähre Zeitangabe*)

3. Vom Versicherten angegebene Beschwerden und Körperschädigungen:
______ (*Angaben aus der Anamnese*)

4. Äußere Gewalteinwirkung:
Fanden sich bei der Erstuntersuchung Zeichen einer Gewalteinwirkung auf die geschädigte Schulter?
☐ nein
☐ ja, und zwar ______ (*welche?*)

5. An welchen Stellen wurden Druckschmerzen verspürt?
______ (*Sitz und Beschreibung des Schmerzes*)

6. Ärztlich festgestellte Körperschädigungen und Diagnose:
______ (*Diagnose*)
______ (*ICD-10-Code*)

7. Schulterluxation

a. Liegt eine Schulterluxation vor?
☐ nein
☐ ja, vollständige Luxation
☐ ja, Subluxation

b. Handelt es sich um eine Erstluxation?
☐ ja
☐ nein, es ist die ______. (*Häufigkeit*) Luxation

Abb. 5.20: Bericht Schulterverletzungen (Schulterluxation)

c. Weist das AC-Gelenk anatomisch Anomalien auf?
☐ nein
☐ ja, und zwar ______ (*Beschreibung*)

d. Warum konnte die Schulter luxieren?
☐ direkte Gewalteinwirkung auf das Schultereckgelenk.
☐ Verdrehung.
☐ Eigenbewegung bei Schulterinstabilität.
☐ sonstiges ______ (*Beschreibung*)
Begründung: ______

e. Haben sowohl ereignisbedingte und ereignisfremde Ursachen die Verletzung verursacht?
☐ nein
☐ ja, und zwar nach meiner Einschätzung zu ____% ereignisbedingt und zu ____% ereignisunabhängig.
Begründung: ______

f. Schultermuskulatur
☐ leicht verschmächtigt
☐ stark verschmächtigt

g. Schulter-Stabilität
☐ unauffällig und stabil
☐ klinisch Subluxationstendenz

h. Schultereckgelenk-Stabilität
☐ unauffällig und stabil
☐ instabil entsprechend Grad Tossy II
☐ instabil entsprechend Grad Tossy III

8. Vorgenommene Behandlungsmaßnahmen:
Folgende Behandlungsmaßnahmen wurden durchgeführt:
______ (*Angaben der Behandlungen/Datum*)

9. Beabsichtigte Behandlungsmaßnahmen:
Folgende Behandlungsmaßnahmen sollen noch durchgeführt werden:
______ (*Angaben der Behandlungen/Datum*)

10. Mitbehandelnde Ärzte:
Folgende Ärzte/Praxen haben den Verletzten mitbehandelt:
______ (*Arzt, Praxis/Fachrichtung/Adresse*)
______ (*Arzt, Praxis/Fachrichtung/Adresse*)

Abb. 5.20: (fortgesetzt)

11. Zusatzuntersuchungen (Wenn möglich Befundkopie beifügen): Es wurden folgende Zusatzuntersuchu ngen veranlasst: ☐ Röntgen, durch _____ (*Arzt, Praxis/Adresse*) ☐ CT, durch _____ (*Arzt, Praxis/Adresse*) ☐ _____ (*z.B. Blutuntersuchung, MRT*), durch _____ (*Arzt, Praxis/Adresse*) ☐ Kopie aus der Patientenakte (*z.B. Röntgenbefund*) liegt bei
12. Stationäre Behandlungen: ☐ vollstationäre Behandlung, von _____ bis _____ (*Datum*), _____ (*Krankenhaus, Klinik*) ☐ Anschlussheilbehandlung, von _____ bis _____ (*Datum*), _____ (*Krankenhaus, Klinik*) ☐ Rehabilitationsmaßnahme, von _____ bis _____ (*Datum*), _____ (*Krankenhaus, Klinik*) ☐ _____, von _____ bis _____ (*Datum*), _____ (*Krankenhaus, Klinik*)
13. Geeigneter Hergang? War der hier bekannte Geschehensablauf geeignet, die Schulter zu luxieren? ☐ nein ☐ ja, weil _____ (*Begründung*)
14. Geeignet zur Schädigung gesunder Strukturen? War der Schädigungsmechanismus geeignet die Schädigung zu bewirken, wenn die Schulter vollständig gesund, nicht vorgeschädigt war und es sich um eine Erstluxation handelt? ☐ nein ☐ ja, weil _____ (*Begründung*)
15. Vorschädigungen? Die Schulter war vorgeschädigt: ☐ nein ☐ ja, weil _____ (*Begründung*)
16. Quotenanteil? Haben sowohl ereignisbedingte und ereignisfremde Ursachen die Verletzung verursacht? ☐ nein ☐ ja, und zwar nach meiner Einschätzung zu ____% ereignisbedingt und zu ____% ereignisunabhängig. Begründung: _____
17. Kosten: Insgesamt berechne ich für diesen Bericht: _____ €. (sofern relevant: Die Gesamtkosten errechnen sich aus der Gebühr _____ € plus MwSt 19% _____ €)
Überweisung bitte auf das Konto: Kontoinhaber: ______________________________ IBAN: ______________________ BIC: ______________ Bankinstitut: ______________________
(*Datum, Unterschrift des Arztes und Stempel*)

Abb. 5.20: (fortgesetzt)

Bericht Wirbelsäulenverletzungen (allgemein)	
	(Versicherung)
	(Anschrift)
Schaden-Nr.:	
Ereignis vom:	
Verletzte Person:	

1. Behandlung:
Erstbehandlung am _____ (*Datum*) durch _____ (*Arzt, Praxis/Fachrichtung/Adresse*)
(wenn abweichend): erste Behandlung am _____ (*Datum*) durch Unterzeichner (*Arzt/Praxis*)
☐ Behandlung dauert noch an
☐ Behandlung wurde abgeschlossen am _____ (*Datum*)

2. Angaben zum Ereignis:
Angaben zum Geschehen: _____
Wer hat die Angaben gemacht? ☐ der Versicherte selber
☐ _____ (*Name, Bezug zum Patienten und Geschehen*)

3. Vom Versicherten angegebene Beschwerden und Körperschädigungen:
_____ (*Angaben aus der Anamnese*)
Die Gesundheitsbeschwerden traten auf: ☐ direkt
☐ am _____ (*Datum oder ungefähre Zeitangabe*)

4. Ärztlich festgestellte Beschwerden und Körperschädigungen:

a. Allgemein
_____ (*Befunderhebung und Diagnose*)
_____ (*ICD-10-Code*)

b. Bandscheibenschaden
☐ ja, und zwar _____ (*Position/Segment*)
☐ Protursion
☐ Prolaps
_____ (*weitere Beschreibung*)
☐ nein

c. Prellmarke
☐ ja, und zwar _____ (*wo/Umfang/Bluterguss*)
☐ nein

Abb. 5.21: Bericht Wirbelsäulenverletzung (allgemein)

d. Wirbelköper geschädigt
☐ ja, und zwar _____ (*Beschreibung und Lage*)
☐ nein

e. Stenosen
☐ ja, und zwar _____ (*Beschreibung und Lage*)
☐ nein

f. neurologische Defizite
☐ ja, und zwar _____ (*Beschreibung und Lage*)
☐ nein

g. Wirbelsäulenverschiebung
☐ ja, und zwar _____ (*Beschreibung und Lage*)
☐ nein

h. Beinlängendifferenz
☐ ja, und zwar _____ (*Seite und Zentimeter*)
☐ nein

i. Bewegungseinschränkung
☐ ja, und zwar _____ (*Beschreibung und Lage*)
☐ nein

5. Technische Zusatzuntersuchungen:
Es wurden folgende Zusatzuntersuchu ngen veranlasst:
☐ Röntgen, durch _____ (*Arzt, Praxis/Adresse*)
☐ CT, durch _____ (*Arzt, Praxis/Adresse*)
☐ _____ (*z.B. neurologische Utuntersuchung, MRT, Histologie*), durch _____ (*Arzt, Praxis/Adresse*)
☐ Kopie aus der Patientenakte (*z.B. MRT-Befund*) liegt bei.

6. Vorgenommene Behandlungsmaßnahmen:
Folgende Behandlungsmaßnahmen wurden durchgeführt:
_____ (*Angaben der Behandlungen/Datum*)

7. Beabsichtigte Behandlungsmaßnahmen:
Folgende Behandlungsmaßnahmen sollen noch durchgeführt werden:
_____ (*Angaben der Behandlungen/Datum*)

8. Mitbehandelnde Ärzte:
Folgende Ärzte/Praxen haben den Verletzten mitbehandelt:
_____ (*Arzt, Praxis/Fachrichtung/Adresse*)
_____ (*Arzt, Praxis/Fachrichtung/Adresse*)

Abb. 5.21: (fortgesetzt)

9. Stationäre Behandlungen:
☐ vollstationäre Behandlung, von ______ bis ______ (*Datum*), ______ (*Krankenhaus, Klinik*)
☐ Anschlussheilbehandlung, von ______ bis ______ (*Datum*), ______ (*Krankenhaus, Klinik*)
☐ Rehabilitationsmaßnahme, von ______ bis ______ (*Datum*), ______ (*Krankenhaus, Klinik*)
☐ ______, von ______ bis ______ (*Datum*), ______ (*Krankenhaus, Klinik*)

10. Unfallfremde Gesundheitsschäden:

a. allgemein
______ (*Angabe von Erkrankungen, incl. Klassifizierungen wie Schweregrade*)

b. frühere Wirbelsäulenbeschwerden?
☐ ja, und zwar ______ (*Beschreibung*)
behandelt von ______ (*Arzt, Praxis/Fachrichtung/Adresse*)
☐ nein

c. Wurden degenerative Veränderungen oder andere unfallfremde Erkrankungen im Bereich der WS festgestellt?
☐ ja, und zwar ______ (*Beschreibung*)
☐ nein

d. Wurden diese Vorerkrankungen schon vor dem Unfall festgestellt und behandelt?
☐ ja, und zwar ______ (*Beschreibung*)
durch ______ (*Arzt, Praxis/Adresse*)
☐ nein

e. Haben die Vorerkrankungen Auswirkungen auf den Heilverlauf?
☐ ja, und zwar ______ (*Beschreibung*)
☐ nein

f. Welche anderen Krankheiten, Gebrechen, Leiden oder Folgen früherer Unfälle bestanden schon vor dem Unfall?
______ (*Beschreibung*)

g. Kann der jetzige Gesundheitszustand alleine durch die früheren Leiden erklärt werden?
☐ ja vollständig, und zwar ______ (*Beschreibung*)
☐ ja teilweise, und zwar ______ (*Beschreibung*)
☐ nein

11. Kosten:
Insgesamt berechne ich für diesen Bericht: ______ €.
(sofern relevant: Die Gesamtkosten errechnen sich aus der Gebühr ______ € plus MwSt 19% ______ €)

Überweisung bitte auf das Konto:
Kontoinhaber: ______________________________
IBAN: ______________________________ BIC: ______________
Bankinstitut: ______________________

(*Datum, Unterschrift des Arztes und Stempel*)

Abb. 5.21: (fortgesetzt)

Bericht Wirbelfraktur

	(*Versicherung*)
	(*Anschrift*)

Schaden-Nr.:	
Ereignis vom:	
Verletzte Person:	

1. Behandlung:

Erstbehandlung am ______ (*Datum*) durch ______ (*Arzt, Praxis/Fachrichtung/Adresse*)

(wenn abweichend): erste Behandlung am______ (*Datum*) durch Unterzeichner (*Arzt/Praxis*)

☐ Behandlung dauert noch an

☐ Behandlung wurde abgeschlossen am ______ (*Datum*)

2. Angaben zum Ereignis:

Angaben zum Geschehen: ______

Wer hat die Angaben gemacht? ☐ der Versicherte selber

☐ ______ (*Name, Bezug zum Patienten und Geschehen*)

3. Vom Versicherten angegebene Beschwerden und Körperschädigungen:

______ (*Angaben aus der Anamnese*)

Die Gesundheitsbeschwerden traten auf: ☐ direkt

☐ am ______ (*Datum oder ungefähre Zeitangabe*)

4. Ärztlich festgestellte Beschwerden und Körperschädigungen:

a. allgemein

______ (*Befunderhebung und Diagnose*)

______ (*ICD-10-Code*)

b. Prellmarke

☐ ja, und zwar ______ (*wo/Umfang/Bluterguss*)

☐ nein

c. Wirbelköper geschädigt

☐ ja, und zwar ______ (*Beschreibung und Lage, Vorderkante/Hinterkante*)

☐ nein

e. Anzeichen für eine Sinterung?

☐ ja, und zwar ______ (*Beschreibung und Lage*)

☐ nein

Abb. 5.22: Bericht Wirbelfraktur

f. Anzeichen für eine Osteoporose?
☐ ja, und zwar ______ (*Beschreibung und Lage*)
☐ nein

g. Wirbelsäulenverschiebung
☐ ja, und zwar ______ (*Beschreibung und Lage*)
☐ nein

h. Beinlängendifferenz
☐ ja, und zwar ______ (*Seite und Zentimeter*)
☐ nein

i. Bewegungseinschränkung
☐ ja, und zwar ______ (*Beschreibung und Lage*)
☐ nein

5. Technische Zusatzuntersuchungen:
Es wurden folgende Zusatzuntersuchungen veranlasst:
☐ Röntgen, durch ______ (*Arzt, Praxis/Adresse*)
☐ CT, durch ______ (*Arzt, Praxis/Adresse*)
☐ Knochendichtemessung, durch ______ (*Arzt, Praxis/Adresse*)
☐ ______ (*z.B. Blutuntersuchung, MRT, Histologie*), durch ______ (*Arzt, Praxis/Adresse*)
☐ Kopie aus der Patientenakte (*z.B. MRT-Befund*) liegt bei.

6. Vorgenommene Behandlungsmaßnahmen:
Folgende Behandlungsmaßnahmen wurden durchgeführt:
______ (*Angaben der Behandlungen/Datum*)

7. Beabsichtigte Behandlungsmaßnahmen:
Folgende Behandlungsmaßnahmen sollen noch durchgeführt werden:
______ (*Angaben der Behandlungen/Datum*)

8. Mitbehandelnde Ärzte:
Folgende Ärzte/Praxen haben den Verletzten mitbehandelt:
______ (*Arzt, Praxis/Fachrichtung/Adresse*)
______ (*Arzt, Praxis/Fachrichtung/Adresse*)

9. Stationäre Behandlungen:
☐ vollstationäre Behandlung, von ______ bis ______ (*Datum*), ______ (*Krankenhaus, Klinik*)
☐ Anschlussheilbehandlung, von ______ bis ______ (*Datum*), ______ (*Krankenhaus, Klinik*)
☐ Rehabilitationsmaßnahme, von ______ bis ______ (*Datum*), ______ (*Krankenhaus, Klinik*)
☐ ______, von ______ bis ______ (*Datum*), ______ (*Krankenhaus, Klinik*)

Abb. 5.22: (fortgesetzt)

10. Unfallfremde Gesundheitsschäden:

a. allgemein

_____ (*Angabe von Erkrankungen, incl. Klassifizierungen wie Schweregrade*)

b. frühere Wirbelsäulenbeschwerden?

☐ ja, und zwar _____ (*Beschreibung*)

Behandelt von _____ (*Arzt, Praxis/Fachrichtung/Adresse*)

☐ nein

c. Wurden degenerative Veränderungen oder andere unfallfremde Erkrankungen im Bereich der WS festgestellt?

☐ ja, und zwar _____ (*Beschreibung*)

☐ nein

d. Wurden diese Vorerkrankungen schon vor dem Unfall festgestellt und behandelt?

☐ ja, und zwar _____ (*Beschreibung*)

durch _____ (*Arzt, Praxis/Adresse*)

☐ nein

e. Haben die Vorerkrankungen Auswirkungen auf den Heilverlauf?

☐ ja, und zwar _____ (*Beschreibung*)

☐ nein

f. Welche anderen Krankheiten, Gebrechen, Leiden oder Folgen früherer Unfälle bestanden schon vor dem Unfall?

_____ (*Beschreibung*)

g. Kann der jetzige Gesundheitszustand alleine durch die früheren Leiden erklärt werden?

☐ ja vollständig, und zwar _____ (*Beschreibung*)

☐ ja teilweise, und zwar _____ (*Beschreibung*)

☐ nein

11. Kosten:

Insgesamt berechne ich für diesen Bericht: _____ €.

(sofern relevant: Die Gesamtkosten errechnen sich aus der Gebühr _____ € plus MwSt 19% _____ €)

Überweisung bitte auf das Konto:

Kontoinhaber: ______________________________

IBAN: ______________________________ BIC: ____________________

Bankinstitut: ______________________________

(*Datum, Unterschrift des Arztes und Stempel*)

Abb. 5.22: (fortgesetzt)

<table>
<tr><td colspan="3">Bericht Bandscheibenvorfall</td></tr>
<tr><td colspan="2"></td><td>(Versicherung)</td></tr>
<tr><td colspan="2"></td><td>(Anschrift)</td></tr>
<tr><td>Schaden-Nr.:</td><td colspan="2"></td></tr>
<tr><td>Ereignis vom:</td><td colspan="2"></td></tr>
<tr><td>Verletzte Person:</td><td colspan="2"></td></tr>
<tr><td colspan="3">1. Behandlung:
Erstbehandlung am ______ (Datum) durch ______ (Arzt, Praxis/Fachrichtung/Adresse)
(wenn abweichend): erste Behandlung am ______ (Datum) durch Unterzeichner (Arzt/Praxis)
☐ Behandlung dauert noch an
☐ Behandlung wurde abgeschlossen am ______ (Datum)</td></tr>
<tr><td colspan="3">2. Angaben zum Ereignis:
Angaben zum Geschehen: ______
Wer hat die Angaben gemacht? ☐ der Versicherte selber
☐ ______ (Name, Bezug zum Patienten und Geschehen)</td></tr>
<tr><td colspan="3">3. Vom Versicherten angegebene Beschwerden und Körperschädigungen:
______ (Angaben aus der Anamnese)
Die Gesundheitsbeschwerden traten auf: ☐ direkt
☐ am ______ (Datum oder ungefähre Zeitangabe)</td></tr>
<tr><td colspan="3">4. Ärztlich festgestellte Beschwerden und Körperschädigungen:</td></tr>
<tr><td colspan="3">a. Allgemein
______ (Befunderhebung und Diagnose)
______ (ICD-10-Code)</td></tr>
<tr><td colspan="3">b. Bandscheibenschaden
______ (Position/Segment)
☐ Protursion
☐ Prolaps
______ (weitere Beschreibung)</td></tr>
<tr><td colspan="3">c. Prellmarke
☐ ja, und zwar ______ (wo/Umfang/Bluterguss)
☐ nein</td></tr>
</table>

Abb. 5.23: Bericht Bandscheibenvorfall

d. pathologische Muskelspannung?
☐ ja, und zwar _____ (*Beschreibung*)
☐ nein

e. Wirbelköper geschädigt
☐ ja, und zwar _____ (*Beschreibung und Lage*)
☐ nein

f. Neurologische Symptome
☐ ja, und zwar _____ (*Beschreibung*)
☐ nein

g. Stenosen
☐ ja, und zwar _____ (*Beschreibung und Lage*)
☐ nein

h. Wirbelsäulenverschiebung
☐ ja, und zwar _____ (*Beschreibung und Lage*)
☐ nein

i. Beinlängendifferenz
☐ ja, und zwar _____ (*Seite und Zentimeter*)
☐ nein

j. Bewegungseinschränkung
☐ ja, und zwar _____ (*Beschreibung und Lage*)
☐ nein

5. Technische Zusatzuntersuchungen:
Es wurden folgende Zusatzuntersuchu ngen veranlasst:
☐ Röntgen, durch _____ (*Arzt, Praxis/Adresse*)
☐ CT, durch _____ (*Arzt, Praxis/Adresse*)
☐ _____ (*z.B. neurologische Untersuchung, MRT, Histologie*), durch _____ (*Arzt, Praxis/Adresse*)
☐ Kopie aus der Patientenakte (*z.B. MRT-Befund*) liegt bei.

6. Vorgenommene Behandlungsmaßnahmen:
Folgende Behandlungsmaßnahmen wurden durchgeführt:
_____ (*Angaben der Behandlungen/Datum*)

7. Beabsichtigte Behandlungsmaßnahmen:
Folgende Behandlungsmaßnahmen sollen noch durchgeführt werden:
_____ (*Angaben der Behandlungen/Datum*)

Abb. 5.23: (fortgesetzt)

8. Mitbehandelnde Ärzte:
Folgende Ärzte/Praxen haben den Verletzten mitbehandelt:
_____ (*Arzt, Praxis/Fachrichtung/Adresse*)
_____ (*Arzt, Praxis/Fachrichtung/Adresse*)

9. Stationäre Behandlungen:
☐ vollstationäre Behandlung, von _____ bis _____ (*Datum*), _____ (*Krankenhaus, Klinik*)
☐ Anschlussheilbehandlung, von _____ bis _____ (*Datum*), _____ (*Krankenhaus, Klinik*)
☐ Rehabilitationsmaßnahme, von _____ bis _____ (*Datum*), _____ (*Krankenhaus, Klinik*)
☐ _____, von _____ bis _____ (*Datum*), _____ (*Krankenhaus, Klinik*)

10. Unfallfremde Gesundheitsschäden:

a. allgemein
_____ (*Angabe von Erkrankungen, incl. Klassifizierungen wie Schweregrade*)

b. frühere Bandscheibenschäden bzw. frühere Wirbelsäulenbeschwerden?
☐ ja, und zwar _____ (*Beschreibung*)
Behandelt von _____ (*Arzt, Praxis/Fachrichtung/Adresse*)
☐ nein

c. Wurden degenerative Veränderungen oder andere unfallfremde Erkrankungen im Bereich der WS festgestellt?
☐ ja, und zwar _____ (*Beschreibung*)
☐ nein

d. Wurden diese Vorerkrankungen schon vor dem Unfall festgestellt und behandelt?
☐ ja, und zwar _____ (*Beschreibung*)
durch _____ (*Arzt, Praxis/Adresse*)
☐ nein

e. Haben die Vorerkrankungen Auswirkungen auf den Heilverlauf?
☐ ja, und zwar _____ (*Beschreibung*)
☐ nein

f. Welche anderen Krankheiten, Gebrechen, Leiden oder Folgen früherer Unfälle bestanden schon vor dem Unfall?
_____ (*Beschreibung*)

g. Kann der jetzige Gesundheitszustand alleine durch die früheren Leiden erklärt werden?
☐ ja vollständig, und zwar _____ (*Beschreibung*)
☐ ja teilweise, und zwar _____ (*Beschreibung*)
☐ nein

Abb. 5.23: (fortgesetzt)

11. Ursache des Bandscheibenschadens: (*Verursachungsanteil*) ☐ ja, zu 100% unfallbedingt. Begründung: __ ☐ nein, vollständig unfallfremd Begründung: __ ☐ teilweise unfallbedingt, zu __% unfallfremd und zu __% unfallbedingt, Begründung: __
12. Kosten: Insgesamt berechne ich für diesen Bericht: ______ €. (sofern relevant: Die Gesamtkosten errechnen sich aus der Gebühr ______ € plus MwSt 19% ______ €)
Überweisung bitte auf das Konto: Kontoinhaber: ______________________________ IBAN: ______________________ BIC: ______________ Bankinstitut: ______________________
(*Datum, Unterschrift des Arztes und Stempel*)

Abb. 5.23: (fortgesetzt)

Bericht HWS-Trauma	
	(*Versicherung*)
	(*Anschrift*)
Schaden-Nr.:	
Ereignis vom:	
Verletzte Person:	
1. Behandlung: Erstbehandlung am ______ (*Datum*) durch ______ (*Arzt, Praxis/Fachrichtung/Adresse*) (wenn abweichend): erste Behandlung am ______ (*Datum*) durch Unterzeichner (*Arzt/Praxis*) ☐ Behandlung dauert noch an ☐ Behandlung wurde abgeschlossen am ______ (*Datum*)	
2. Angaben zum Ereignis: Angaben zum Geschehen: ______ Wer hat die Angaben gemacht? ☐ der Versicherte selber ☐ ______ (*Name, Bezug zum Patienten und Geschehen*)	
3. Vom Versicherten angegebene Beschwerden und Körperschädigungen: ______ (*Angaben aus der Anamnese*) Die Gesundheitsbeschwerden traten auf: ☐ direkt ☐ am ______ (*Datum oder ungefähre Zeitangabe*)	
4. Ärztlich festgestellte Beschwerden und Körperschädigungen:	
a. Allgemein ______ (*Befunderhebung und Diagnose*) ______ (*ICD-10-Code*)	
b. Abschürfung ☐ ja, und zwar ______ (*Position/Art/Umfang*) ☐ nein	
c. Prellmarke ☐ ja, und zwar ______ (*wo/Umfang/Bluterguss*) ☐ nein	
d. Benommenheit ☐ ja, und zwar ______ (*Beschreibung*) ☐ nein beobachtete durch ______ (*Arzt, Praxis/Adresse*)	

Abb. 5.24: Bericht HWS-Trauma

e. pathologische Muskelspannung? ☐ ja, und zwar ______ (*Beschreibung*) ☐ nein
f. HWS-Beweglichkeit ☐ eingeschränkt, und zwar ______ (*Beschreibung*) ☐ frei
g. Neurologische Symptome ☐ ja, und zwar ______ (*Beschreibung*) ☐ nein
5. Zusatzfragen bei Kfz-Unfall
a. Gab es Befunde, die auf einen angelegten Sicherheitsgurt schließen lassen? ☐ ja, und zwar ______ (*Anhaltspunkte*) ☐ nein
b. Wurde wegen (möglichem) Alkoholeinfluss eine Blutprobe entnommen? ☐ ja, festgestellt wurden ______‰ (*Ergebnis der Blutprobe*) ☐ nein
6. Technische Zusatzuntersuchungen: Es wurden folgende Zusatzuntersuchungen veranlasst: ☐ Röntgen, durch ______ (*Arzt, Praxis/Adresse*) Als Funktionsaufnahmen? ☐ Ja ☐ nein ☐ CT, durch ______ (*Arzt, Praxis/Adresse*) ☐ ______ (*z.B. neurologische Untersuchung, MRT, Histologie*), durch ______ (*Arzt, Praxis/Adresse*) ☐ Kopie aus der Patientenakte (*z.B. MRT-Befund*) liegt bei.
7. Vorgenommene Behandlungsmaßnahmen: Folgende Behandlungsmaßnahmen wurden durchgeführt: ______ (*Angaben der Behandlungen/Datum*)
8. Beabsichtigte Behandlungsmaßnahmen: Folgende Behandlungsmaßnahmen sollen noch durchgeführt werden: ______ (*Angaben der Behandlungen/Datum*)
9. Mitbehandelnde Ärzte: Folgende Ärzte/Praxen haben den Verletzten mitbehandelt: ______ (*Arzt, Praxis/Fachrichtung/Adresse*) ______ (*Arzt, Praxis/Fachrichtung/Adresse*)

Abb. 5.24: (fortgesetzt)

10. Stationäre Behandlungen: ☐ vollstationäre Behandlung, von ______ bis ______ (*Datum*), ______ (*Krankenhaus, Klinik*) ☐ Anschlussheilbehandlung, von ______ bis ______ (*Datum*), ______ (*Krankenhaus, Klinik*) ☐ Rehabilitationsmaßnahme, von ______ bis ______ (*Datum*), ______ (*Krankenhaus, Klinik*) ☐ ______, von ______ bis ______ (*Datum*), ______ (*Krankenhaus, Klinik*)
11. Unfallfremde Gesundheitsschäden:
a. allgemein ______ (*Angabe von Erkrankungen, incl. Klassifizierungen wie Schweregrade*)
b. frühere Wirbelsäulenbeschwerden? ☐ ja, und zwar ______ (*Beschreibung*) Behandelt von ______ (*Arzt, Praxis/Fachrichtung/Adresse*) ☐ nein
c. Wurden degenerative Veränderungen oder andere unfallfremde Erkrankungen im Bereich der WS, insbesondere der HWS festgestellt? ☐ ja, und zwar ______ (*Beschreibung*) ☐ nein
d. Wurden diese Vorerkrankungen schon vor dem Unfall festgestellt und behandelt? ☐ ja, und zwar ______ (*Beschreibung*) durch ______ (*Arzt, Praxis/Adresse*) ☐ nein
e. Haben die Vorerkrankungen Auswirkungen auf den Heilverlauf? ☐ ja, und zwar ______ (*Beschreibung*) ☐ nein
f. Welche anderen Krankheiten, Gebrechen, Leiden oder Folgen früherer Unfälle bestanden schon vor dem Unfall? ______ (*Beschreibung*)
g. Kann der jetzige Gesundheitszustand alleine durch die früheren Leiden erklärt werden? ☐ ja vollständig, und zwar ______ (*Beschreibung*) ☐ ja teilweise, und zwar ______ (*Beschreibung*) ☐ nein
12. Kosten: Insgesamt berechne ich für diesen Bericht: ______ €. (sofern relevant: Die Gesamtkosten errechnen sich aus der Gebühr ______ € plus MwSt 19% ______ €)
Überweisung bitte auf das Konto: Kontoinhaber: ______________________________ IBAN: ______________________________ BIC: ______________________________ Bankinstitut: ______________________________
(*Datum, Unterschrift des Arztes und Stempel*)

Abb. 5.24: (fortgesetzt)

Bericht Sehnenschaden (allgemein)	
	(Versicherung)
	(Anschrift)
Schaden-Nr.:	
Ereignis vom:	
Verletzte Person:	
1. Behandlung: Erstbehandlung am ______ (*Datum*) durch ______ (*Arzt, Praxis/Fachrichtung/Adresse*) (wenn abweichend): erste Behandlung am ______ (*Datum*) durch Unterzeichner (*Arzt/Praxis*) ☐ Behandlung dauert noch an ☐ Behandlung wurde abgeschlossen am ______ (*Datum*)	
2. Angaben zum Ereignis: a. Der Versicherte gab zum Geschehen an: ______ b. Schädigungsmechanismus: ☐ direktes Anpralltrauma ☐ aktive Kraftanstrengung (z.B. kontrolliertes Bewegen von Lasten) ☐ Zugbelastung, ______ (*Beschreibung*) ☐ Sonstiger Mechanismus, ______ (*Beschreibung*)	
3. Vom Versicherten angegebene Beschwerden und Körperschädigungen: ______ (*Angaben aus der Anamnese*) Die Gesundheitsbeschwerden traten auf: ☐ direkt ☐ am ______ (*Datum oder ungefähre Zeitangabe*)	
4. Ärztlich festgestellte Körperschädigungen und Diagnose: ______ (*Diagnose*) ______ (*ICD-10-Code*)	
5. Vorgenommene Behandlungsmaßnahmen: Folgende Behandlungsmaßnahmen wurden durchgeführt: ______ (*Angaben der Behandlungen/Datum*)	
6. Beabsichtigte Behandlungsmaßnahmen: Folgende Behandlungsmaßnahmen sollen noch durchgeführt werden: ______ (*Angaben der Behandlungen/Datum*)	
7. Mitbehandelnde Ärzte: Folgende Ärzte/Praxen haben den Verletzten mitbehandelt: ______ (*Arzt, Praxis/Fachrichtung/Adresse*) ______ (*Arzt, Praxis/Fachrichtung/Adresse*)	

Abb. 5.25: Bericht Sehnenschaden (allgemein)

8. Zusatzuntersuchungen (Wenn möglich Befundkopie beifügen): Es wurden folgende Zusatzuntersuchungen veranlasst: ☐ Röntgen, durch _____ (*Arzt, Praxis/Adresse*) ☐ CT, durch _____ (*Arzt, Praxis/Adresse*) ☐ Histologie, durch _____ (*Arzt, Praxis/Adresse*) ☐ _____ (*z.B. Blutuntersuchung, MRT*), durch _____ (*Arzt, Praxis/Adresse*) Ergebnis: _____ ☐ Kopie aus der Patientenakte (*z.B. Röntgenbefund*) liegt bei
9. Stationäre Behandlungen: ☐ vollstationäre Behandlung, von _____ bis _____ (*Datum*), _____ (*Krankenhaus, Klinik*) ☐ Anschlussheilbehandlung, von _____ bis _____ (*Datum*), _____ (*Krankenhaus, Klinik*) ☐ Rehabilitationsmaßnahme, von _____ bis _____ (*Datum*), _____ (*Krankenhaus, Klinik*) ☐ _____, von _____ bis _____ (*Datum*), _____ (*Krankenhaus, Klinik*)
10. Geeigneter Hergang? War der hier bekannte Geschehensablauf geeignet, eine Sehnendurchtrennung herbeizuführen? ☐ nein, weil _____ (*Begründung*) ☐ ja, weil _____ (*Begründung*)
11. Geeignet zur Schädigung gesunder Strukturen? War der Schädigungsmechanismus geeignet die Schädigung der Sehne zu bewirken, wenn die verletzte Sehne vollständig gesund, nicht vorgeschädigt war? ☐ nein, weil _____ (*Begründung*) ☐ ja, weil _____ (*Begründung*)
12. Vorschädigungen? Die verletzte Sehne war vorgeschädigt: ☐ nein ☐ ja, weil _____ (*krankhafte Befunde, z.B. Degenerationen*)
13. Quotenanteil? Haben sowohl ereignisbedingte und ereignisfremde Ursachen die Verletzung verursacht? ☐ nein ☐ ja, und zwar nach meiner Einschätzung zu ____% ereignisbedingt und zu ____% ereignisunabhängig. Begründung: _____
14. Kosten: Insgesamt berechne ich für diesen Bericht: _____ €. (sofern relevant: Die Gesamtkosten errechnen sich aus der Gebühr _____ € plus MwSt 19% _____ €)
Überweisung bitte auf das Konto: Kontoinhaber: ______________________________ IBAN: ______________________________ BIC: ______________ Bankinstitut: ______________________
 (*Datum, Unterschrift des Arztes und Stempel*)

Abb. 5.25: (fortgesetzt)

Bericht Sehnenschaden (Achillessehnenriss)	
	(Versicherung)
	(Anschrift)
Schaden-Nr.:	
Ereignis vom:	
Verletzte Person:	
1. Behandlung: Erstbehandlung am _____ (*Datum*) durch _____ (*Arzt, Praxis/Fachrichtung/Adresse*) (wenn abweichend): erste Behandlung am _____ (*Datum*) durch Unterzeichner (*Arzt/Praxis*) ☐ Behandlung dauert noch an ☐ Behandlung wurde abgeschlossen am _____ (*Datum*)	
2. Angaben zum Ereignis: a. Der Versicherte gab zum Geschehen an: _____ b. Schädigungsmechanismus: _____ ☐ direktes Anpralltrauma ☐ aktive Kraftanstrengung (z.B. kontrolliertes Bewegen von Lasten) ☐ Zugbelastung, _____(*Beschreibung*) ☐ Sonstiger Mechanismus, _____(*Beschreibung*)	
3. Vom Versicherten angegebene Beschwerden und Körperschädigungen: _____ (*Angaben aus der Anamnese*) Die Gesundheitsbeschwerden traten auf: ☐ direkt ☐ am _____ (*Datum oder ungefähre Zeitangabe*)	
4. Ärztlich festgestellte Körperschädigungen und Diagnose: _____ (*Diagnose*) _____ (*ICD-10-Code*)	
5. Vorgenommene Behandlungsmaßnahmen: Folgende Behandlungsmaßnahmen wurden durchgeführt: _____(*Angaben der Behandlungen/Datum*)	
6. Beabsichtigte Behandlungsmaßnahmen: Folgende Behandlungsmaßnahmen sollen noch durchgeführt werden: _____(*Angaben der Behandlungen/Datum*)	

Abb. 5.26: Bericht Sehnenschaden (Achillessehne)

7. Zusatzuntersuchungen (Wenn möglich Befundkopie beifügen):

Es wurden folgende Zusatzuntersuchungen veranlasst:

☐ Röntgen, durch _____ (*Arzt, Praxis/Adresse*)

☐ CT, durch _____ (*Arzt, Praxis/Adresse*)

☐ Histologie, durch _____ (*Arzt, Praxis/Adresse*)

☐ _____ (*z.B. Blutuntersuchung, MRT*), durch _____ (*Arzt, Praxis/Adresse*)

Ergebnis: ______________________________

☐ Kopie aus der Patientenakte (*z.B. Röntgenbefund*) liegt bei

8. Stationäre Behandlungen:

☐ vollstationäre Behandlung, von _____ bis _____ (*Datum*), _____ (*Krankenhaus, Klinik*)

☐ Anschlussheilbehandlung, von _____ bis _____ (*Datum*), _____ (*Krankenhaus, Klinik*)

☐ Rehabilitationsmaßnahme, von _____ bis _____ (*Datum*), _____ (*Krankenhaus, Klinik*)

☐ _____, von _____ bis _____ (*Datum*), _____ (*Krankenhaus, Klinik*)

9. Geeigneter Hergang?

War der hier bekannte Geschehensablauf geeignet, eine Sehnendurchtrennung herbeizuführen?

☐ nein, weil _____ (*Begründung*)

☐ ja, weil _____ (*Begründung*)

10. Geeignet zur Schädigung gesunder Strukturen?

War der Schädigungsmechanismus geeignet die Schädigung der Sehne zu bewirken, wenn die verletzte Sehne vollständig gesund, nicht vorgeschädigt war?

☐ nein, weil _____ (*Begründung*)

☐ ja, weil _____ (*Begründung*)

11. Vorschädigungen?

a. War die Achillessehne vorgeschädigt?

☐ nein

☐ ja, weil _____ (*krankhafte Befunde*)

b. Wurde die Achillessehne schon vor dem Schadenereignisbehandelt?

☐ nein

☐ ja, weil _____ (*krankhafte Befunde*)

c. Gab es vor dem Schadenereignis Hinweise auf Beschwerden an der Achillessehne bzw. entzündliche Erkrankungen?

☐ nein

☐ ja, weil _____ (*krankhafte Befunde*)

Abb. 5.26: (fortgesetzt)

12. Quotenanteil?

Haben sowohl ereignisbedingte und ereignisfremde Ursachen die Verletzung verursacht?

☐ nein

☐ ja, und zwar nach meiner Einschätzung zu ____% ereignisbedingt und zu ____% ereignisunabhängig.

Begründung: ______

13. Kosten:
Insgesamt berechne ich für diesen Bericht: ______ €.
(sofern relevant: Die Gesamtkosten errechnen sich aus der Gebühr ______ € plus MwSt 19% ______ €)

Überweisung bitte auf das Konto:

Kontoinhaber: ____

IBAN: ________________________________ BIC: ___________________

Bankinstitut: ____________________________

(*Datum, Unterschrift des Arztes und Stempel*)

Abb. 5.26: (fortgesetzt)

Bericht zu Hernien (Bauch- und Unterleibsbrüche)	
	(*Versicherung*)
	(*Anschrift*)
Schaden-Nr.:	
Ereignis vom:	
Verletzte Person:	

1. Angaben zum Ereignis:
Der Versicherte gab zum Geschehen an: ______
Die Gesundheitsbeschwerden traten auf: ☐ direkt
☐ am ______ (*Datum oder ungefähre Zeitangabe*)

2. Erstbehandlung:
Erstbehandlung am ______ (*Datum*) durch ______ (*Arzt, Praxis/Fachrichtung/Adresse*)
(wenn abweichend): erste Behandlung am ______ (*Datum*) durch Unterzeichner (*Arzt/Praxis*)
☐ Behandlung dauert noch an
☐ Behandlung wurde abgeschlossen am ______ (*Datum*)

3. Vom Versicherten angegebene Beschwerden und Körperschädigungen:
______ (*Angaben aus der Anamnese*)

4. Ärztlich festgestellte Beschwerden und Körperschädigungen (Hernie):
______ (*sämtliche erhobenen Befunde und Diagnose*)

5. Vorgenommene Behandlungsmaßnahmen:
Folgende Behandlungsmaßnahmen wurden durchgeführt:
______ (*Angaben der Behandlungen/Datum*)

6. Beabsichtigte Behandlungsmaßnahmen:
Folgende Behandlungsmaßnahmen sollen noch durchgeführt werden:
______ (*Angaben der Behandlungen/Datum*)

7. Technische Untersuchungen (Wenn möglich Befundkopie beifügen):
Es wurden folgende Zusatzuntersuchungen veranlasst:
☐ Ultraschall, durch ______ (*Arzt, Praxis/Adresse*)
☐ CT, durch ______ (*Arzt, Praxis/Adresse*)
☐ ______ (*z.B. Blutuntersuchung, MRT, Histologie*), durch ______ (*Arzt, Praxis/Adresse*)
☐ **Kopie aus der Patientenakte (*z.B. histologischer Befund*) liegt bei**

Abb. 5.27: Bericht zu Hernien

8. Schädigungsursache

☐ Es lag eine mechanische Einwirkung (z.B. Stich, Stoß, Anprall) auf den Bruchbereich vor. (*Weiter bei Frage 9*)

☐ Der Bruch löste im Rahmen einer Kraftanstrengung Beschweren aus. (*Weiter bei Frage 13*)

☐ Es lag kein konkretes Ereignis vor, die Beschwerden haben sich über einen längeren Zeitraum vor der Behandlung immer mehr verstärkt. (*Weiter bei Frage 17*)

Fragen bei direkter Gewalteinwirkung:

9. Entstehung der Bruchpforte

Ist durch die Gewalteinwi rkung medizinisch belegbar die Bruchpforte entstanden?

☐ nein

☐ ja, und zwar ______ (*Begründung, Kopie Histologie beifügen*)

10. Ist der Bruch anlässlich des Ereignisses Erscheinung getreten?

Abgrenzend zu Frage 9, sind „nur“ nachweisbar ______ (*Organteile, Gewebestrukturen*) durch die Bruchpforte nach außen getreten?

☐ nein

☐ ja, und zwar zum ______. Mal. (*erster Fall oder Rezidiv?*)

11. Veranlagung:

Ist beim Verletzten eine Veranlagung zu einer Bindegewebeschwäche bekannt, neu festgestellt worden oder nach medizinischen Erfahrungen mit an Sicherheit grenzender Wahrscheinlichkeit anzunehmen?

☐ nein

☐ ja, und zwar ______ (*Begründung, Kopie Histologie beifügen*)

12. Quotenanteil:

Haben sowohl Ereignisbedingte und ereignisfremde Ursachen die Hernie verursacht?

☐ nein

☐ ja, und zwar nach meiner Einschätzung zu ____% ereignisbedingt und zu ____% ereignisunabhängig.

(Weiter bei Frage 21 – Kosten)

Fragen bei Kraftanstrengungen:

13. Entstehung der Bruchpforte

Ist durch die Kraftanstrengung medizinisch belegbar die Bruchpforte entstanden?

☐ nein

☐ ja, und zwar ______ (*Begründung, Kopie Histologie beifügen*)

14. Ist der Bruch anlässlich des Ereignisses Erscheinung getreten?

Abgrenzend zu Frage 13, sind „nur“ nachweisbar ______ (*Organteile, Gewebestrukturen*) durch die Bruchpforte nach außen getreten?

☐ nein

☐ ja, und zwar zum ______. Mal. (*erster Fall oder Rezidiv?*)

Abb. 5.27: (fortgesetzt)

15. Veranlagung: Ist beim Verletzten eine Veranlagung zu einer Bindegewebeschwäche bekannt, neu festgestellt worden oder nach medizinischen Erfahrungen mit an Sicherheit grenzender Wahrscheinlichkeit anzunehmen? ☐ nein ☐ ja, und zwar ______ (*Begründung, Kopie Histologie beifügen*)
16. Quotenanteil: Haben sowohl Ereignisbedingte und ereignisfremde Ursachen die Hernie verursacht? ☐ nein ☐ ja, und zwar nach meiner Einschätzung zu ____% ereignisbedingt und zu ____% ereignisunabhängig. (Weiter bei Frage 21 – Kosten)
Fragen bei sonstigen Ursachen:
17. Entstehung der Bruchpforte Wodurch ist die Bruchpforte entstanden? ______ (*medizinische Nachweise, Begründung*)
18. Ist der Bruch anlässlich des Ereignisses Erscheinung getreten? Abgrenzend zu Frage 13, sind „nur" nachweisbar ______ (*Organteile, Gewebestrukturen*) durch die Bruchpforte nach außen getreten? ☐ nein ☐ ja, und zwar zum ______. Mal. (*erster Fall oder Rezidiv?*)
19. Veranlagung: Ist beim Verletzten eine Veranlagung zu einer Bindegewebeschwäche bekannt, neu festgestellt worden oder nach medizinischen Erfahrungen mit an Sicherheit grenzender Wahrscheinlichkeit anzunehmen? ☐ nein ☐ ja, und zwar ______ (*Begründung, Kopie Histologie beifügen*)
20. Quotenanteil: Haben sowohl Ereignisbedingte und ereignisfremde Ursachen die Hernie verursacht? ☐ nein ☐ ja, und zwar nach meiner Einschätzung zu ____% ereignisbedingt und zu ____% ereignisunabhängig.
21. Kosten: Insgesamt berechne ich für diesen Bericht: ______ €. (sofern relevant: Die Gesamtkosten errechnen sich aus der Gebühr ______ € plus MwSt 19% ______ €)
Überweisung bitte auf das Konto: Kontoinhaber: ________________________________ IBAN: ________________________ BIC: ______________ Bankinstitut: ____________________
 (*Datum, Unterschrift des Arztes und Stempel*)

Abb. 5.27: (fortgesetzt)

Bericht zu Infektionen

	(*Versicherung*)
	(*Anschrift*)

Schaden-Nr.:	
Ereignis vom:	
Verletzte Person:	

1. Angaben zur behandelten Infektion:

_____ (*Infektion*)

☐ Positiv festgestellt: _____ (*Untersuchungsmethode, wann, durch wen? – Befunde beilegen*)

☐ vermutete Infektion: _____ (*Begründung für die Vermutung*)

2. Erstbehandlung:

Erstbehandlung am _____ (*Datum*) durch _____ (*Arzt, Praxis/Fachrichtung/Adresse*)

(wenn abweichend): erste Behandlung am _____ (*Datum*) durch Unterzeichner (*Arzt/Praxis*)

☐ Behandlung dauert noch an

☐ Behandlung wurde abgeschlossen am _____ (*Datum*)

3. Zusatzuntersuchungen (Wenn möglich Befundkopie beifügen):

Es wurden folgende Zusatzuntersuchungen veranlasst:

☐ Blutuntersuchung _____ (*Testverfahren*), durch _____ (*Arzt, Praxis/Adresse*)

☐ _____ (*z.B. CT, MRT, Histologie*), durch _____ (*Arzt, Praxis/Adresse*)

☐ Kopie aus der Patientenakte (*z.B. Bluttest*) liegt bei

4. Infektionsweg:

_____ (*Angaben zum Infektionsweg*)

☐ Der Infektionsweg ist nachgewiesen _____ (*wodurch*)

☐ Der Infektionsweg ist wahrscheinlich _____ (*Begründung*)

☐ Der Infektionsweg ist unklar, da mehrere Wege denkbar sind _____ (*Begründung*)

5. Geringfügige Haut- oder Schleimhautverletzung?

Wenn die Infektion durch eine geringfügige Haut- oder Schleimhautverletzung in den Körper gelangt ist, war dann diese geringfügige Verletzung für sich genommen (durch einen Arzt) behandlungsbedürftig?

☐ Ja

☐ nein

6. Vom Versicherten angegebene Beschwerden, Körperschädigungen und Zeitabläufe:

_____ (*Angaben aus der Anamnese*)

Abb. 5.28: Bericht zu Infektionen

7. Ärztlich festgestellte Beschwerden und Körperschädigungen: _____ (*sämtliche erhobenen Befunde und Diagnose*)
8. Vorgenommene Behandlungsmaßnahmen: Folgende Behandlungsmaßnahmen wurden durchgeführt: _____ (*Angaben der Behandlungen/Datum*)
9. Kosten: Insgesamt berechne ich für diesen Bericht: _____ €. (sofern relevant: Die Gesamtkosten errechnen sich aus der Gebühr _____ € plus MwSt 19% _____ €)
Überweisung bitte auf das Konto: Kontoinhaber: ____________________ IBAN: ____________________ BIC: ____________ Bankinstitut: ____________________
 (*Datum, Unterschrift des Arztes und Stempel*)

Abb. 5.28: (fortgesetzt)

Bericht zu Infektion nach Zeckenstich		
		(*Versicherung*)
		(*Anschrift*)
Schaden-Nr.:		
Ereignis vom:		
Verletzte Person:		

1. Angaben zur behandelten Infektion:

_____ (*Infektion*)

☐ Positiv festgestellt: _____ (*Untersuchungsmethode, wann, durch wen? – Befunde beilegen*)

☐ vermutete Infektion: _____ (*Begründung für die Vermutung*)

2. Angaben zum Infektionsweg - Zeckenstich:

a. _____ (*Angaben zum Infektionsweg*)

☐ Der Infektionsweg ist nachgewiesen _____ (*wodurch*)

☐ Der Infektionsweg ist wahrscheinlich _____ (*Begründung*)

☐ Der Infektionsweg ist unklar, da mehrere Wege denkbar sind _____ (*Begründung*)

b. Wurde die Zecke vom Versicherten bemerkt?

☐ nein

☐ ja, am _____ (*Datum*)

Wer hat sie entfernt? _____ (*Name, Anschrift*)

c. Handelt es sich um einen oder mehrere Zeckenstiche?

_____ (*Anzahl*)

3. Erstbehandlung:

Erstbehandlung am _____ (*Datum*) durch _____ (*Arzt, Praxis/Fachrichtung/Adresse*)

(wenn abweichend): erste Behandlung am _____ (*Datum*) durch Unterzeichner (*Arzt/Praxis*)

☐ Behandlung dauert noch an

☐ Behandlung wurde abgeschlossen am _____ (*Datum*)

4. Zusatzuntersuchungen (Wenn möglich Befundkopie beifügen):

Es wurden folgende Zusatzuntersuchungen veranlasst:

☐ Blutuntersuchung _____ (*Testverfahren*), durch _____ (*Arzt, Praxis/Adresse*)

☐ _____ (*z.B. CT, MRT, Histologie*), durch _____ (*Arzt, Praxis/Adresse*)

☐ serologische Untersuchung

☐ serologische Kontrolluntersuchung

☐ Kopie aus der Patientenakte (*z.B. Bluttest*) liegt bei

Abb. 5.29: Bericht zu Infektion nach Zeckenstich

5. Frühere Infektionen durch Zeckenstich?

War der Versicherte bereits vorher wegen zeckenstichbedingter Infektionen in Behandlung?

☐ nein

☐ ja, am ______ (*Datum oder Monat/Jahr*)

Behandelt durch: ______ (*Arzt, Praxis/Adresse*)

6. Vorausgegangene Behandlungen?

War der Versicherte bereits vorher wegen einer der folgenden Beschwerden in Behandlung?

☐ Arthrose
am ______ (*Datum oder Monat/Jahr*)

Behandelt durch: ______ (*Arzt, Praxis/Adresse*)

☐ kardiologischer Beschwerden
am ______ (*Datum oder Monat/Jahr*)

Behandelt durch: ______ (*Arzt, Praxis/Adresse*)

☐ Rheuma

am ______ (*Datum oder Monat/Jahr*)

Behandelt durch: ______ (*Arzt, Praxis/Adresse*)

☐ Neurologische Beschwerden

am ______ (*Datum oder Monat/Jahr*)

Behandelt durch: ______ (*Arzt, Praxis/Adresse*)

7. Vom Versicherten angegebene Beschwerden, Körperschädigungen und Zeitabläufe:

☐ Beschwerden im Bereich der Muskulatur und des Bewegungsapparates

______ (*Beschreibung*)

☐ Symptome an dem Atmungsorganen

______ (*Beschreibung*)

☐ Neurologische, hirnorganische Symptome

______ (*Beschreibung*)

☐ Augen / Gesichtsfeld

______ (*Beschreibung*)

☐ Kardiale Symptome

______ (*Beschreibung*)

☐ andere internistische Symptome

______ (*Beschreibung*)

☐ Hautveränderungen (z.B. sog. Erythema migrans –Wanderröte-)

______ (*Beschreibung*)

☐ Sonstige Beschwerden

______ (*Beschreibung*)

Abb. 5.29: (fortgesetzt)

8. Ärztlich festgestellte Beschwerden und Körperschädigungen:
a. allgemein
_____ (*sämtliche erhobenen Befunde*)
b. Zeckenstichbedingte Infektionskrankheiten
_____ (*Infektionen*)

9. Wissenschaftliche Erstdiagnose
_____ (*Diagnose*)
_____ (*ICD-10-Code*)
Nur bei Borreliose: Tag der erstmaligen Feststellung: _____ (*Datum*)

10. Vorgenommene Behandlungsmaßnahmen:
Folgende Behandlungsmaßnahmen wurden durchgeführt:
_____ (*Angaben der Behandlungen/Datum*)
_____ (*Medikamente*)

11. Kosten:
Insgesamt berechne ich für diesen Bericht: _____ €.
(sofern relevant: Die Gesamtkosten errechnen sich aus der Gebühr _____ € plus MwSt 19% _____ €)

Überweisung bitte auf das Konto:
Kontoinhaber: ____________________
IBAN: ____________________ BIC: ____________________
Bankinstitut: ____________________

(*Datum, Unterschrift des Arztes und Stempel*)

Abb. 5.29: (fortgesetzt)

Bericht Vergiftung

	(*Versicherung*)
	(*Anschrift*)
Schaden-Nr.:	
Ereignis vom:	
Verletzte Person:	

1. Angaben zur behandelten Vergiftung:

_____ (*Vergiftung*)

☐ Positiv festgestellt: _____ (*Untersuchungsmethode, wann, durch wen? – Befunde beilegen*)

☐ vermutete Vergiftung: _____ (*Begründung für die Vermutung*)

2. Erstbehandlung:

Erstbehandlung am _____ (*Datum*) durch _____ (*Arzt, Praxis/Fachrichtung/Adresse*)

(wenn abweichend): erste Behandlung am _____ (*Datum*) durch Unterzeichner (*Arzt/Praxis*)

☐ Behandlung dauert noch an

☐ Behandlung wurde abgeschlossen am _____ (*Datum*)

3. Zusatzuntersuchungen (Wenn möglich Befundkopie beifügen):

Es wurden folgende Zusatzuntersuchu ngen veranlasst:

☐ Blutuntersuchung _____ (*Testverfahren*), durch _____ (*Arzt, Praxis/Adresse*)

☐ _____ (*z.B. CT, MRT, Histologie*), durch _____ (*Arzt, Praxis/Adresse*)

☐ Kopie aus der Patientenakte (*z.B. Bluttest*) liegt bei

4. Vergiftungsvorgang:

Wie gelangte das Gift in den Körper?

_____ (*Angaben zum Vergiftungsvorgang*)

5. Bei Vergiftungen durch den Schlund:

a. Wurde die Substanz freiwillig aufgenommen und geschluckt?

☐ ja

☐ nein. Warum wurde sie dann trotzdem geschluckt? _____ (*Begründung*)

b. Als was sah der Versicherte das Geschluckte an?

☐ Als Nahrungsmittel (Lebensmittel).

☐ Als _____ (*Beschreibung*).

Abb. 5.30: Bericht Vergiftung

c. Handelte es sich um Nahrungsmittel? ☐ ja, das Nahrungsmittel war verdorben. ☐ ja, das Nahrungsmittel war vergiftet. ☐ nein, die Substanz wurde versehentlich als Nahrungsmittel aufgenommen. ☐ nein, die Substanz nicht als Nahrungsmittel angesehen, sondern als _____ (*Beschreibung*).
6. Motiv: Handelt es sich um einen Suizidversuch? ☐ ja, _____ (*ergänzende Angaben*) ☐ nein
7. Vom Versicherten angegebene Beschwerden, Körperschädigungen und Zeitabläufe: _____ (*Angaben aus der Anamnese*)
8. Ärztlich festgestellte Körperschädigungen: _____ (*sämtliche erhobenen Befunde und Diagnose*)
9. Vorgenommene Behandlungsmaßnahmen: Folgende Behandlungsmaßnahmen wurden durchgeführt: _____ (*Angaben der Behandlungen/Datum*)
10. Kosten: Insgesamt berechne ich für diesen Bericht: _____ €. (sofern relevant: Die Gesamtkosten errechnen sich aus der Gebühr _____ € plus MwSt 19% _____ €)
Überweisung bitte auf das Konto: Kontoinhaber: ____________________ IBAN: ____________________ BIC: ____________ Bankinstitut: ____________________
(*Datum, Unterschrift des Arztes und Stempel*)

Abb. 5.30: (fortgesetzt)

Bericht Hirnblutung	
	(*Versicherung*)
	(*Anschrift*)
Schaden-Nr.:	
Ereignis vom:	
Verletzte Person:	

1. Behandlung:

Erstbehandlung am ______ (*Datum*) durch ______ (*Arzt, Praxis/Fachrichtung/Adresse*)

(wenn abweichend): erste Behandlung am ______ (*Datum*) durch Unterzeichner (*Arzt/Praxis*)

☐ Behandlung dauert noch an

☐ Behandlung wurde abgeschlossen am ______ (*Datum*)

2. Angaben zum Ereignis:

Angaben zum Geschehen: ______

Wer hat die Angaben gemacht? ☐ der Versicherte selber

☐ ______ (*Name, Bezug zum Patienten und Geschehen*)

3. Vom Versicherten angegebene Beschwerden und Körperschädigungen:

______ (*Angaben aus der Anamnese*)

4. Ärztlich festgestellte Beschwerden und Körperschädigungen:

Handelt es sich um eine isolierte Hirnblutung?

☐ ja, keine sonstigen Verletzungen

☐ nein, es wurden auch andere Gesundheitsschäden festgestellt:

______ (*Befunderhebung und Diagnose*)

______ (*ICD-10-Code*)

5. Fragen zur Hirnblutung

☐ ja, zu 100% unfallbedingt.

Begründung: ___

☐ nein, vollständig unfallfremd

Begründung: ___

☐ teilweise unfallbedingt, zu ___% unfallfremd und zu ___%unfallbedingt,

Begründung: ___

Abb. 5.31: Bericht Hirnblutung

a. Lokalisation der Hirnblutung:

_____ (*genaue Beschreibung, Art und Areal*)

b. Ist mit Sicherheit feststellbar, dass die Hirnblutung vor oder nach dem Unfallereignis entstand? (*zeitlicher Aspekt*)

☐ ja, sie begann vor dem Unfallereignis und löste das Ereignis aus.

Begründung: ___

☐ nein, sie begann nach dem Unfallereignis und ist durch das Ereignis (teilweise) ausgelöst worden.

Begründung: ___

☐ Dies kann nicht genau festgestellt werden. Es gibt für beides Anhaltspunkte:

Begründung: ___ (*Pro/Contra*)

c. Nahm der Versicherte vor dem Unfall blutverdünnende Medikamente?

☐ nein

☐ ja, _____ (*Präparat*), seit _____ (*Monat/Jahr*)

d. Lag beim Versicherten eine Gefäßveränderung (z.B. Aneurysma) im Gehirn vor?

☐ nein

☐ ja _____ (*Beschreibung*)

e. Ursache für die Hirnblutung: (*Verursachungsanteil*)

6. Vorgenommene Behandlungsmaßnahmen:

Folgende Behandlungsmaßnahmen wurden durchgeführt:

_____ (*Angaben der Behandlungen/Datum*)

7. Beabsichtigte Behandlungsmaßnahmen:

Folgende Behandlungsmaßnahmen sollen noch durchgeführt werden:

_____ (*Angaben der Behandlungen/Datum*)

8. Mitbehandelnde Ärzte:

Folgende Ärzte/Praxen haben den Verletzten mitbehandelt:

_____ (*Arzt, Praxis/Fachrichtung/Adresse*)

_____ (*Arzt, Praxis/Fachrichtung/Adresse*)

9. Technische Zusatzuntersuchungen (Wenn möglich Befundkopie beifügen):

Es wurden folgende Zusatzuntersuchungen veranlasst:

☐ Röntgen, durch _____ (*Arzt, Praxis/Adresse*)

☐ CT, durch _____ (*Arzt, Praxis/Adresse*)

☐ _____ (*z.B. Blutuntersuchung, MRT, Histologie*), durch _____ (*Arzt, Praxis/Adresse*)

☐ Kopie aus der Patientenakte (*z.B. Röntgenbefund*) liegt bei

Abb. 5.31: (fortgesetzt)

10. Stationäre Behandlungen:
☐ vollstationäre Behandlung, von ______ bis ______ (*Datum*), ______ (*Krankenhaus, Klinik*) ☐ Anschlussheilbehandlung, von ______ bis ______ (*Datum*), ______ (*Krankenhaus, Klinik*) ☐ Rehabilitationsmaßnahme, von ______ bis ______ (*Datum*), ______ (*Krankenhaus, Klinik*) ☐ ______, von ______ bis ______ (*Datum*), ______ (*Krankenhaus, Klinik*)
11. Unfallfremde Gesundheitsschäden: ______ (*Angabe von Erkrankungen, incl. Klassifizierungen wie Schweregrade*)
12. Kosten: Insgesamt berechne ich für diesen Bericht: ______ €. (sofern relevant: Die Gesamtkosten errechnen sich aus der Gebühr ______ € plus MwSt 19% ______ €)
Überweisung bitte auf das Konto: Kontoinhaber: ______________________________ IBAN: ______________________________ BIC: ______________ Bankinstitut: ______________________________
 (*Datum, Unterschrift des Arztes und Stempel*)

Abb. 5.31: (fortgesetzt)

Bericht Bewusstseinsstörung, Anfälle	
	(*Versicherung*)
	(*Anschrift*)
Schaden-Nr.:	
Ereignis vom:	
Verletzte Person:	

1. Behandlung:

Erstbehandlung am ______ (*Datum*) durch ______ (*Arzt, Praxis/Fachrichtung/Adresse*)

(wenn abweichend): erste Behandlung am ______ (*Datum*) durch Unterzeichner (*Arzt/Praxis*)

☐ Behandlung dauert noch an

☐ Behandlung wurde abgeschlossen am ______ (*Datum*)

2. Angaben zum Ereignis:

Angaben zum Geschehen: ______

Wer hat die Angaben gemacht? ☐ der Versicherte selber

☐ ______ (*Name, Bezug zum Patienten und Geschehen*)

3. Vom Versicherten angegebene Beschwerden und Körperschädigungen:

______ (*Angaben aus der Anamnese*)

Die Gesundheitsbeschwerden traten auf: ☐ direkt

☐ am ______ (*Datum oder ungefähre Zeitangabe*)

4. Ärztlich festgestellte Beschwerden und Körperschädigungen:

a. Angaben zu Anfallsleiden, Bewusstseinsstörungen etc. (z.B. Synkope, Krampfanfall)

______ (*Befunderhebung und Diagnose*)

______ (*ICD-10-Code*)

b. Angaben zu anderen Gesundheitsstörungen (z.B. Fraktur Arm, Platzwunde an Stirn)

______ (*Befunderhebung und Diagnose*)

______ (*ICD-10-Code*)

5. Technische Zusatzuntersuchungen (Wenn möglich Befundkopie beifügen):

Es wurden folgende Zusatzuntersuchu ngen veranlasst:

Für Gesundheitsbeschwerden unter Frage 4a:

☐ ______ (*z.B. EEG, CT*), durch ______ (*Arzt, Praxis/Adresse*)

Für Gesundheitsbeschwerden unter Frage 4b:

☐ ______ (*z.B. Röntgen, MRT, Histologie*), durch ______ (*Arzt, Praxis/Adresse*)

☐ Kopie aus der Patientenakte (*z.B. MRT-Befund*) liegt bei

Abb. 5.32: Bericht Bewusstseinsstörung, Anfälle

6. Auslöser für die Bewusstseinsstörung bzw. den Anfall:
Wodurch wurde die Bewusstseinsstörung bzw. der Anfall ausgelöst?
☐ eine Ursache konnte nicht festgestellt werden.
☐ eine Ursache konnte nicht eindeutig festgestellt werden, mit hoher Wahrscheinlichkeit war Auslöser:
_____ (*Begründung*)
☐ als Ursache steht fest:
- ☐ Alkohol, festgestellt wurden _____‰
- ☐ Medikamente, _____ (*Präparat, Dosierung*)
- ☐ Erkrankung _____ (*welche? Z.B. Kreislaufversagen*)
- ☐ vorausgegangenes Unfallereignis _____ (*welches? Z.B. Anprall mit Kopf*)
- ☐ Sonstiges _____ (*Begründung*)

7. Vorgenommene Behandlungsmaßnahmen:
Folgende Behandlungsmaßnahmen wurden durchgeführt:
_____ (*Angaben der Behandlungen/Datum*)

8. Beabsichtigte Behandlungsmaßnahmen:
Folgende Behandlungsmaßnahmen sollen noch durchgeführt werden:
_____ (*Angaben der Behandlungen/Datum*)

9. Mitbehandelnde Ärzte:
Folgende Ärzte/Praxen haben den Verletzten mitbehandelt:
_____ (*Arzt, Praxis/Fachrichtung/Adresse*)
_____ (*Arzt, Praxis/Fachrichtung/Adresse*)

10. Stationäre Behandlungen:
☐ vollstationäre Behandlung, von _____ bis _____ (*Datum*), _____ (*Krankenhaus, Klinik*)
☐ Anschlussheilbehandlung, von _____ bis _____ (*Datum*), _____ (*Krankenhaus, Klinik*)
☐ Rehabilitationsmaßnahme, von _____ bis _____ (*Datum*), _____ (*Krankenhaus, Klinik*)
☐ _____, von _____ bis _____ (*Datum*), _____ (*Krankenhaus, Klinik*)

11. Unfallfremde Gesundheitsschäden:
_____ (*Angabe von Erkrankungen, incl. Klassifizierungen wie Schweregrade*)

12. Kosten:
Insgesamt berechne ich für diesen Bericht: _____ €.
(sofern relevant: Die Gesamtkosten errechnen sich aus der Gebühr _____ € plus MwSt 19% _____ €)

Überweisung bitte auf das Konto:
Kontoinhaber: ______________________________
IBAN: ______________________________ BIC: ______________
Bankinstitut: ______________________

(*Datum, Unterschrift des Arztes und Stempel*)

Abb. 5.32: (fortgesetzt)

Bericht zu Heilmaßnahmen und Eingriffen	
	(Versicherung)
	(Anschrift)
Schaden-Nr.:	
Ereignis vom:	
Verletzte Person:	
1. Angaben zur Heilmaßnahme / zum Eingriff: Der Versicherte gab an nach einer Heilmaßnahme bzw. einem Eingriff Gesundheitliche Beschwerden gehabt zu habe. Welche Heilmaßnahme bzw. welcher Eingriff wurde vorgenommen? _____ (*Heilmaßnahme/Eingriff*)	
2. Technische Untersuchungen (Wenn möglich Befundkopie beifügen): Es wurden folgende Zusatzuntersuchungen veranlasst: ☐ Ultraschall, durch _____ (*Arzt, Praxis/Adresse*) ☐ CT, durch _____ (*Arzt, Praxis/Adresse*) ☐ _____ (*z.B. Blutuntersuchung, MRT, Histologie*), durch _____ (*Arzt, Praxis/Adresse*) ☐ Kopie aus der Patientenakte (*z.B. histologischer Befund*) liegt bei	
3. Grund für die durchgeführte Maßnahme: Die Heilmaßnahme bzw. der Eingriff erfolgte aufgrund folgender medizinischer Indikation: _____ (*Grund*) durch _____ (*Arzt, Praxis/Fachrichtung/Adresse*)	
4. Vom Versicherten angegebene Beschwerden und Körperschädigungen vor dem Eingriff: _____ (*Angaben aus der Anamnese*)	
5. Ärztlich festgestellte Beschwerden und Körperschädigungen: _____ (*sämtliche erhobenen Befunde und Diagnose*)	
6. Ursache für die Heilmaßnahme / den Eingriff: Wieso war Heilmaßnahme / der Eingriff erforderlich? ☐ Es lag eine Erkrankung vor: _____ (*Erkrankung*) ☐ Die Gesundheitsschädigung war Folge eines Unfalls: _____ (*Unfallgeschehen*)	
7. Hinzugekommene Beschwerden: Welche Beschwerden sind nach der Heilmaßnahme bzw. dem Eingriff zusätzlich aufgetreten: _____ (*Folgen der Heilmaßnahme / des Eingriffs*)	
8. Kosten: Insgesamt berechne ich für diesen Bericht: _____ €. (sofern relevant: Die Gesamtkosten errechnen sich aus der Gebühr _____ € plus MwSt 19% _____ €)	
Überweisung bitte auf das Konto: Kontoinhaber: ____________________ IBAN: ____________________ BIC: ____________________ Bankinstitut: ____________________	
(*Datum, Unterschrift des Arztes und Stempel*)	

Abb. 5.33: Bericht zu Heilmaßnahmen/Eingriffen

Bericht Todesfall

	(*Versicherung*)
	(*Anschrift*)
Schaden-Nr.:	
Ereignis vom:	
Verletzte Person:	

1. Angaben zum Ereignis:
Welches (Unfall-) Geschehen ist hier bekannt? ______ (*Hergang*)
Wer hat die Angaben gemacht? ☐ der Versicherte selber
☐ ______ (*Name, Bezug zum Patienten und Geschehen*)

2. Angaben zur Ursache des Ereignisses:
a. Sustanzen?
Gibt es Hinweise, dass der Versicherte zum Unfallzeitpunkt unter Alkohol-, Medikamenten- oder Rauschmitteleinfluss stand?
☐ nein
☐ ja, Alkohol, festgestellt wurden ______‰
☐ ja, Medikamente, ______ (*Präparat, Dosierung*)
☐ ja, Rauschmittel, ______ (*Präparat, Dosierung*)
☐ Kopie aus der Laborwerte liegt bei
b. Bewusstseinsstörung oder Anfall?
Gibt es Hinweise, dass Auslöser des Unfalls ein Anfall oder eine Bewusstseinsstörung des Versicherten war?
☐ nein
☐ ja ______ (*Begründung*)
c. Suizid?
Liegen Hinweise auf einen Suizid vor?
☐ nein
☐ ja, durch ______ (*Beschreibung*)

3. Ärztlich festgestellte Beschwerden und Körperschädigungen:
Lebte der Versicherte noch bei der ersten Untersuchung durch den Arzt?
☐ nein
☐ ja
Welche Gesundheitsschäden als unmittelbare (Unfall-) Ereignisfolge wurde festgestellt?
______ (*Befunderhebung und Diagnose*)
______ (*ICD-10-Code*)
Die Gesundheitsbeschwerden traten auf: ☐ direkt
☐ am ______ (*Datum oder ungefähre Zeitangabe*)

Abb. 5.34: Bericht Todesfall

4. Unfallfremde Gesundheitsschäden:

Welche Gesundheitsschäden wurden darüber hinaus festgestellt?

_____ (*Angabe von Erkrankungen, incl. Klassifizierungen wie Schweregrade*)

5. Vorgenommene Behandlungsmaßnahmen:

Folgende Behandlungsmaßnahmen wurden durchgeführt:

a. Hinsichtlich der primären Unfallschädigung:

_____ (*Angaben der Behandlungen/Datum*)

b. Hinsichtlich der unfallfremden Gesundheitsschäden:

_____ (*Angaben der Behandlungen/Datum*)

c. Hinsichtlich der reinen Abwendung des Todes:

_____ (*Angaben der Behandlungen/Datum*)

6. Stationäre Behandlungen:

☐ vollstationäre Behandlung, von _____ bis _____ (*Datum*), _____ (*Krankenhaus, Klinik*)

☐ _____, von _____ bis _____ (*Datum*), _____ (*Krankenhaus, Klinik*)

7. Todestag und Todesort:

_____ (*Datum*)

Der Tod wurde festgestellt von _____ (*Arzt, Praxis/Adresse, bzw. Krankenhaus, Klinik*)

_____ (*Ort*)

8. Amtliche Bescheinigung:

Es wurde bescheinigt:

☐ natürlicher Tod

☐ nicht natürlicher Tod

☐ Todesursache ungeklärt

9. Polizeiliche Meldung:

Wurde der Todesfall der Polizei gemeldet bzw. wurden Nachfragen durch Polizei oder Staatsanwaltschaft gestellt?

☐ nein

☐ ja, durch _____ (*Dienststelle, Anschrift*) unter der Nummer _____ (*Aktenzeichen*)

10. Obduktion:

Es fand eine Obduktion statt/wird vorgenommen:

☐ nein

☐ ja, durch _____ (*Institut, Adresse*), veranlasst durch _____ (*Name, Adresse*)

Ergebnis: _____ (*Angaben zu den Feststellungen*)

Abb. 5.34: (fortgesetzt)

11. Todesursache:

_____ (*Todesursache*)

Unfalltod? ☐ ja, zu 100% unfallbedingt.

☐ nein, vollständig unfallfremd

☐ teilweise unfallbedingt, zu __% unfallfremd und zu __% unfallbedingt, Begründung: __

12. Fragen bei Hirnblutungen

Diese Fragen sind nur relevant, wenn eine Hirnblutung vorlag:

a. Lokalisation der Hirnblutung: (*genaue Beschreibung*)

b. Nahm der Verstorbene vor dem Unfall blutverdünnende Medikamente?

☐ nein

☐ ja _____ (*Präparat*)

c. Lag beim Verstorbenen eine Gefäßveränderung (z.B. Aneurysma) im Gehirn vor?

☐ nein

☐ ja _____ (*Beschreibung*)

d. Ursache für die Hirnblutung:

☐ ja, zu 100% unfallbedingt.

☐ nein, vollständig unfallfremd

☐ teilweise unfallbedingt, zu __% unfallfremd und zu __% unfallbedingt,

Begründung: __

13. Fragen zur Versicherungsfähigkeit

War der Verstorbene bereits vor dem Unfall ständig auf fremde Hilfe angewiesen?

☐ nein

☐ es bestand ein Pflegegrad, _____ (*Grad*)

☐ der Verstorbene war im täglichen Leben überwiegend auf fremde Hilfe angewiesen

☐ ja, und zwar _____ (*Beschreibung*)

14. Kosten:

Insgesamt berechne ich für diesen Bericht: _____ €.

(sofern relevant: Die Gesamtkosten errechnen sich aus der Gebühr _____ € plus MwSt 19% _____ €)

Überweisung bitte auf das Konto:

Kontoinhaber: ______________________________

IBAN: ______________________________ BIC: ______________________

Bankinstitut: ______________________________

(*Datum, Unterschrift des Arztes und Stempel*)

Abb. 5.34: (fortgesetzt)

<table>
<tr><td colspan="3">Befunderhebung ein verletzter Arm / Schulter</td></tr>
<tr><td colspan="2"></td><td>(Versicherung)</td></tr>
<tr><td colspan="2"></td><td>(Anschrift)</td></tr>
<tr><td>Schaden-Nr.:</td><td colspan="2"></td></tr>
<tr><td>Ereignis vom:</td><td colspan="2"></td></tr>
<tr><td>Verletzte Person:</td><td colspan="2"></td></tr>
<tr><td colspan="3">1. Untersuchung:
Untersuchungstag ______ (Datum)
Untersuchung durch ______ (Arzt)
Untersuchungsort ______ (Ort)</td></tr>
<tr><td colspan="3">2. Zusatzuntersuchungen:
Es wurden folgende Zusatzuntersuchungen veranlasst:
☐ Röntgen, durch ______ (Arzt, Praxis/Adresse)
☐ CT, durch ______ (Arzt, Praxis/Adresse)
☐ ______ (z.B. Blutuntersuchung, MRT, Histologie), durch ______ (Arzt, Praxis/Adresse)
☐ Kopie aus der Patientenakte (z.B. Röntgenbefund) liegt bei</td></tr>
<tr><td colspan="3">3. Vom Versicherten angegebene subjektive Beschwerden, Körperschädigungen sonstige Angaben:
Der Versicherte ist ☐ Rechtshänder ☐ Linkshänder
______ (Angaben des Versicherten zu Beschwerden und Beeinträchtigungen)</td></tr>
<tr><td colspan="3">4. objektiver Befund:
______ (Befunderhebung)</td></tr>
<tr><td colspan="3">5. Besteht eine posttraumatische Arthrose?
☐ keine radiologischen Arthrose-Zeichen
☐ Grad I (mögliche Osteophythenbildung, fragliche Verschmälerung des Gelenkspaltes)
☐ Grad II (definitive Osteophytenbildung, mögliche Verschmälerung des Gelenkspaltes)
☐ Grad III (multiple Osteophythen,Sklerose, definitive Verschmälerung des Gelenkspaltes, Verformung der Gelenkpartner)
☐ Grad IV (ausgeprägte Osteophythen, ausgeprägte Sklerose, starke Verschmälerung des Gelenkspaltes, definitive Verformung der Gelenkpartner) (Arthrosegrade nach Kellgren)</td></tr>
</table>

Abb. 5.35: Befunderhebung verletzter Arm/Schulter

6. Seitenvergleich Schulter:
Schultermuskulatur
☐ beidseitig gleich ☐ verletzte Seite: leicht verschmächtigt ☐ verletzte Seite: stark verschmächtigt ☐ „gesunde" Seite schmächtiger als verletzte Seite
Schulter-Stabilität
☐ verletzte Seite unauffällig und stabi l ☐ verletzte Seite: klinisch Subluxationstendenz ☐ beidseitig gleich unauffällig ☐ auf „gesunder" Seite schlechter als auf der verletzten Seite
Schultereckgelenk-Stabilität
☐ verletzte Seite unauffällig und stabi l ☐ verletzte Seite: instabil entsprechend Grad Tossy II ☐ verletzte Seite: instabil entsprechend Grad Tossy III ☐ beidseitig gleich stabil ☐ „gesunde" Seite instabiler als verletzte Seite
7. Seitenvergleich Oberarm und Ellenbogen:
Oberarmmuskulatur
☐ beidseitig gleich ☐ verletzte Seite: leicht verschmächtigt ☐ verletzte Seite: stark verschmächtigt ☐ „gesunde" Seite schmächtiger als verletzte Seite
Ellenbogengelenk-Stabilität
☐ verletzte Seite: außenseitig gelockert ☐ verletzte Seite: innenseitig gelockert ☐ beidseitig gleich stabil ☐ „gesunde" Seite lockerer als verletzte Seite ☐ verletzte Seite unauffällig und stabi l
8. Seitenvergleich Unterarm und Hand:
Unterarmmuskulatur
☐ beidseitig gleich ☐ verletzte Seite: leicht verschmächtigt ☐ verletzte Seite: stark verschmächtigt ☐ „gesunde" Seite schmächtiger als verletzte Seite

Abb. 5.35: (fortgesetzt)

Handgelenk-Stabilität

- ☐ verletzte Seite unauffällig und stabi l
- ☐ verletzte Seite: klinisch instabil
- ☐ beidseitig gleich stabil
- ☐ „gesunde“ Seite instabiler als die verletzte Seite

Handbinnenmuskulatur

- ☐ beidseitig gleich
- ☐ verletzte Seite: leicht verschmächtigt
- ☐ verletzte Seite: stark verschmächtigt
- ☐ „gesunde“ Seite schmächtiger als verletzte Seite

Hand - Gebrauchsspuren

- ☐ beidseitig gleich
- ☐ verletzte Seite: leicht reduziert
- ☐ verletzte Seite: stark reduziert
- ☐ „gesunder“ Seite reduzierter als verletzte Seite

9. Kosten:
Insgesamt berechne ich für diesen Bericht: _____ €.
(sofern relevant: Die Gesamtkosten errechnen sich aus der Gebühr _____ € plus MwSt 19% _____ €)

Überweisung bitte auf das Konto:
Kontoinhaber: ______________________________
IBAN: ______________________________ BIC: ______________
Bankinstitut: ______________________________

(*Datum, Unterschrift des Arztes und Stempel*)

Abb. 5.35: (fortgesetzt)

Messblatt für obere Gliedmaßen (nach der Neutral-0-Methode)

Schultergelenke:	Rechts			Links		
Arm seitw./körperw. (Abb. 1)						
Arm rückw./vorw. (Abb. 2)						
Arm ausw./einw. drehen (Oberarm anliegend) (Abb. 3)						
Arm ausw./einw. (Oberarm 90°seitw. abgeh.) (Abb. 4)						
Ellenbogengelenke:						
Streckung/Beugung (Abb. 5)						
Unterarmdrehung:						
ausw./einw. (Abb. 6)						
andgelenke:						
handrückenw. hohlhandw. (Abb. 7)						
speichenw./ellenw. (Abb. 8)						

Fingergelenke: Abstände in cm:	II	III	IV	V	II	III	IV	V
Nagelrand/quere Hohlhandfalte (Abb. 9)								
Nagelrand/verl. Handrückenebene (Abb. 10)								

Daumengelenke: Streckung/Beugung:						
Grundgelenk						
Endgelenk						
Abspreizung (Winkel zwischen 1. und 2. Mittelhandknochen)						
In der Handebene (Abb. 11)	0			0		
Rechtwinklig zur Handebene (Abb. 12)	0			0		

	II	III	IV	V	II	III	IV	V
Ankreuzen, welche Langfingerkuppen mit der Daumenspitze erreicht werden können								

Handspanne:		
Größter Abstand in cm zwischen Daumen- und Kleinfingerkuppe		
Umfangmaße in cm: (Hängender Arm)		
15 cm ob. äußerem Oberarmknorren		
Ellenbogengelenk		
10 cm unt. äußerem Oberarmknorren		
Handgelenk		
Mittelhand (ohne Daumen)		
Armlänge in cm:		
Schulterhöhe/Speichenende		
Stumpflängen in cm:		
Schulterhöhe/Stumpfende		
Äuß. Oberarmknorren/Stumpfende		

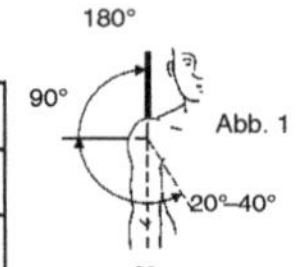

seitw./körperw.

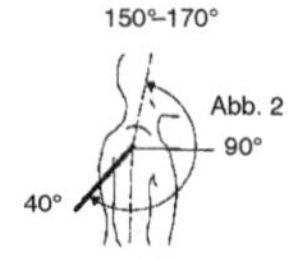

rückw./vorw.

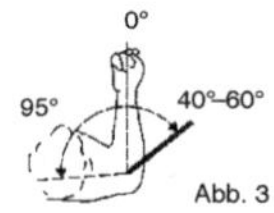

Drehg. ausw./einw.

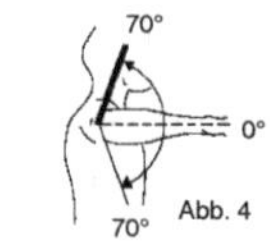

Drehg. ausw./einw.

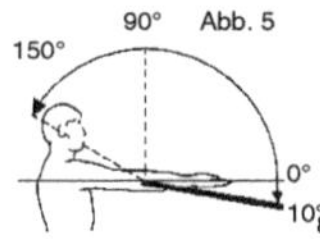

Streck./Beugg.

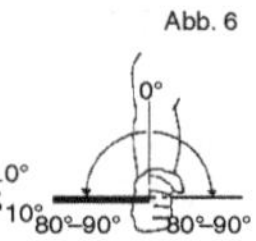

Drehg. ausw./einw.

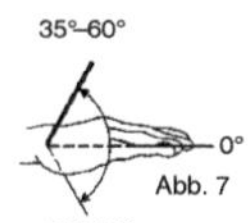

handrückenw./hohlhandw.

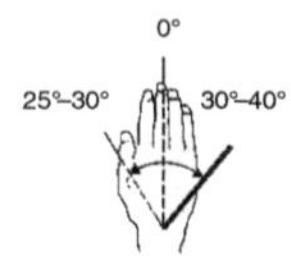

speichenw./ellenw.

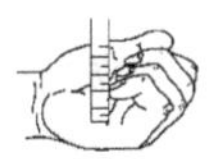
Abb. 9

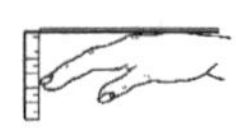
Abb. 10

Abb. 11

Abb. 12

<table>
<tr><td colspan="3">Befunderhebung beide Arme/ Schultern</td></tr>
<tr><td colspan="2"></td><td>(Versicherung)</td></tr>
<tr><td colspan="2"></td><td>(Anschrift)</td></tr>
<tr><td>Schaden-Nr.:</td><td colspan="2"></td></tr>
<tr><td>Ereignis vom:</td><td colspan="2"></td></tr>
<tr><td>Verletzte Person:</td><td colspan="2"></td></tr>
<tr><td colspan="3">1. Untersuchung:
Untersuchungstag _____ (Datum)
Untersuchung durch _____ (Arzt)
Untersuchungsort _____ (Ort)</td></tr>
<tr><td colspan="3">2. Zusatzuntersuchungen:
Es wurden folgende Zusatzuntersuchungen veranlasst:
☐ Röntgen, durch _____ (Arzt, Praxis/Adresse)
☐ CT, durch _____ (Arzt, Praxis/Adresse)
☐ _____ (z.B. Blutuntersuchung, MRT, Histologie), durch _____ (Arzt, Praxis/Adresse)
☐ Kopie aus der Patientenakte (z.B. Röntgenbefund) liegt bei</td></tr>
<tr><td colspan="3">3. Vom Versicherten angegebene subjektive Beschwerden, Körperschädigungen sonstige Angaben:
Der Versicherte ist ☐ Rechtshänder ☐ Linkshänder
_____ (Angaben des Versicherten zu Beschwerden und Beeinträchtigungen)</td></tr>
<tr><td colspan="3">4. objektiver Befund:
_____ (Befunderhebung)</td></tr>
<tr><td colspan="3">5. Besteht eine posttraumatische Arthrose?</td></tr>
<tr><td colspan="2">Rechter Arm, _____ Gelenk (Welche Gelenke?)</td><td>Linker Arm, _____ Gelenk (Welche Gelenke?)</td></tr>
<tr><td colspan="2">☐ keine radiologischen Arthrose-Zeichen
☐ Grad I (mögliche Osteophythenbildung, fragliche Verschmälerung des Gelenkspaltes)
☐ Grad II (definitive Osteophytenbildung, mögliche Verschmälerung des Gelenkspaltes)
☐ Grad III (multiple Osteophythen, Sklerose, definitive Verschmälerung des Gelenkspaltes, Verformung der Gelenkpartner)
☐ Grad IV (ausgeprägte Osteophythen, ausgeprägte Sklerose, starke Verschmälerung des Gelenkspaltes, definitive Verformung der Gelenkpartner)
(Arthrosegrade nach Kellgren)</td><td>☐ keine radiologischen Arthrose-Zeichen
☐ Grad I (mögliche Osteophythenbildung, fragliche Verschmälerung des Gelenkspaltes)
☐ Grad II (definitive Osteophytenbildung, mögliche Verschmälerung des Gelenkspaltes)
☐ Grad III (multiple Osteophythen, Sklerose, definitive Verschmälerung des Gelenkspaltes, Verformung der Gelenkpartner)
☐ Grad IV (ausgeprägte Osteophythen, ausgeprägte Sklerose, starke Verschmälerung des Gelenkspaltes, definitive Verformung der Gelenkpartner)</td></tr>
</table>

Abb. 5.36: Befunderhebung beide Arme/Schultern

6. Seitenvergleich Schulter:	
a. Schultermuskulatur	
Rechter Arm	Linker Arm
☐ leicht verschmächtigt ☐ stark verschmächtigt ☐ beidseitig gleich	☐ leicht verschmächtigt ☐ stark verschmächtigt ☐ beidseitig gleich
b. Schulter-Stabilität	
Rechter Arm	Linker Arm
☐ unauffällig und stabil ☐ klinisch Subluxationstendenz ☐ beidseitig gleich unauffällig	☐ unauffällig und stabil ☐ klinisch Subluxationstendenz ☐ beidseitig gleich unauffällig
c. Schultereckgelenk-Stabilität	
Rechter Arm	Linker Arm
☐ unauffällig und stabil ☐ instabil entsprechend Grad Tossy II ☐ instabil entsprechend Grad Tossy III ☐ beidseitig gleich stabil	☐ unauffällig und stabil ☐ instabil entsprechend Grad Tossy II ☐ instabil entsprechend Grad Tossy III ☐ beidseitig gleich stabil
7. Seitenvergleich Oberarm und Ellenbogen:	
a. Oberarmmuskulatur	
Rechter Arm	Linker Arm
☐ leicht verschmächtigt ☐ stark verschmächtigt ☐ beidseitig gleich	☐ leicht verschmächtigt ☐ stark verschmächtigt ☐ beidseitig gleich
b. Ellenbogengelenk-Stabilität	
Rechter Arm	Linker Arm
☐ unauffällig und stabil ☐ außenseitig gelockert ☐ innenseitig gelockert ☐ beidseitig gleich	☐ unauffällig und stabil ☐ außenseitig gelockert ☐ innenseitig gelockert ☐ beidseitig gleich
8. Seitenvergleich Unterarm und Hand:	
a. Unterarmmuskulatur	
Rechter Arm	Linker Arm
☐ leicht verschmächtigt ☐ stark verschmächtigt ☐ beidseitig gleich	☐ leicht verschmächtigt ☐ stark verschmächtigt ☐ beidseitig gleich

Abb. 5.36: (fortgesetzt)

b. Handgelenk-Stabilität	
Rechter Arm	Linker Arm
☐ unauffällig und stabil ☐ klinisch instabil ☐ beidseitig stabil	☐ unauffällig und stabil ☐ klinisch instabil ☐ beidseitig stabil
c. Handbinnenmuskulatur	
Rechter Arm	Linker Arm
☐ leicht verschmächtigt ☐ stark verschmächtigt ☐ beidseitig gleich	☐ leicht verschmächtigt ☐ stark verschmächtigt ☐ beidseitig gleich
d. Hand – Gebrauchsspuren	
Rechter Arm	Linker Arm
☐ leicht reduziert ☐ stark reduziert ☐ beidseitig gleich	☐ leicht reduziert ☐ stark reduziert ☐ beidseitig gleich
9. Kosten: Insgesamt berechne ich für diesen Bericht: ______ €. (sofern relevant: Die Gesamtkosten errechnen sich aus der Gebühr _____ € plus MwSt 19% _____ €)	
Überweisung bitte auf das Konto: Kontoinhaber: ______________________ IBAN: ______________________ BIC: ______________ Bankinstitut: ______________________	
 (*Datum, Unterschrift des Arztes und Stempel*)	

Abb. 5.36: (fortgesetzt)

Messblatt für obere Gliedmaßen (nach der Neutral-0-Methode)

Schultergelenke:	Rechts			Links		
Arm seitw./körperw. (Abb. 1)						
Arm rückw./vorw. (Abb. 2)						
Arm ausw./einw. drehen (Oberarm anliegend) (Abb. 3)						
Arm ausw./einw. (Oberarm 90°seitw. abgeh.) (Abb. 4)						
Ellenbogengelenke:						
Streckung/Beugung (Abb. 5)						
Unterarmdrehung:						
ausw./einw. (Abb. 6)						
andgelenke:						
handrückenw. hohlhandw. (Abb. 7)						
speichenw./ellenw. (Abb. 8)						

Fingergelenke: Abstände in cm:	II	III	IV	V	II	III	IV	V
Nagelrand/quere Hohlhandfalte (Abb. 9)								
Nagelrand/verl. Handrückenebene (Abb. 10)								

Daumengelenke: Streckung/Beugung:						
Grundgelenk						
Endgelenk						
Abspreizung (Winkel zwischen 1. und 2. Mittelhandknochen)						
In der Handebene (Abb. 11)	0			0		
Rechtwinklig zur Handebene (Abb. 12)	0			0		

	II	III	IV	V	II	III	IV	V
Ankreuzen, welche Langfingerkuppen mit der Daumenspitze erreicht werden können								

Handspanne:		
Größter Abstand in cm zwischen Daumen- und Kleinfingerkuppe		
Umfangmaße in cm: (Hängender Arm)		
15 cm ob. äußerem Oberarmknorren		
Ellenbogengelenk		
10 cm unt. äußerem Oberarmknorren		
Handgelenk		
Mittelhand (ohne Daumen)		
Armlänge in cm:		
Schulterhöhe/Speichenende		
Stumpflängen in cm:		
Schulterhöhe/Stumpfende		
Äuß. Oberarmknorren/Stumpfende		

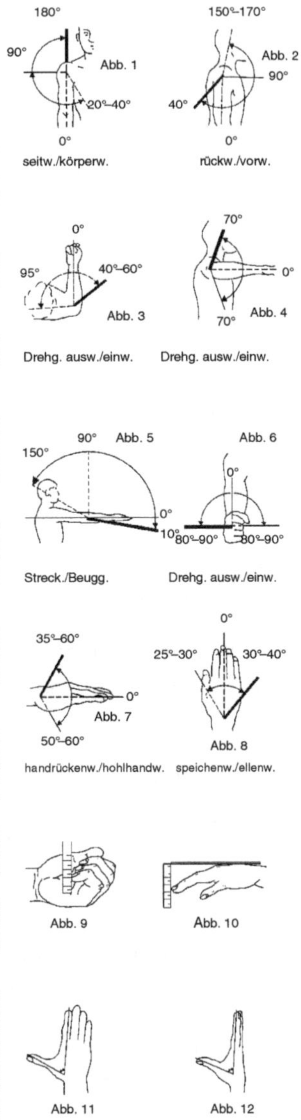

<table>
<tr><td colspan="3">Befunderhebung eine Hand – Finger</td></tr>
<tr><td colspan="2"></td><td>(Versicherung)</td></tr>
<tr><td colspan="2"></td><td>(Anschrift)</td></tr>
<tr><td>Schaden-Nr.:</td><td colspan="2"></td></tr>
<tr><td>Ereignis vom:</td><td colspan="2"></td></tr>
<tr><td>Verletzte Person:</td><td colspan="2"></td></tr>
<tr><td colspan="3">1. Untersuchung:
Untersuchungstag ______ (Datum)
Untersuchung durch ______ (Arzt)
Untersuchungsort ______ (Ort)</td></tr>
<tr><td colspan="3">2. Zusatzuntersuchungen:
Es wurden folgende Zusatzuntersuchungen veranlasst:
☐ Röntgen, durch ______ (Arzt, Praxis/Adresse)
☐ CT, durch ______ (Arzt, Praxis/Adresse)
☐ ______ (z.B. Blutuntersuchung, MRT, Histologie), durch ______ (Arzt, Praxis/Adresse)
☐ Kopie aus der Patientenakte (z.B. Röntgenbefund) liegt bei</td></tr>
<tr><td colspan="3">3. Vom Versicherten angegebene subjektive Beschwerden, Körperschädigungen sonstige Angaben:
Der Versicherte ist ☐ Rechtshänder ☐ Linkshänder
______ (Angaben des Versicherten zu Beschwerden und Beeinträchtigungen)</td></tr>
<tr><td colspan="3">4. objektiver Befund:
______ (Befunderhebung)</td></tr>
<tr><td colspan="3">5. Besteht eine posttraumatische Arthrose?</td></tr>
<tr><td colspan="3">☐ keine radiologischen Arthrose-Zeichen
☐ Grad I (mögliche Osteophythenbildung, fragliche Verschmälerung des Gelenkspaltes)
☐ Grad II (definitive Osteophytenbildung, mögliche Verschmälerung des Gelenkspaltes)
☐ Grad III (multiple Osteophythen,Sklerose, definitive Verschmälerung des Gelenkspaltes, Verformung der Gelenkpartner)
☐ Grad IV (ausgeprägte Osteophythen, ausgeprägte Sklerose, starke Verschmälerung des Gelenkspaltes, definitive Verformung der Gelenkpartner) (Arthrosegrade nach Kellgren)</td></tr>
</table>

Abb. 5.37: Befunderhebung eine Hand – Finger

6. Seitenvergleich Handmuskulatur	
☐ beidseitig gleich ☐ verletzte Seite: leicht verschmächtigt ☐ verletzte Seite: stark verschmächtigt ☐ „gesunde" Seite schmächtiger als verletzte Seite	
7. Seitenvergleich Hand - Gebrauchsspuren	
☐ beidseitig gleich ☐ verletzte Seite: leicht reduziert ☐ verletzte Seite: stark reduziert ☐ „gesunde" Seite reduzierter als verletzte Seite	
8. Seitenvergleich Spitzgriff	
☐ beidseitig gleich ☐ verletzte Seite um	 ☐ 1/4 eingeschränkt ☐ 1/3 eingeschränkt ☐ 1/2 eingeschränkt
☐ „gesunde" Seite stärker eingeschränkt als verletzte Seite	
9. Seitenvergleich Schlüsselgriff	
☐ beidseitig gleich ☐ verletzte Seite um	 ☐ 1/4 eingeschränkt ☐ 1/3 eingeschränkt ☐ 1/2 eingeschränkt
☐ „gesunde" Seite stärker eingeschränkt als verletzte Seite	
10. Seitenvergleich Faustschluss	
☐ beidseitig gleich ☐ verletzte Seite um	 ☐ 1/4 eingeschränkt ☐ 1/3 eingeschränkt ☐ 1/2 eingeschränkt
☐ „gesunde" Seite stärker eingeschränkt als verletzte Seite	
11. Kosten: Insgesamt berechne ich für diesen Bericht: _____ €. (sofern relevant: Die Gesamtkosten errechnen sich aus der Gebühr _____ € plus MwSt 19% _____ €)	
Überweisung bitte auf das Konto: Kontoinhaber: ______________________________ IBAN: ______________________ BIC: ______________ Bankinstitut: ______________________	
 (*Datum, Unterschrift des Arztes und Stempel*)	

Abb. 5.37: (fortgesetzt)

Meßblatt für Finger
(nach der Neutral - O - Methode)

Name :	**Untersuchungstag :**

A.
Streckung / Beugung

Daumen

	Rechts			Links		
Grundgelenk						
Endgelenk						

	1.	2.	3.	4.
Anführen				
Abspreizen				
Opposition				

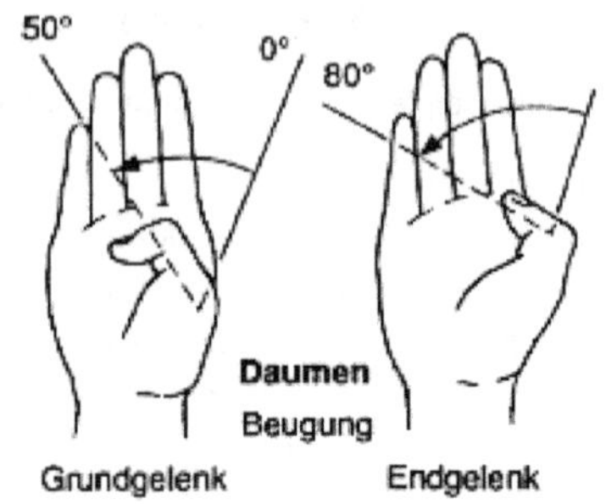

B.
Streckung / Beugung

Finger

	Rechts			Links		
II						
Grundgelenk						
Mittelgelenk						
Endgelenk						
III						
Grundgelenk						
Mittelgelenk						
Endgelenk						
IV						
Grundgelenk						
Mittelgelenk						
Endgelenk						
V						
Grundgelenk						
Mittelgelenk						
Endgelenk						

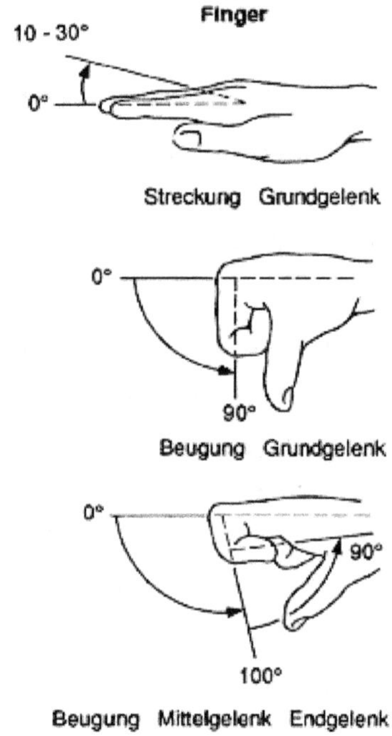

C.
Abstand der Fingerkuppen von der queren Hohlhandbeugefalte :

II.	III.	IV.	V.	
				cm

Befunderhebung beide Hände – Finger

	(*Versicherung*)
	(*Anschrift*)

Schaden-Nr.:	
Ereignis vom:	
Verletzte Person:	

1. Untersuchung:

Untersuchungstag ______ (*Datum*)

Untersuchung durch ______ (*Arzt*)

Untersuchungsort ______ (*Ort*)

2. Zusatzuntersuchungen:

Es wurden folgende Zusatzuntersuchungen veranlasst:

☐ Röntgen, durch ______ (*Arzt, Praxis/Adresse*)

☐ CT, durch ______ (*Arzt, Praxis/Adresse*)

☐ ______ (*z.B. Blutuntersuchung, MRT, Histologie*), durch ______ (*Arzt, Praxis/Adresse*)

☐ Kopie aus der Patientenakte (*z.B. Röntgenbefund*) liegt bei

3. Vom Versicherten angegebene subjektive Beschwerden, Körperschädigungen sonstige Angaben:

Der Versicherte ist ☐ Rechtshänder ☐ Linkshänder

______ (*Angaben des Versicherten zu Beschwerden und Beeinträchtigungen*)

4. objektiver Befund:

______ (*Befunderhebung*)

5. Besteht eine posttraumatische Arthrose?

Rechte Hand, ______ Gelenk (*Welche Gelenke?*)	Linke Hand, ______ Gelenk (*Welche Gelenke?*)
☐ keine radiologischen Arthrose-Zeichen	☐ keine radiologischen Arthrose-Zeichen
☐ Grad I (mögliche Osteophythenbildung, fragliche Verschmälerung des Gelenkspaltes)	☐ Grad I (mögliche Osteophythenbildung, fragliche Verschmälerung des Gelenkspaltes)
☐ Grad II (definitive Osteophytenbildung, mögliche Verschmälerung des Gelenkspaltes)	☐ Grad II (definitive Osteophytenbildung, mögliche Verschmälerung des Gelenkspaltes)
☐ Grad III (multiple Osteophythen,Sklerose, definitive Verschmälerung des Gelenkspaltes, Verformung der Gelenkpartner)	☐ Grad III (multiple Osteophythen,Sklerose, definitive Verschmälerung des Gelenkspaltes, Verformung der Gelenkpartner)
☐ Grad IV (ausgeprägte Osteophythen, ausgeprägte Sklerose, starke Verschmälerung des Gelenkspaltes, definitive Verformung der Gelenkpartner) (Arthrosegrade nach Kellgren)	☐ Grad IV (ausgeprägte Osteophythen, ausgeprägte Sklerose, starke Verschmälerung des Gelenkspaltes, definitive Verformung der Gelenkpartner)

Abb. 5.38: Befunderhebung beide Hände – Finger

6. Seitenvergleich Handmuskulatur	
Rechte Hand	Linke Hand
☐ leicht verschmächtigt ☐ stark verschmächtigt ☐ beidseitig gleich	☐ leicht verschmächtigt ☐ stark verschmächtigt ☐ beidseitig gleich
7. Seitenvergleich Hand - Gebrauchsspuren	
Rechte Hand	Linke Hand
☐ leicht reduziert ☐ stark reduziert ☐ beidseitig gleich	☐ leicht reduziert ☐ stark reduziert ☐ beidseitig gleich
8. Seitenvergleich Spitzgriff	
rechte Seite um	linke Seite um
☐ ¼ eingeschränkt ☐ ⅓ eingeschränkt ☐ ½ eingeschränkt ☐ beidseitig gleich	☐ ¼ eingeschränkt ☐ ⅓ eingeschränkt ☐ ½ eingeschränkt ☐ beidseitig gleich
9. Seitenvergleich Schlüsselgriff	
rechte Seite um	linke Seite um
☐ ¼ eingeschränkt ☐ ⅓ eingeschränkt ☐ ½ eingeschränkt ☐ beidseitig gleich	☐ ¼ eingeschränkt ☐ ⅓ eingeschränkt ☐ ½ eingeschränkt ☐ beidseitig gleich
10. Seitenvergleich Faustschluss	
rechte Seite um	linke Seite um
☐ ¼ eingeschränkt ☐ ⅓ eingeschränkt ☐ ½ eingeschränkt ☐ beidseitig gleich	☐ ¼ eingeschränkt ☐ ⅓ eingeschränkt ☐ ½ eingeschränkt ☐ beidseitig gleich
11. Kosten: Insgesamt berechne ich für diesen Bericht: ______ €. (sofern relevant: Die Gesamtkosten errechnen sich aus der Gebühr ______ € plus MwSt 19% ______ €)	
Überweisung bitte auf das Konto: Kontoinhaber: ______________________________ IBAN: ______________________ BIC: ______________ Bankinstitut: ______________________	
(*Datum, Unterschrift des Arztes und Stempel*)	

Abb. 5.38: (fortgesetzt)

Meßblatt für Finger

(nach der Neutral - O - Methode)

Name :	**Untersuchungstag :**

A.

Streckung / Beugung

Daumen

	Rechts			Links		
Grundgelenk						
Endgelenk						

	1.	2.	3.	4.
Anführen				
Abspreizen				
Opposition				

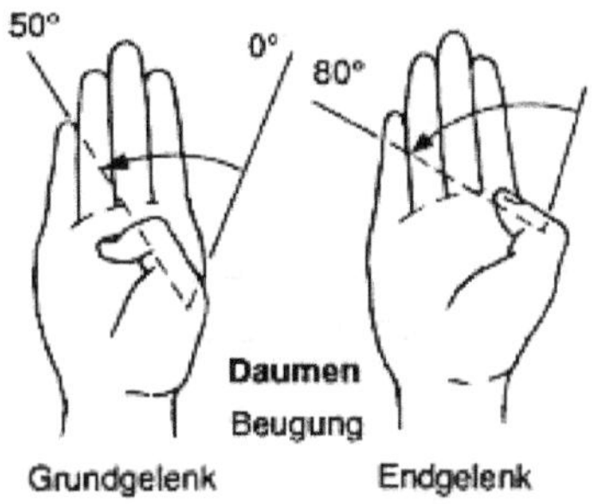

B.

Streckung / Beugung

Finger

		Rechts			Links		
II	Grundgelenk						
	Mittelgelenk						
	Endgelenk						
III	Grundgelenk						
	Mittelgelenk						
	Endgelenk						
IV	Grundgelenk						
	Mittelgelenk						
	Endgelenk						
V	Grundgelenk						
	Mittelgelenk						
	Endgelenk						

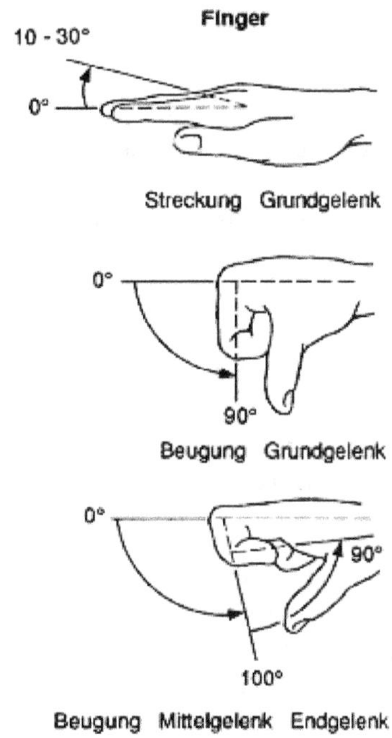

C.

Abstand der Fingerkuppen von der queren Hohlhandbeugefalte :

II.	III.	IV.	V.	
				cm

Befunderhebung ein Bein

	(*Versicherung*)
	(*Anschrift*)
Schaden-Nr.:	
Ereignis vom:	
Verletzte Person:	

1. Untersuchung:

Untersuchungstag ______ (*Datum*)

Untersuchung durch ______ (*Arzt*)

Untersuchungsort ______ (*Ort*)

2. Zusatzuntersuchungen:

Es wurden folgende Zusatzuntersuchungen veranlasst:

☐ Röntgen, durch ______ (*Arzt, Praxis/Adresse*)

☐ CT, durch ______ (*Arzt, Praxis/Adresse*)

☐ ______ (*z.B. Blutuntersuchung, MRT, Histologie*), durch ______ (*Arzt, Praxis/Adresse*)

☐ Kopie aus der Patientenakte (*z.B. Röntgenbefund*) liegt bei

3. Vom Versicherten angegebene subjektive Beschwerden, Körperschädigungen sonstige Angaben:

Der Versicherte ist

______ (*Angaben des Versicherten zu Beschwerden und Beeinträchtigungen*)

4. objektiver Befund:

______ (*Befunderhebung*)

5. Besteht eine posttraumatische Arthrose?

☐ keine radiologischen Arthrose-Zeichen

☐ Grad I (mögliche Osteophythenbildung, fragliche Verschmälerung des Gelenkspaltes)

☐ Grad II (definitive Osteophytenbildung, mögliche Verschmälerung des Gelenkspaltes)

☐ Grad III (multiple Osteophythen, Sklerose, definitive Verschmälerung des Gelenkspaltes, Verformung der Gelenkpartner)

☐ Grad IV (ausgeprägte Osteophythen, ausgeprägte Sklerose, starke Verschmälerung des Gelenkspaltes, definitive Verformung der Gelenkpartner)
(Arthrosegrade nach Kellgren)

Abb. 5.39: Befunderhebung ein Bein

6. Seitenvergleich Becken-Hüfte-Oberschenkel:
a. Becken-Hüft-Muskulatur ☐ beidseitig gleich ☐ verletzte Seite: leicht verschmächtigt ☐ verletzte Seite: stark verschmächtigt ☐ „gesunde“ Seite schmächtiger als verletzte Seite
b. Trendelenburg-Zeichen ☐ beidseitig gleich ☐ verletzte Seite: leicht positiv ☐ verletzte Seite: stark positiv ☐ „gesunde“ Seite schlechterer Befund als verletzte Seite
c. Oberschenkelmuskulatur ☐ beidseitig gleich ☐ verletzte Seite: leicht verschmächtigt ☐ verletzte Seite: stark verschmächtigt ☐ „gesunde“ Seite schmächtiger als verletzte Seite
7. Seitenvergleich Knie:
a. Kniegelenk-Kapselschwellung ☐ beidseitig gleich ☐ verletzte Seite: leicht geschwollen ☐ verletzte Seite: stark geschwollen ☐ „gesunde“ Seite stärker geschwollen als verletzte Seite
b. Kniegelenkergußbildung ☐ beidseitig gleich ☐ verletzte Seite: leichte Ergußbildung ☐ verletzte Seite: starke Ergußbildung ☐ „gesunde“ Seite stärkere Ergußbildung als verletzte Seite
c. Außenband ☐ verletzte Seite: keine Lockerung ☐ verletzte Seite: + gelockert (= 3–5mm) ☐ verletzte Seite: ++ gelockert (= 6–10mm) ☐ verletzte Seite: +++ gelockert (= >10 mm) ☐ beidseitig gleich ☐ „gesunde“ Seite lockerer als verletzte Seite
d. Innenband ☐ verletzte Seite: keine Lockerung ☐ verletzte Seite: + gelockert (= 3–5mm) ☐ verletzte Seite: ++ gelockert (= 6–10mm) ☐ verletzte Seite: +++ gelockert (= >10 mm) ☐ beidseitig gleich ☐ „gesunde“ Seite lockerer als verletzte Seite
e. Vorderes Kreuzband ☐ verletzte Seite: keine Lockerung ☐ verletzte Seite: + gelockert (= 3–5mm) ☐ verletzte Seite: ++ gelockert (= 6–10mm) ☐ verletzte Seite: +++ gelockert (= >10 mm) ☐ beidseitig gleich ☐ „gesunde“ Seite lockerer als verletzte Seite
f. Hinteres Kreuzband ☐ verletzte Seite: keine Lockerung ☐ verletzte Seite: + gelockert (= 3–5mm) ☐ verletzte Seite: ++ gelockert (= 6–10mm) ☐ verletzte Seite: +++ gelockert (= >10 mm) ☐ beidseitig gleich ☐ „gesunde“ Seite lockerer als verletzte Seite

Abb. 5.39: (fortgesetzt)

<table>
<tr><td>g. Lachmann-Test
☐ beidseitig gleich
☐ verletzte Seite: leicht positiv
☐ verletzte Seite: deutlich positiv
☐ „gesunde“ Seite schlechterer Befund als verletzte Seite</td></tr>
<tr><td>h. Pivot-shift-Phänomen
☐ beidseitig gleich
☐ verletzte Seite: leicht positiv
☐ verletzte Seite: deutlich positiv
☐ „gesunde“ Seite schlechterer Befund als verletzte Seite</td></tr>
<tr><td>8. Seitenvergleich Unterschenkel-Fuß:</td></tr>
<tr><td>a. Unterschenkelmuskulatur
☐ beidseitig gleich
☐ verletzte Seite: leicht verschmächtigt
☐ verletzte Seite: stark verschmächtigt
☐ „gesunde“ Seite schmächtiger als verletzte Seite</td></tr>
<tr><td>b. Fußmuskulatur
☐ beidseitig gleich
☐ verletzte Seite: leicht verschmächtigt
☐ verletzte Seite: stark verschmächtigt
☐ „gesunde“ Seite schmächtiger als verletzte Seite</td></tr>
<tr><td>c. Stabilität oberes Sprunggelenk
☐ verletzte Seite: keine Lockerung
☐ verletzte Seite: + gelockert
☐ verletzte Seite: ++ gelockert
☐ verletzte Seite: +++ gelockert
☐ verletzte Seite: Versteift
☐ beidseitig gleich
☐ „gesunde“ Seite lockerer als verletzte Seite</td></tr>
<tr><td>d. Stabilität unteres Sprunggelenk
☐ verletzte Seite: keine Lockerung
☐ verletzte Seite: + gelockert
☐ verletzte Seite: ++ gelockert
☐ verletzte Seite: +++ gelockert
☐ verletzte Seite: Versteift
☐ beidseitig gleich
☐ „gesunde“ Seite lockerer als verletzte Seite</td></tr>
<tr><td>9. Fußsohlenbeschwielung
☐ beidseitig gleich
☐ verletzte Seite: leicht gemindert
☐ verletzte Seite: stark gemindert
☐ „gesunde“ Seite stärker gemindert als verletzte Seite</td></tr>
<tr><td>10. Kosten:
Insgesamt berechne ich für diesen Bericht: ______ €.
(sofern relevant: Die Gesamtkosten errechnen sich aus der Gebühr ______ € plus MwSt 19% ______ €)</td></tr>
<tr><td>Überweisung bitte auf das Konto:
Kontoinhaber: ____________________
IBAN: ____________________ BIC: ____________
Bankinstitut: ____________________</td></tr>
<tr><td>
(Datum, Unterschrift des Arztes und Stempel)</td></tr>
</table>

Abb. 5.39: (fortgesetzt)

Messblatt für untere Gliedmaßen (nach der Neutral - 0 - Methode)

	Rechts			Links		
Hüftgelenke:						
Streckung / Beugung (Abb.1 a u. 1 b)						
Abspreiz. / Anführen (Abb. 2)						
Drehg. ausw. / einw. (Hüftgel. 90° gebeugt) (Abb. 3)						
Drehg. ausw. / einw. (Hüftgel. gestreckt) (Abb. 4)						
Kniegelenke: Streckung / Beugung (Abb. 5)						
Obere Sprunggelenke: Heben / Senken des Fußes (Abb. 6)						
Untere Sprunggelenke: Ges.-Beweglichk. (Fußaußenr. heb. / senk.) (Abb. 7 a u. 7 b) (in Bruchteilen der normalen Beweglichkeit)						
Zehengelenke: (in Bruchteilen der normalen Beweglichkeit)						
Umfangmaße in cm:						
20 cm ob. inn. Knie-Gelenkspalt						
10 cm ob. inn. Knie-Gelenkspalt						
Kniescheibenmitte						
15 cm unterh. inn. Gelenkspalt						
Unterschenkel, kleinster Umfang						
Knöchel						
Rist über Kahnbein						
Vorfußballen						
Beinlänge in cm: Vord. ob. D-beinstachel - Außenknöchelsp.						
Stumpflänge in cm:						
Sitzbein - Stumpfende						
Inn. Knie-Gelenkspalt - Stumpfende						

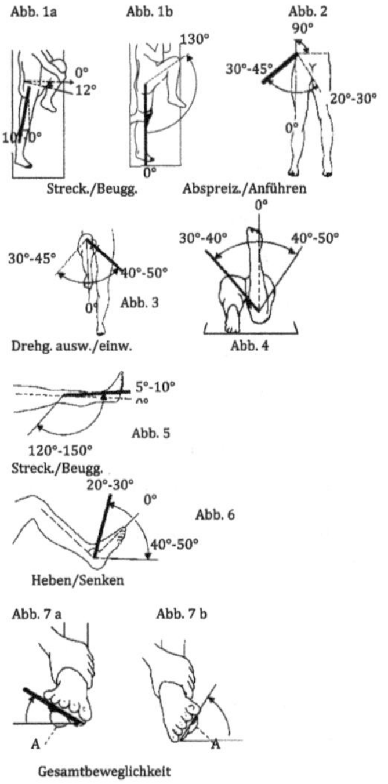

<table>
<tr><td colspan="3">Befunderhebung beide Beine</td></tr>
<tr><td colspan="2"></td><td>(Versicherung)</td></tr>
<tr><td colspan="2"></td><td>(Anschrift)</td></tr>
<tr><td>Schaden-Nr.:</td><td colspan="2"></td></tr>
<tr><td>Ereignis vom:</td><td colspan="2"></td></tr>
<tr><td>Verletzte Person:</td><td colspan="2"></td></tr>
<tr><td colspan="3">1. Untersuchung:
Untersuchungstag ______ (Datum)
Untersuchung durch ______ (Arzt)
Untersuchungsort ______ (Ort)</td></tr>
<tr><td colspan="3">2. Zusatzuntersuchungen:
Es wurden folgende Zusatzuntersuchungen veranlasst:
☐ Röntgen, durch ______ (Arzt, Praxis/Adresse)
☐ CT, durch ______ (Arzt, Praxis/Adresse)
☐ ______ (z.B. Blutuntersuchung, MRT, Histologie), durch ______ (Arzt, Praxis/Adresse)
☐ Kopie aus der Patientenakte (z.B. Röntgenbefund) liegt bei</td></tr>
<tr><td colspan="3">3. Vom Versicherten angegebene subjektive Beschwerden, Körperschädigungen sonstige Angaben:
Der Versicherte ist
______ (Angaben des Versicherten zu Beschwerden und Beeinträchtigungen)</td></tr>
<tr><td colspan="3">4. objektiver Befund:
______ (Befunderhebung)</td></tr>
<tr><td colspan="3">5. Besteht eine posttraumatische Arthrose?</td></tr>
<tr><td colspan="2">Rechtes Bein, ______ Gelenk (Welche Gelenke?)</td><td>Linkes Bein, ______ Gelenk (Welche Gelenke?)</td></tr>
<tr><td colspan="2">☐ keine radiologischen Arthrose-Zeichen
☐ Grad I (mögliche Osteophythenbildung, fragliche Verschmälerung des Gelenkspaltes)
☐ Grad II (definitive Osteophytenbildung, mögliche Verschmälerung des Gelenkspaltes)
☐ Grad III (multiple Osteophythen,Sklerose, definitive Verschmälerung des Gelenkspaltes, Verformung der Gelenkpartner)
☐ Grad IV (ausgeprägte Osteophythen, ausgeprägte Sklerose, starke Verschmälerung des Gelenkspaltes, definitive Verformung der Gelenkpartner)
(Arthrosegrade nach Kellgren)</td><td>☐ keine radiologischen Arthrose-Zeichen
☐ Grad I (mögliche Osteophythenbildung, fragliche Verschmälerung des Gelenkspaltes)
☐ Grad II (definitive Osteophytenbildung, mögliche Verschmälerung des Gelenkspaltes)
☐ Grad III (multiple Osteophythen,Sklerose, definitive Verschmälerung des Gelenkspaltes, Verformung der Gelenkpartner)
☐ Grad IV (ausgeprägte Osteophythen, ausgeprägte Sklerose, starke Verschmälerung des Gelenkspaltes, definitive Verformung der Gelenkpartner)</td></tr>
</table>

Abb. 5.40: Befunderhebung beide Beine

<table>
<tr><td colspan="3">6. Seitenvergleich Becken-Hüfte-Oberschenkel:</td></tr>
<tr><td colspan="3">a. Becken-Hüft-Muskulatur</td></tr>
<tr><td>Rechts
☐ leicht verschmächtigt
☐ stark verschmächtigt</td><td>Links
☐ leicht verschmächtigt
☐ stark verschmächtigt</td><td>☐ beidseitig gleich</td></tr>
<tr><td colspan="3">b. Trendelenburg-Zeichen</td></tr>
<tr><td>Rechts
☐ leicht positiv
☐ stark positiv</td><td>Links
☐ leicht positiv
☐ stark positiv</td><td>☐ beidseitig gleich</td></tr>
<tr><td colspan="3">c. Oberschenkelmuskulatur</td></tr>
<tr><td>Rechts
☐ leicht verschmächtigt
☐ stark verschmächtigt</td><td>Links
☐ leicht verschmächtigt
☐ stark verschmächtigt</td><td>☐ beidseitig gleich</td></tr>
<tr><td colspan="3">7. Seitenvergleich Knie:</td></tr>
<tr><td colspan="3">a. Kniegelenk-Kapselschwellung</td></tr>
<tr><td>Rechts
☐ leicht geschwollen
☐ stark geschwollen</td><td>Links
☐ leicht geschwollen
☐ stark geschwollen</td><td>☐ beidseitig gleich</td></tr>
<tr><td colspan="3">b. Kniegelenkergußbildung</td></tr>
<tr><td>Rechts
☐ leichte Ergußbildung
☐ starke Ergußbildung</td><td>Links
☐ leichte Ergußbildung
☐ starke Ergußbildung</td><td>☐ beidseitig gleich</td></tr>
<tr><td colspan="3">c. Außenband</td></tr>
<tr><td>Rechts
☐ keine Lockerung
☐ + gelockert (= 3-5mm)
☐ ++ gelockert (= 6-10mm)
☐ +++ gelockert (= >10 mm)</td><td>Links
☐ keine Lockerung
☐ + gelockert (= 3-5mm)
☐ ++ gelockert (= 6-10mm)
☐ +++ gelockert (= >10 mm)</td><td>☐ beidseitig gleich</td></tr>
<tr><td colspan="3">d. Innenband</td></tr>
<tr><td>Rechts
☐ keine Lockerung
☐ + gelockert (= 3-5mm)
☐ ++ gelockert (= 6-10mm)
☐ +++ gelockert (= >10 mm)</td><td>Links
☐ keine Lockerung
☐ + gelockert (= 3-5mm)
☐ ++ gelockert (= 6-10mm)
☐ +++ gelockert (= >10 mm)</td><td>☐ beidseitig gleich</td></tr>
<tr><td colspan="3">e. Vorderes Kreuzband</td></tr>
<tr><td>Rechts
☐ keine Lockerung
☐ + gelockert (= 3-5mm)
☐ ++ gelockert (= 6-10mm)
☐ +++ gelockert (= >10 mm)</td><td>Links
☐ keine Lockerung
☐ + gelockert (= 3-5mm)
☐ ++ gelockert (= 6-10mm)
☐ +++ gelockert (= >10 mm)</td><td>☐ beidseitig gleich</td></tr>
<tr><td colspan="3">f. Hinteres Kreuzband</td></tr>
<tr><td>Rechts
☐ keine Lockerung
☐ + gelockert (= 3-5mm)
☐ ++ gelockert (= 6-10mm)
☐ +++ gelockert (= >10 mm)</td><td>Links
☐ keine Lockerung
☐ + gelockert (= 3-5mm)
☐ ++ gelockert (= 6-10mm)
☐ +++ gelockert (= >10 mm)</td><td>☐ beidseitig gleich</td></tr>
</table>

Abb. 5.40: (fortgesetzt)

g. Lachmann-Test		
Rechts ☐ leicht positiv ☐ stark positiv	Links ☐ leicht positiv ☐ stark positiv	☐ beidseitig gleich
h. Pivot-shift-Phänomen		
Rechts ☐ leicht positiv ☐ stark positiv	Links ☐ leicht positiv ☐ stark positiv	☐ beidseitig gleich
8. Seitenvergleich Unterschenkel-Fuß: a. Unterschenkelmuskulatur		
Rechts ☐ leicht verschmächtigt ☐ stark verschmächtigt	Links ☐ leicht verschmächtigt ☐ stark verschmächtigt	☐ beidseitig gleich
b. Fußmuskulatur		
Rechts ☐ leicht verschmächtigt ☐ stark verschmächtigt	Links ☐ leicht verschmächtigt ☐ stark verschmächtigt	☐ beidseitig gleich
c. Stabilität oberes Sprunggelenk		
Rechts ☐ keine Lockerung ☐ + gelockert ☐ ++ gelockert ☐ +++ gelockert ☐ versteift	Links ☐ keine Lockerung ☐ + gelockert ☐ ++ gelockert ☐ +++ gelockert ☐ versteift	☐ beidseitig gleich
d. Stabilität unteres Sprunggelenk		
Rechts ☐ keine Lockerung ☐ + gelockert ☐ ++ gelockert ☐ +++ gelockert ☐ versteift	Links ☐ keine Lockerung ☐ + gelockert ☐ ++ gelockert ☐ +++ gelockert ☐ versteift	☐ beidseitig gleich
9. Fußsohlenbeschwielung		
Rechts ☐ leicht gemindert ☐ stark gemindert	Links ☐ leicht gemindert ☐ stark gemindert	☐ beidseitig gleich
10. Kosten:		
Insgesamt berechne ich für diesen Bericht: _____ €. (sofern relevant: Die Gesamtkosten errechnen sich aus der Gebühr _____ € plus MwSt 19% _____ €)		
Überweisung bitte auf das Konto: Kontoinhaber: ______________________ IBAN: ______________________ BIC: ______________ Bankinstitut: ______________________		
(*Datum, Unterschrift des Arztes und Stempel*)		

Abb. 5.40: (fortgesetzt)

Messblatt für untere Gliedmaßen (nach der Neutral - 0 - Methode)

	Rechts			Links		
Hüftgelenke:						
Streckung / Beugung (Abb.1 a u. 1 b)						
Abspreiz. / Anführen (Abb. 2)						
Drehg. ausw. / einw. (Hüftgel. 90° gebeugt) (Abb. 3)						
Drehg. ausw. / einw. (Hüftgel. gestreckt) (Abb. 4)						
Kniegelenke:						
Streckung / Beugung (Abb. 5)						
Obere Sprunggelenke:						
Heben / Senken des Fußes (Abb. 6)						

	Rechts	Links
Untere Sprunggelenke: Ges.-Beweglichk. (Fußaußenr. heb. / senk.) (Abb. 7 a u. 7 b) (in Bruchteilen der normalen Beweglichkeit)		
Zehengelenke: (in Bruchteilen der normalen Beweglichkeit)		
Umfangmaße in cm:		
20 cm ob. inn. Knie-Gelenkspalt		
10 cm ob. inn. Knie-Gelenkspalt		
Kniescheibenmitte		
15 cm unterh. inn. Gelenkspalt		
Unterschenkel, kleinster Umfang		
Knöchel		
Rist über Kahnbein		
Vorfußballen		
Beinlänge in cm: Vord. ob. D-beinstachel - Außen-knöchelsp.		
Stumpflänge in cm:		
Sitzbein - Stumpfende		
Inn. Knie-Gelenkspalt - Stumpfende		

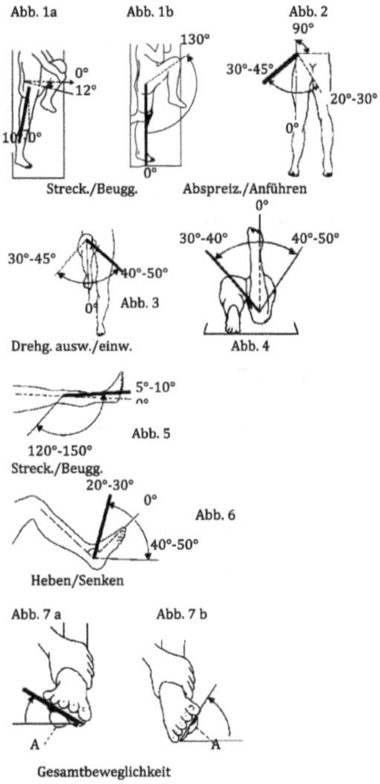

Befunderhebung ein Fuß und Zehen (einseitige Verletzung)	
	(*Versicherung*)
	(*Anschrift*)
Schaden-Nr.:	
Ereignis vom:	
Verletzte Person:	

1. Untersuchung:

Untersuchungstag ______ (*Datum*)

Untersuchung durch ______ (*Arzt*)

Untersuchungsort ______ (*Ort*)

2. Zusatzuntersuchungen:

Es wurden folgende Zusatzuntersuchungen veranlasst:

☐ Röntgen, durch ______ (*Arzt, Praxis/Adresse*)

☐ CT, durch ______ (*Arzt, Praxis/Adresse*)

☐ ______ (*z.B. Blutuntersuchung, MRT, Histologie*), durch ______ (*Arzt, Praxis/Adresse*)

☐ Kopie aus der Patientenakte (*z.B. Röntgenbefund*) liegt bei

3. Vom Versicherten angegebene subjektive Beschwerden, Körperschädigungen sonstige Angaben:

Der Versicherte ist

______ (*Angaben des Versicherten zu Beschwerden und Beeinträchtigungen*)

4. objektiver Befund:

______ (*Befunderhebung*)

5. Besteht eine posttraumatische Arthrose?

☐ keine radiologischen Arthrose-Zeichen

☐ Grad I (mögliche Osteophythenbildung, fragliche Verschmälerung des Gelenkspaltes)

☐ Grad II (definitive Osteophytenbildung, mögliche Verschmälerung des Gelenkspaltes) Grad III (multiple Osteophythen,Sklerose, definitive Verschmälerung des Gelenkspaltes, Verformung der Gelenkpartner)

☐ Grad IV (ausgeprägte Osteophythen, ausgeprägte Sklerose, starke Verschmälerung des Gelenkspaltes, definitive Verformung der Gelenkpartner)

(Arthrosegrade nach Kellgren)

Abb. 5.41: Befunderhebung ein Fuß und Zehen (einseitige Verletzung)

6. Seitenvergleich Unterschenkel-Fuß
a. Unterschenkelmuskulatur ☐ beidseitig gleich ☐ verletzte Seite: leicht verschmächtigt ☐ verletzte Seite: stark verschmächtigt ☐ „gesunde" Seite schmächtiger als verletzte Seite
b. Fußmuskulatur ☐ beidseitig gleich ☐ verletzte Seite: leicht verschmächtigt ☐ verletzte Seite: stark verschmächtigt ☐ „gesunde" Seite schmächtiger als verletzte Seite
c. Stabilität oberes Sprunggelenk ☐ verletzte Seite: keine Lockerung ☐ verletzte Seite: + gelockert ☐ verletzte Seite: ++ gelockert ☐ verletzte Seite: +++ gelockert ☐ verletzte Seite: Versteift ☐ beidseitig gleich ☐ „gesunde" Seite lockerer als verletzte Seite
d. Stabilität unteres Sprunggelenk ☐ verletzte Seite: keine Lockerung ☐ verletzte Seite: + gelockert ☐ verletzte Seite: ++ gelockert ☐ verletzte Seite: +++ gelockert ☐ verletzte Seite: Versteift ☐ beidseitig gleich ☐ „gesunde" Seite lockerer als verletzte Seite
7. Fußsohlenbeschwielung
☐ beidseitig gleich ☐ verletzte Seite: leicht gemindert ☐ verletzte Seite: stark gemindert ☐ „gesunde" Seite stärker gemindert als verletzte Seite
8. Großer Zeh
Grundgelenk ☐ frei beweglich **☐ versteift in Beugestellung** ☐ versteift in Neutralstellung **☐ versteift in Überstreckstellung** ☐ sonstiges:______ (*sonstige Auffälligkeiten*) ☐ „gesunde" Seite schlechterer Befund als verletzte Seite Endgelenk ☐ frei beweglich **☐ versteift in Fehlstellung** **☐ versteift in Neutralstellung** ☐ sonstiges: ______ (*sonstige Auffälligkeiten*) ☐ „gesunde" Seite schlechterer Befund als verletzte Seite

Abb. 5.41: (fortgesetzt)

9. Kleinzehen (II-V)
a. Zeh II Grundgelenk ☐ frei beweglich ☐ versteift in Beugestellung ☐ versteift in Neutralstellung ☐ versteift in Überstreckstellung ☐ sonstiges: ______ (*sonstige Auffälligkeiten*) ☐ „gesunde" Seite schlechterer Befund als verletzte Seite Endgelenk ☐ frei beweglich ☐ versteift in Fehlstellung ☐ versteift in Neutralstellung ☐ sonstiges: ______ (*sonstige Auffälligkeiten*) ☐ „gesunde" Seite schlechterer Befund als verletzte Seite
b. Zeh III Grundgelenk ☐ frei beweglich ☐ versteift in Beugestellung ☐ versteift in Neutralstellung ☐ versteift in Überstreckstellung ☐ sonstiges: ______ (*sonstige Auffälligkeiten*) ☐ „gesunde" Seite schlechterer Befund als verletzte Seite Endgelenk ☐ frei beweglich ☐ versteift in Fehlstellung ☐ versteift in Neutralstellung ☐ sonstiges: ______ (*sonstige Auffälligkeiten*) ☐ „gesunde" Seite schlechterer Befund als verletzte Seite
c. Zeh IV Grundgelenk ☐ frei beweglich ☐ versteift in Beugestellung ☐ versteift in Neutralstellung ☐ versteift in Überstreckstellung ☐ sonstiges: ______ (*sonstige Auffälligkeiten*) ☐ „gesunde" Seite schlechterer Befund als verletzte Seite Endgelenk ☐ frei beweglich ☐ versteift in Fehlstellung ☐ versteift in Neutralstellung ☐ sonstiges: ______ (*sonstige Auffälligkeiten*) ☐ „gesunde" Seite schlechterer Befund als verletzte Seite

Abb. 5.41: (fortgesetzt)

d. Zeh V

Grundgelenk

- ☐ frei beweglich
- ☐ **versteift in Beugestellung**
- ☐ **versteift in Neutralstellung**
- ☐ **versteift in Überstreckstellung**
- ☐ sonstiges: ______ (*sonstige Auffälligkeiten*)
- ☐ „gesunde" Seite schlechterer Befund als verletzte Seite

Endgelenk

- ☐ frei beweglich
- ☐ **versteift in Fehlstellung**
- ☐ **versteift in Neutralstellung**
- ☐ sonstiges: ______ (*sonstige Auffälligkeiten*)
- ☐ „gesunde" Seite schlechterer Befund als verletzte Seite

10. Kosten:

Insgesamt berechne ich für diesen Bericht: ______ €.

(sofern relevant: Die Gesamtkosten errechnen sich aus der Gebühr ______ € plus MwSt 19% ______ €)

Überweisung bitte auf das Konto:

Kontoinhaber: ____

IBAN: ______________________________ BIC: __________________

Bankinstitut: ______________________________

(*Datum, Unterschrift des Arztes und Stempel*)

Abb. 5.41: (fortgesetzt)

Messblatt für untere Gliedmaßen (nach der Neutral - 0 - Methode)

	Rechts	Links
Hüftgelenke:		
Streckung / Beugung (Abb.1 a u. 1 b)		
Abspreiz. / Anführen (Abb. 2)		
Drehg. ausw. / einw. (Hüftgel. 90° gebeugt) (Abb. 3)		
Drehg. ausw. / einw. (Hüftgel. gestreckt) (Abb. 4)		
Kniegelenke:		
Streckung / Beugung (Abb. 5)		
Obere Sprunggelenke:		
Heben / Senken des Fußes (Abb. 6)		
Untere Sprunggelenke:		
Ges.-Beweglichk. (Fußaußenr. heb. / senk.) (Abb. 7 a u. 7 b) (in Bruchteilen der normalen Beweglichkeit)		
Zehengelenke: (in Bruchteilen der normalen Beweglichkeit)		
Umfangmaße in cm:		
20 cm ob. inn. Knie-Gelenkspalt		
10 cm ob. inn. Knie-Gelenkspalt		
Kniescheibenmitte		
15 cm unterh. inn. Gelenkspalt		
Unterschenkel, kleinster Umfang		
Knöchel		
Rist über Kahnbein		
Vorfußballen		
Beinlänge in cm:		
Vord. ob. D-beinstachel - Außenknöchelsp.		
Stumpflänge in cm:		
Sitzbein - Stumpfende		
Inn. Knie-Gelenkspalt - Stumpfende		

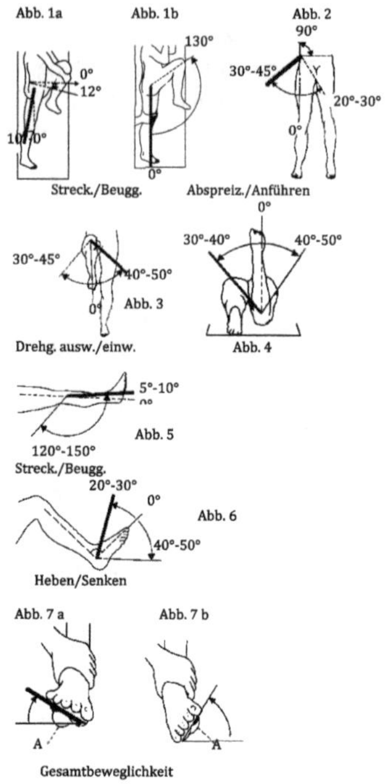

Befunderhebung beide Füße und Zehen	
	(*Versicherung*)
	(*Anschrift*)
Schaden-Nr.:	
Ereignis vom:	
Verletzte Person:	

1. Untersuchung:
Untersuchungstag ______ (*Datum*)
Untersuchung durch ______ (*Arzt*)
Untersuchungsort ______ (*Ort*)

2. Zusatzuntersuchungen:
Es wurden folgende Zusatzuntersuchungen veranlasst:
☐ Röntgen, durch ______ (*Arzt, Praxis/Adresse*)
☐ CT, durch ______ (*Arzt, Praxis/Adresse*)
☐ ______ (*z.B. Blutuntersuchung, MRT, Histologie*), durch ______ (*Arzt, Praxis/Adresse*)
☐ Kopie aus der Patientenakte (*z.B. Röntgenbefund*) liegt bei

3. Vom Versicherten angegebene subjektive Beschwerden, Körperschädigungen sonstige Angaben:
Der Versicherte ist
______ (*Angaben des Versicherten zu Beschwerden und Beeinträchtigungen*)

4. Objektiver Befund:
______ (*Befunderhebung*)

5. Besteht eine posttraumatische Arthrose?

Rechter Fuß, ______ Gelenk (*Welche Gelenke?*)	Linker Fuß, ______ Gelenk (*Welche Gelenke?*)
☐ keine radiologischen Arthrose-Zeichen	☐ keine radiologischen Arthrose-Zeichen
☐ Grad I (mögliche Osteophythenbildung, fragliche Verschmälerung des Gelenkspaltes)	☐ Grad I (mögliche Osteophythenbildung, fragliche Verschmälerung des Gelenkspaltes)
☐ Grad II (definitive Osteophytenbildung, mögliche Verschmälerung des Gelenkspaltes)	☐ Grad II (definitive Osteophytenbildung, mögliche Verschmälerung des Gelenkspaltes)
☐ Grad III (multiple Osteophythen,Sklerose, definitive Verschmälerung des Gelenkspaltes, Verformung der Gelenkpartner)	☐ Grad III (multiple Osteophythen,Sklerose, definitive Verschmälerung des Gelenkspaltes, Verformung der Gelenkpartner)
☐ Grad IV (ausgeprägte Osteophythen, ausgeprägte Sklerose, starke Verschmälerung des Gelenkspaltes, definitive Verformung der Gelenkpartner) (Arthrosegrade nach Kellgren)	☐ Grad IV (ausgeprägte Osteophythen, ausgeprägte Sklerose, starke Verschmälerung des Gelenkspaltes, definitive Verformung der Gelenkpartner)

Abb. 5.42: Befunderhebung beide Füße und Zehen

6. Seitenvergleich Unterschenkel-Fuß:	
a. Unterschenkelmuskulatur	
Rechts ☐ leicht verschmächtigt ☐ stark verschmächtigt	Links ☐ leicht verschmächtigt ☐ stark verschmächtigt ☐ beidseitig gleich
b. Fußmuskulatur	
Rechts ☐ leicht verschmächtigt ☐ stark verschmächtigt	Links ☐ leicht verschmächtigt ☐ stark verschmächtigt ☐ beidseitig gleich
c. Stabilität oberes Sprunggelenk	
Rechts ☐ keine Lockerung ☐ + gelockert ☐ ++ gelockert ☐ +++ gelockert ☐ versteift	Links ☐ keine Lockerung ☐ + gelockert ☐ ++ gelockert ☐ +++ gelockert ☐ versteift ☐ beidseitig gleich
d. Stabilität unteres Sprunggelenk	
Rechts ☐ keine Lockerung ☐ + gelockert ☐ ++ gelockert ☐ +++ gelockert ☐ versteift	Links ☐ keine Lockerung ☐ + gelockert ☐ ++ gelockert ☐ +++ gelockert ☐ versteift ☐ beidseitig gleich
7. Fußsohlenbeschwielung	
Rechts ☐ leicht gemindert ☐ stark gemindert	Links ☐ leicht gemindert ☐ stark gemindert ☐ beidseitig gleich
8. Großer Zeh rechts	9. Großer Zeh links
Grundgelenk ☐ frei beweglich ☐ **versteift in Beugestellung** ☐ **versteift in Neutralstellung** ☐ **versteift in Überstreckstellung** ☐ sonstiges: ______ (*Auffälligkeiten*) Endgelenk ☐ frei beweglich ☐ **versteift in Fehlstellung** ☐ **versteift in Neutralstellung** ☐ sonstiges: ______ (*Auffälligkeiten*)	Grundgelenk ☐ frei beweglich ☐ **versteift in Beugestellung** ☐ **versteift in Neutralstellung** ☐ **versteift in Überstreckstellung** ☐ sonstiges: ______ (*Auffälligkeiten*) Endgelenk ☐ frei beweglich ☐ **versteift in Fehlstellung** ☐ **versteift in Neutralstellung** ☐ sonstiges: ______ (*Auffälligkeiten*)
10. Kleinzehen (II-V) rechts	11. Kleinzehen (II-V) links
a. Zeh II rechts Grundgelenk ☐ frei beweglich ☐ **versteift in Beugestellung** ☐ **versteift in Neutralstellung** ☐ **versteift in Überstreckstellung** ☐ sonstiges: ______ (*Auffälligkeiten*)	a. Zeh II links Grundgelenk ☐ frei beweglich ☐ **versteift in Beugestellung** ☐ **versteift in Neutralstellung** ☐ **versteift in Überstreckstellung** ☐ sonstiges: ______ (*Auffälligkeiten*)

Abb. 5.42: (fortgesetzt)

Endgelenk ☐ frei beweglich ☐ versteift in Fehlstellung ☐ versteift in Neutralstellung ☐ sonstiges: ______ (*Auffälligkeiten*)	Endgelenk ☐ frei beweglich ☐ versteift in Fehlstellung ☐ versteift in Neutralstellung ☐ sonstiges: ______ (*Auffälligkeiten*)
b. Zeh III rechts Grundgelenk ☐ frei beweglich ☐ versteift in Beugestellung ☐ versteift in Neutralstellung ☐ versteift in Überstreckstellung ☐ sonstiges: ______ (*Auffälligkeiten*) Endgelenk ☐ frei beweglich ☐ versteift in Fehlstellung ☐ versteift in Neutralstellung ☐ sonstiges: ______ (*Auffälligkeiten*)	b. Zeh III links Grundgelenk ☐ frei beweglich ☐ versteift in Beugestellung ☐ versteift in Neutralstellung ☐ versteift in Überstreckstellung ☐ sonstiges: ______ (*Auffälligkeiten*) Endgelenk ☐ frei beweglich ☐ versteift in Fehlstellung ☐ versteift in Neutralstellung ☐ sonstiges: ______ (*Auffälligkeiten*)
c. Zeh IV rechts Grundgelenk ☐ frei beweglich ☐ versteift in Beugestellung ☐ versteift in Neutralstellung ☐ versteift in Überstreckstellung ☐ sonstiges: ______ (*Auffälligkeiten*) Endgelenk ☐ frei beweglich ☐ versteift in Fehlstellung ☐ versteift in Neutralstellung ☐ sonstiges: ______ (*Auffälligkeiten*)	c. Zeh IV links Grundgelenk ☐ frei beweglich ☐ versteift in Beugestellung ☐ versteift in Neutralstellung ☐ versteift in Überstreckstellung ☐ sonstiges: ______ (*Auffälligkeiten*) Endgelenk ☐ frei beweglich ☐ versteift in Fehlstellung ☐ versteift in Neutralstellung ☐ sonstiges: ______ (*Auffälligkeiten*)
d. Zeh V rechts Grundgelenk ☐ frei beweglich ☐ versteift in Beugestellung ☐ versteift in Neutralstellung ☐ versteift in Überstreckstellung ☐ sonstiges: ______ (*Auffälligkeiten*) Endgelenk ☐ frei beweglich ☐ versteift in Fehlstellung ☐ versteift in Neutralstellung ☐ sonstiges: ______ (*Auffälligkeiten*)	d. Zeh V links Grundgelenk ☐ frei beweglich ☐ versteift in Beugestellung ☐ versteift in Neutralstellung ☐ versteift in Überstreckstellung ☐ sonstiges: ______ (*Auffälligkeiten*) Endgelenk ☐ frei beweglich ☐ versteift in Fehlstellung ☐ versteift in Neutralstellung ☐ sonstiges: ______ (*Auffälligkeiten*)

12. Kosten:

Insgesamt berechne ich für diesen Bericht: ______ €.

(sofern relevant: Die Gesamtkosten errechnen sich aus der Gebühr ______ € plus MwSt 19% ______ €)

Überweisung bitte auf das Konto:

Kontoinhaber: ____

IBAN: ________________________________ BIC: __________________

Bankinstitut: __________________________

(*Datum, Unterschrift des Arztes und Stempel*)

Abb. 5.42: (fortgesetzt)

Messblatt für untere Gliedmaßen (nach der Neutral - 0 - Methode)

	Rechts			Links		
Hüftgelenke:						
Streckung / Beugung (Abb.1 a u. 1 b)						
Abspreiz. / Anführen (Abb. 2)						
Drehg. ausw. / einw. (Hüftgel. 90° gebeugt) (Abb. 3)						
Drehg. ausw. / einw. (Hüftgel. gestreckt) (Abb. 4)						
Kniegelenke:						
Streckung / Beugung (Abb. 5)						
Obere Sprunggelenke:						
Heben / Senken des Fußes (Abb. 6)						

	Rechts	Links
Untere Sprunggelenke: Ges.-Beweglichk. (Fußaußenr. heb. / senk.) (Abb. 7 a u. 7 b) (in Bruchteilen der normalen Beweglichkeit)		
Zehengelenke: (in Bruchteilen der normalen Beweglichkeit)		
Umfangmaße in cm:		
20 cm ob. inn. Knie-Gelenkspalt		
10 cm ob. inn. Knie-Gelenkspalt		
Kniescheibenmitte		
15 cm unterh. inn. Gelenkspalt		
Unterschenkel, kleinster Umfang		
Knöchel		
Rist über Kahnbein		
Vorfußballen		
Beinlänge in cm:		
Vord. ob. D-beinstachel - Außenknöchelsp.		
Stumpflänge in cm:		
Sitzbein - Stumpfende		
Inn. Knie-Gelenkspalt - Stumpfende		

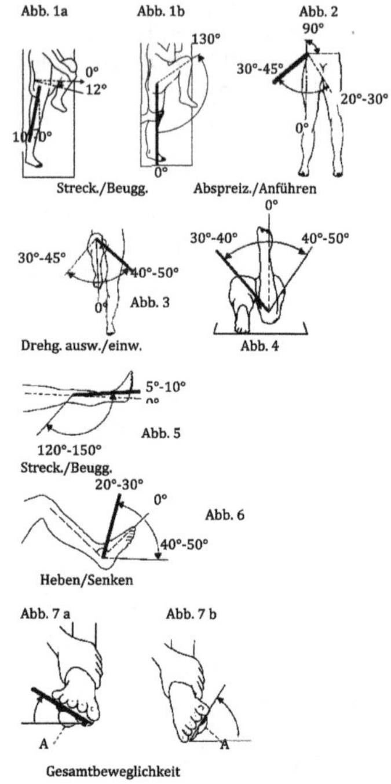

Befunderhebung Wirbelsäule		
		(*Versicherung*)
		(*Anschrift*)
Schaden-Nr.:		
Ereignis vom:		
Verletzte Person:		
1. Untersuchung: Untersuchungstag ______ (*Datum*) Untersuchung durch ______ (*Arzt*) Untersuchungsort ______ (*Ort*)		
2. Zusatzuntersuchungen: Es wurden folgende Zusatzuntersuchungen veranlasst: ☐ Röntgen, durch ______ (*Arzt, Praxis/Adresse*) ☐ CT, durch ______ (*Arzt, Praxis/Adresse*) ☐ ______ (*z.B. Blutuntersuchung, MRT, Histologie*), durch ______ (*Arzt, Praxis/Adresse*) ☐ Kopie aus der Patientenakte (*z.B. Röntgenbefund*) liegt bei		
3. Vom Versicherten angegebene subjektive Beschwerden, Körperschädigungen sonstige Angaben: ______ (*Angaben des Versicherten zu Beschwerden und Beeinträchtigungen*)		
4. objektiver Befund: ______ (*Befunderhebung*)		
5. Bänderzeichen für den lumbo-sakralen Übergang ☐ seitengleich unauffällig ☐ linksseitig positiv ☐ rechtsseitig positiv		
6. ISG-Provokationstest ☐ seitengleich unauffällig ☐ linksseitig positiv ☐ rechtsseitig positiv		
7.Statik Höhenminderung Vorderkante/Hinterkante um ☐ keine ☐ 1/5 ☐ 2/5 ☐ 3/5 ☐ 4/5 Achsabweichung in der Frontalebene in Verletzungshöhe in Grad__________		

Abb. 5.43: Befunderhebung Wirbelsäule

8. Stabilität ☐ stabile Ausheilung Durch Funktionsaufnahmen objektivierte Instabilität ☐ Grad I nach Meyerding im Segment ________ ☐ Grad II nach Meyerding im Segment ________
9. Kosten: Insgesamt berechne ich für diesen Bericht: _____ €. (sofern relevant: Die Gesamtkosten errechnen sich aus der Gebühr _____ € plus MwSt 19% _____ €)
Überweisung bitte auf das Konto: Kontoinhaber: ____ IBAN: ___________________________ BIC: ________________ Bankinstitut: ______________________
 (*Datum, Unterschrift des Arztes und Stempel*)

Abb. 5.43: (fortgesetzt)

Messblatt Wirbelsäule
(nach der Neutral-0-Methode)

Größe in cm: Gewicht in kg:

HWS

Messung		Abb.	Wert
Vorneigen/Rückneigen		(Abb. 1)	
Seitneigen	re./li.	(Abb. 2)	
Drehen	re./li.	(Abb. 3)	
Kinnspitzenschulterhöhenabstand bei maximaler Drehseitneigung re./li.			

BWS und LWS

Messung		Abb.	Wert
Seitneigen	re./li.	(Abb. 4)	
Drehen im Sitzen	re./li.	(Abb. 5)	
Liegen/Jugulumabstand (cm)		(Abb. 6)	
Aktive Aufrichtung aus Rückenlage Messstrecke Liege - DF C7			
Fingerbogenabstand (cm)			
a) Ott Messstrecke DF C7 30 cm caudal		(Abb. 7)	
b) Schober Messstrecke DF S1 10 cm cranial		(Abb. 7)	
c) Messstrecke 10 cm mit Mittelpunkt DF L 1		(Abb. 7)	

Beckentiefstand (cm) re./li.

Seitverbiegung

Schulterstand (rechts tief/links tief)

Sagittale Verbiegung (kyphotische oder lordotische Fehlform):

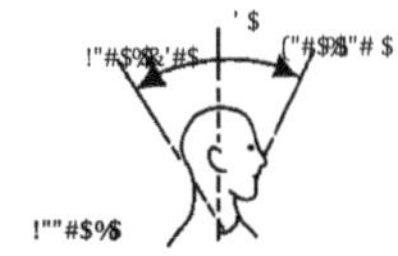

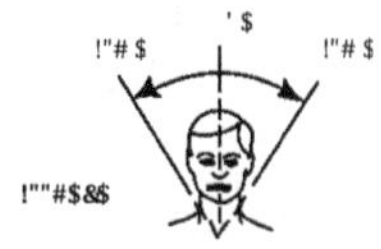

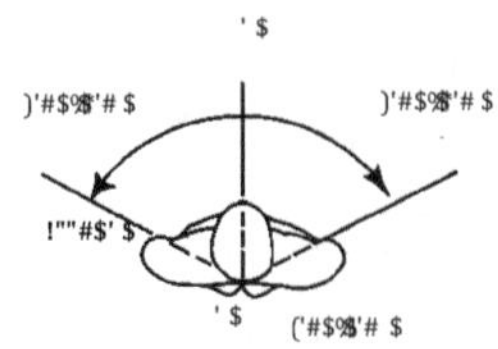

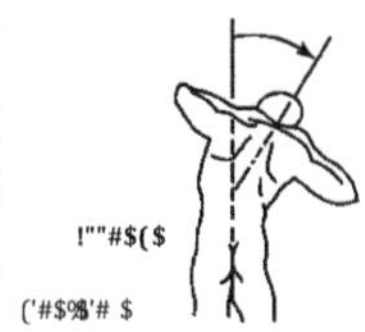

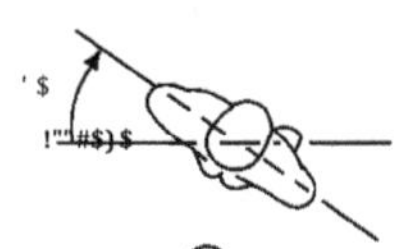

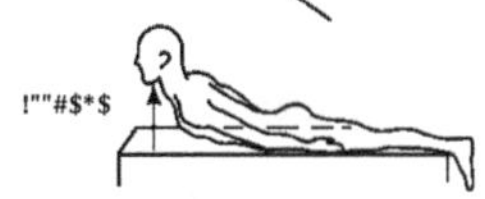

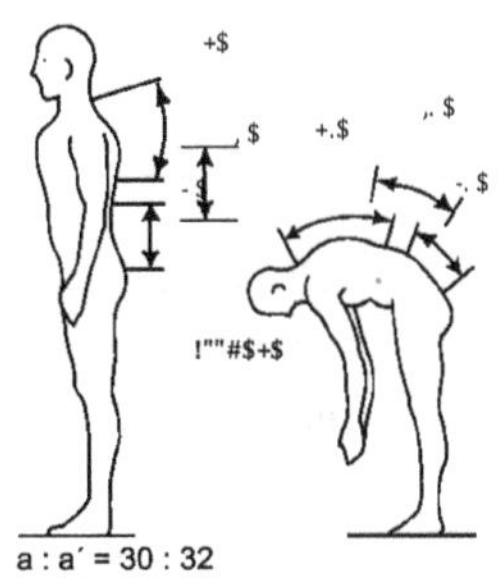

a : a′ = 30 : 32
b : b′ = 10 : 15
c : c′ = 10 : 13

Befunderhebung Amputationsverletzungen		
		(*Versicherung*)
		(*Anschrift*)
Schaden-Nr.:		
Ereignis vom:		
Verletzte Person:		
1. Untersuchung: Untersuchungstag ______ (*Datum*) Untersuchung durch ______ (*Arzt*) Untersuchungsort ______ (*Ort*)		
2. Zusatzuntersuchungen: Es wurden folgende Zusatzuntersuchu ngen veranlasst: ☐ Röntgen, durch ______ (*Arzt, Praxis/Adresse*) ☐ CT, durch (*Arzt, Praxis/Adresse*) ☐ ______ (*z.B. Blutuntersuchung, MRT, Histologie*), durch (*Arzt, Praxis/Adresse*) ☐ Kopie aus der Patientenakte (*z.B. Röntgenbefund*) liegt bei		
3. amputierte Gliedmaße: ______ (*Gliedmaße mit möglichst genauer Bezeichnung der Amputationslinie*)		
4. vom Versicherten angegebene weitere subjektive Beschwerden: ______ (*Angaben des Versicherten zu Beschwerden und Beeinträchtigungen, die über die Amputation hinausgehen*)		
5. objektiver Befund zu den weiteren subjektiven Beschwerden: ______ (*Angaben des Versicherten zu Beschwerden und Beeinträchtigungen, die über die Amputation hinausgehen*)		
6. weitere Dauerfolgen zu vermuten? ☐ Es sind keine über die Amputation hinausgehende Dauerfolgen zu erwarten. ☐ Es sind über die Amputation hinausgehende Dauerfolgen zu erwarten: ______ (*Welche?*)		
7. Selbstverstümmelung? Liegen Anzeichen für eine Selbstverstümmelung vor? ☐ nein ☐ ja, und zwar ______ (*Welche?*)		
8. Kosten: Insgesamt berechne ich für diesen Bericht: ______ €. (sofern relevant: Die Gesamtkosten errechnen sich aus der Gebühr ______ € plus MwSt 19% ______ €)		
Überweisung bitte auf das Konto: Kontoinhaber: ______ IBAN: ______ BIC: ______ Bankinstitut: ______		
(*Datum, Unterschrift des Arztes und Stempel*)		

Abb. 5.44: Befunderhebung Amputationsverletzungen

Name: ....

Unfall vom: ....

Schadennummer: ....

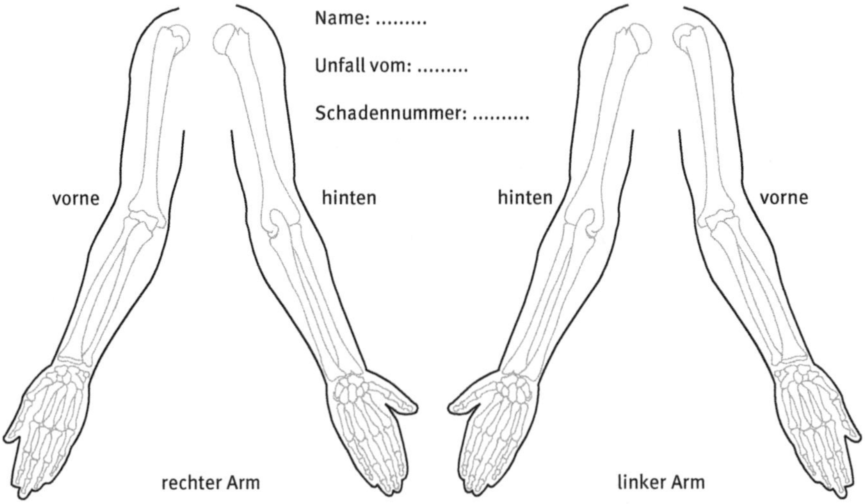

rechter Fuß

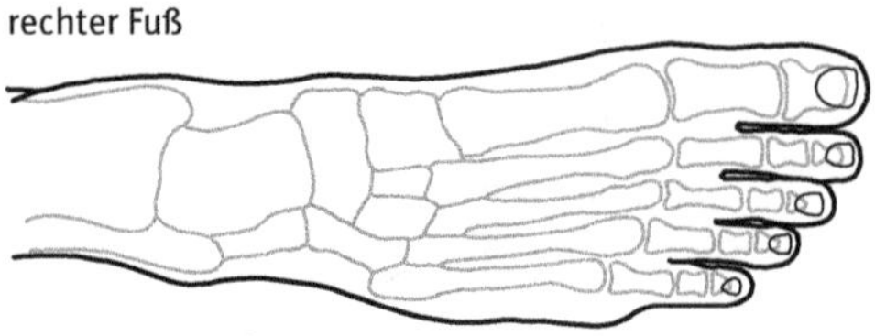

Name: ....

Unfall vom: ....

Schadennummer: ....

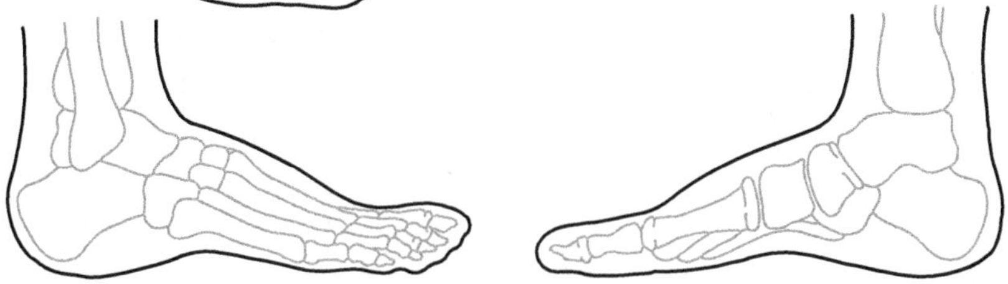

linker Fuß

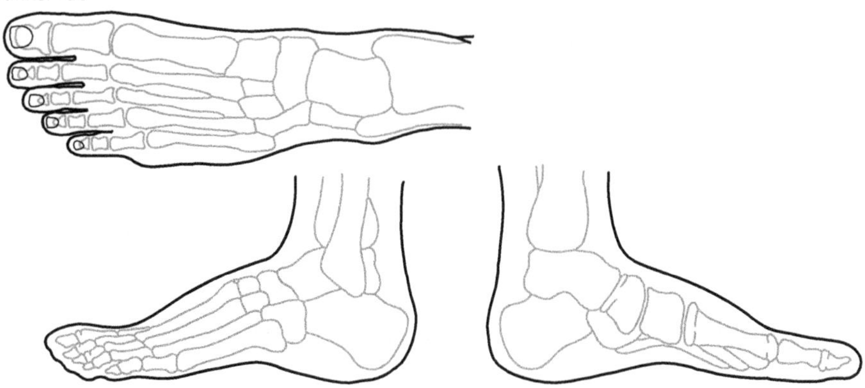

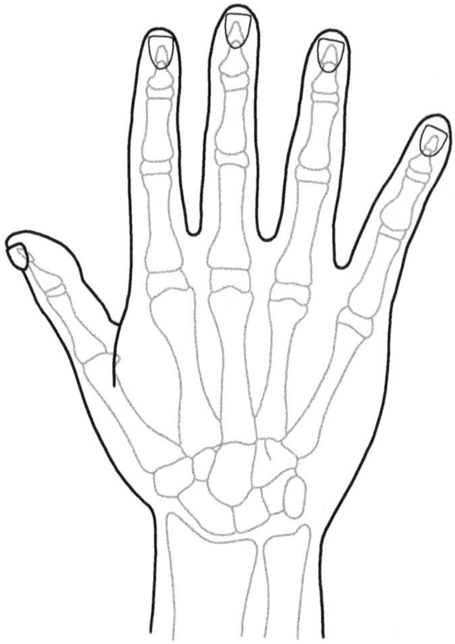

rechte Hand außen

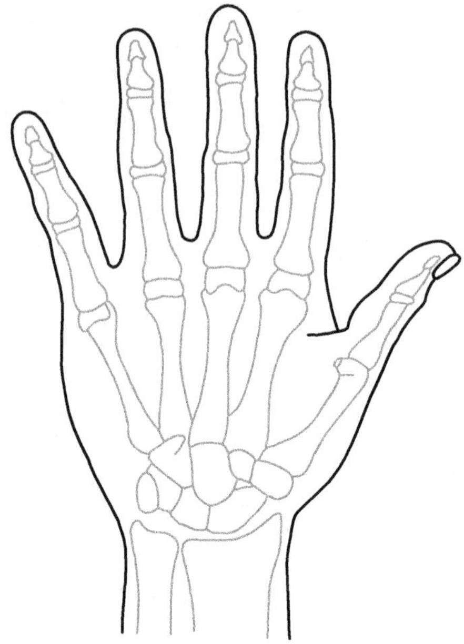

rechte Hand innen

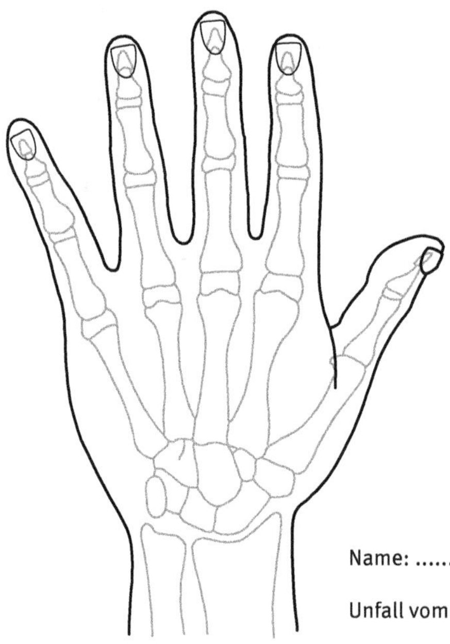

linke Hand außen

Name: ....

Unfall vom: ....

Schadennummer: ....

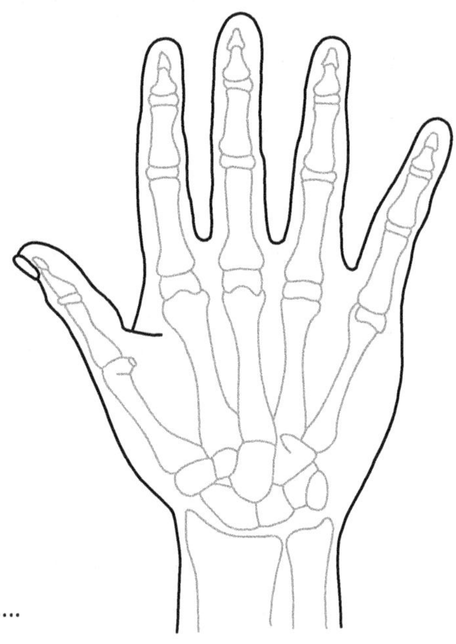

linke Hand innen

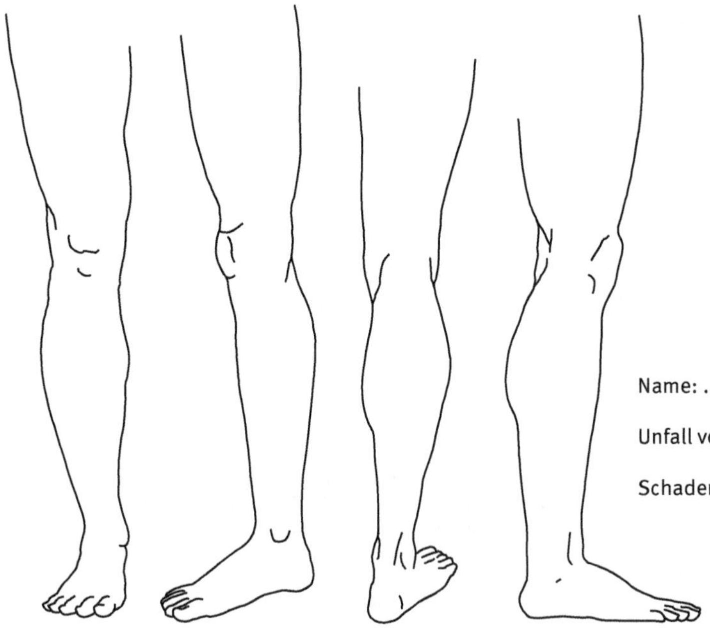

Name: ....

Unfall vom: ....

Schadennummer: ....

rechtes Bein

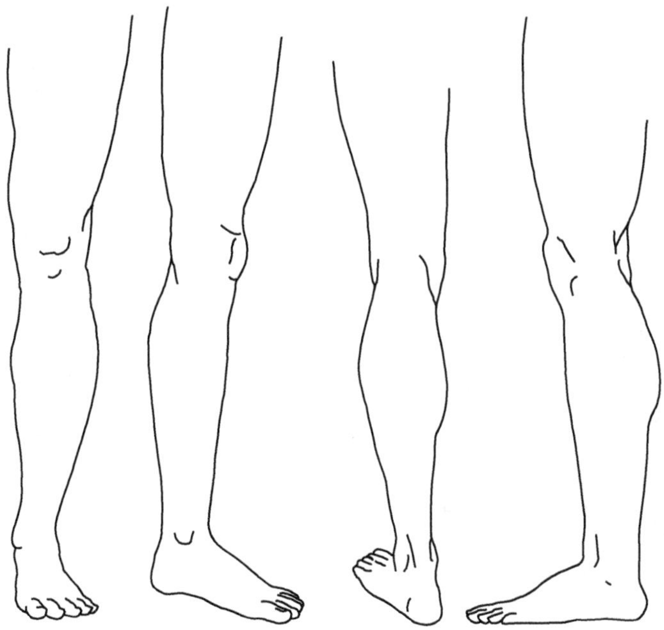

linkes Bein

Bericht zum Gesundheitszustand für den Antrag auf Abschluss einer privaten Unfallversicherung	
	(Versicherung)
	(Anschrift)
Schaden-Nr.:	
Ereignis vom:	
Verletzte Person:	

1. Patientenverhältnis:
Der Patient befindet sich seit ______ *(Monat/Jahr)* in meiner Behandlung.
Folgende Kollegen werden meines Wissens zusätzlich fachärztlich konsultiert:
______ *(Arzt, Praxis/Fachrichtung/Adresse)*
______ *(Arzt, Praxis/Fachrichtung/Adresse)*
______ *(Arzt, Praxis/Fachrichtung/Adresse)*

2. Grunderkrankungen:
Der Patient leidet an folgenden chronischen Erkrankungen:
______ *(Erkrankung, seit wann bekannt)* und nimmt deshalb regelmäßig Medikamente ______ *(Medikament)*
______ *(Erkrankung, seit wann bekannt)* und nimmt deshalb regelmäßig Medikamente ______ *(Medikament)*
______ *(Erkrankung, seit wann bekannt)* und nimmt deshalb regelmäßig Medikamente ______ *(Medikament)*

3. Körperliche Beeinträchtigungen:
Der Patient lebt mit folgenden Beeinträchtigungen bzw. Vorschädigungen:
______ *(regelwidriger Körperzustand, z.B. künstliches Gelenk, Herzschrittmacher)*
______ *(regelwidriger Körperzustand, z.B. künstliches Gelenk, Herzschrittmacher)*
______ *(regelwidriger Körperzustand, z.B. künstliches Gelenk, Herzschrittmacher)*
Eine regelmäßige Medikamenteneinnahme ist erforderlich: ☐ nein ☐ ja, und zwar ______ *(Medikament)*

4. Frühere Unfallverletzungen:
______ *(Diagnose, Zeitpunkt)*
______ *(Diagnose, Zeitpunkt)*

5. Frühere Operationen:
______ *(Diagnose, Zeitpunkt)*
______ *(Diagnose, Zeitpunkt)*

6. Pflegegrad, Erwerbsunfähigkeit:
Für den Patienten wurden festgestellt:
Pflegegrad ______ *(Welcher Pflegegrad)* Grund: ______ *(Diagnose, Zeitpunkt)*
Erwerbsminderung ______ % *(Grad)* Grund: ______ *(Diagnose, Zeitpunkt)*
Schwerbehinderung ______ % *(Grad)* Grund: ______ *(Diagnose, Zeitpunkt)*

7. Kosten:
Insgesamt berechne ich für diesen Bericht: ______ €.
(sofern relevant: Die Gesamtkosten errechnen sich aus der Gebühr ______ € plus MwSt 19% ______ €)

Überweisung bitte auf das Konto:
Kontoinhaber: ______________________________
IBAN: ______________________________ BIC: ______________
Bankinstitut: ______________________________

(Datum, Unterschrift des Arztes und Stempel)

Abb. 5.45: Bericht zum Gesundheitszustand für den Antrag auf Abschluss einer privaten Unfallversicherung

6 Weiterführende Literatur

Grimm W. Unfallversicherung. 5. Aufl. München: Beck; 2013.
Lehmann R, Ludolph E. Die Invalidität in der privaten Unfallversicherung. 4. Aufl. Karlsruhe: Verlag Versicherungswirtschaft; 2013.
Ludolph E, Hrsg. Der Unfallmann. 13. Aufl. Berlin, Heidelberg: Springer; 2013.
Ludolph E, Schürmann J, Gaidzik PW, Hrsg. Kursbuch der ärztlichen Begutachtung, (Loseblattsammlung). Landsberg: ecomed Medizin.
Mehrhoff F, Rostock P, Ekkernkamp A, Wich M, Hrsg. Unfallbegutachtung. 13. Aufl. Berlin, Boston, Massachusetts: de Gruyter; 2012.
Naumann A, Brinkmann C. Die private Unfallversicherung in der Beraterpraxis. 2. Aufl. Bonn: Deutscher Anwaltverlag; 2012.
Schiltenwolf M, Hollo DF, Hrsg. Begutachtung der Haltungs-und Bewegungsorgane. 6. Aufl. Stuttgart, New York: Thieme; 2014.

https://doi.org/10.1515/9783110377361-007

Stichwortverzeichnis

www.ingramcontent.com/pod-product-compliance
Lightning Source LLC
LaVergne TN
LVHW080853300926
849162LV00003B/412